평화의 사상
영靈
철학

THE PHILOSOPHY OF DIVINE

평화의 사상

영靈철학

THE PHILOSOPHY OF DIVINE

초판 1쇄 발행 2016년 12월 15일

지 은 이	권추호 지음 박대영, 박근령 엮음
발 행 인	권선복
편집주간	김정웅
편 집	권보송
전 자 책	천훈민
교 정	천훈민
발 행 처	도서출판 행복에너지
출판등록	제315-2011-000035호
주 소	(157-010) 서울특별시 강서구 화곡로 232
전 화	0505-613-6133
팩 스	0303-0799-1560
홈페이지	www.happybook.or.kr
이 메 일	ksbdata@daum.net

값 20,000원

ISBN 979-11-5602-440-8   03150

도서출판 행복에너지는 독자 여러분의 아이디어와 원고 투고를 기다립니다. 책으로 만들기를 원하는 콘텐츠가 있으신 분은 이메일이나 홈페이지를 통해 간단한 기획서와 기획의도, 연락처 등을 보내주십시오. 행복에너지의 문은 언제나 활짝 열려 있습니다.

평화의 사상

영靈

철학

THE PHILOSOPHY OF DIVINE

권추호 지음
박대영 엮음
박근령

도서
출판 **행복에너지**

　감성(感性)은 이성(理性)에 대응되는 개념으로, 외계의 대상을 오관(五官)으로 감각하고 지각하여 표상을 형성하는 인간의 인식 능력을 뜻한다. 그런 데 반해 영성(靈性: Spirituality)의 사전적 의미는 신령한 품성이나 성질이다. 따라서 '영(靈)철학'은 이성과 감성을 초월한 영성의 학문적 체계화, 즉 지식을 넘어선 지성·지혜의 세계에 대한 논리적 철학화이다. 그러니까 반야(般若)의 지혜·보혜사(保惠師) 성령의 지혜를 비로소 철학적 학문으로 체계화했다고 할 것이다.

　'영(靈)철학'은 육의 눈으로 볼 수 없고, 과학으로 증명할 수 없는 4차원의 형이상학 세계에 대한 '영적 인식'과 차원이 다른 사유의 방법론을 통해 아직도 미해결로 남겨진 우리 철학의 본질세계, 즉 궁극의 세계를 완벽하게 풀어헤쳤으며 또한 각 철학의 분야를 유기적으로 연결시켜 시스템화했다. 다시 말해 동양의 철학적 사유와 서양의 철학적 사유를 넘어선 제3의 철학적 사유의 방법인 새로운 '한국철학'을 창출했다고 할 것이다.

　한 인간의 성장에 있어서 완성기는 부모의 곁을 떠나 홀로 독립하는 시기이듯이 21C 인류 문화의 완성기를 맞이하여 우리 인류의 영성도 부모와도 같았던 4대 성인의 곁을 떠나 스스로를 완성해 성인의 경지에 도달하지 않으면 안 된다. 다시 말해 모든 인류가 성인이 되는 만인 성인시대를 열어야 시대정신에 부합할 수 있는 것이다.

'영철학'은 역사의 성장법칙에 의해 유사 이래로부터 21세기 영성문화의 시대를 맞이하여, 과거의 원시문화시대의 범신론(汎神論: Animism, Pantheism)적 신앙을 지나 현대의 문자문화시대의 모든 경전종교가 사용하고 있는 유일신론(唯一神論: Monotheism)적 경전(經典)의 상징적 진리를 초월한 범재신론(汎在神論: Panentheism)을 기반으로 현실적으로 구체화·논리화·학문화했으며, 종교의 이상을 지금 여기에서 현실화하여 신화 해석을 과학적·논리적·구체적으로 전개하였기에 '영철학'은 신학과 철학의 가교화(架橋化)인 셈이다.

영(靈)철학(정도론(正道論)·양미론(兩未論))이란 무엇인가? 정도론은 좌/우, 보/진, 양비론(兩非論)적 중도(중간)를 뛰어넘은 새로운 제4의 길을 뜻하는 개념이다. 중도는 양쪽 다 아우르는 중도의 개념도 있지만 양쪽 사이의 중앙·중간이라는 개념이 동시에 있어서 단독으로 사용하기에는 완전할 수 없는 개념이다. 그리고 양미론은 양쪽 다 아니라(非)는 편향적 사고를 넘어 존재의 본질에 있어 '양쪽 다 부족하다(未).'는 뜻을 내포한 새로운 개념이다. 또한 영(靈)철학이란 철학과 신학적 사유를 통합한 개념으로서 신화적 경전의 내용을 철학적으로 해석할 수 있게 학문적으로 체계화했다.

이는 창조론과 진화론, 그리고 창조적 진화론을 넘어 '창조와 재창조에 의한 성장론'을 존재의 법칙으로 보는 새로운 가설이다(마치 정자가 난자와 결합해 태아로 재창조되고 태아가 지상에 미완성으로 탄생하여 완성을 향해 성장 발전하는 메커니즘, 즉 3단계를 갖고 변화(삼변성도(三變成道))

하듯이 말이다). 창조론은 진화론을 부정하고, 진화론은 창조론을 부정하며, 창조적 진화론은 둘 다 부정하기에 양비론적 중도라고 할 수 있다. 그러나 '영철학'은 창조론과 진화론, 그리고 창조적 진화론도 궁극에 있어서는 편향성을 갖는 것으로 본다. 따라서 '영철학'은 모든 가설을 포용하며 존재론적 본질을 비로소 새롭게 분석해 완전한 존재의 법칙을 체계화했다. 즉 '영철학'은 동양적 사유와 서양적 사유를 통합한 새로운 한국적 사유, 즉 한국철학이다. 그래서 '영철학'은 3차원, 즉 지식의 차원에 머물러 있는 동양사상과 서양사상을 뛰어넘어 4차원적 지성·영성의 차원을 논리적으로 체계화할 수 있었다는 뜻에서 신의 철학, 또는 영의 철학이라 할 수 있다.

프랑스의 철학자 들뢰즈(Gilles Deleuze)는 "철학은 개념의 새로운 창조로부터 시작된다."라고 했다. '영철학'은 언어표현의 한계를 뛰어넘어 이해의 언어개념을 새롭게 창출했다. 예를 들어 창조적 창조(CC), 창조적 재창조(CR), 재창조적 재창조(RR), 재창조적 창조(RC)처럼 말이다. 다시 말해 우리가 사용하는 언어는 존재의 본질을 완전하게 표현할 수 없는 부족한 미완의 언어와 개념으로 가득 찼다는 것이다. 미완의 언어로 철학을 한다는 것 자체가 존재의 궁극을 나타낼 수가 없었던 근본 이유이기도 하다. 언어개념과 논리의 새로운 창조로 세워진 21세기의 새 가설, 이것이 영(靈)철학이다."

본 서는 그동안 존재세계와 역사의 깊은 내부에 숨겨져 있던 영성과 성장의 역사를 해명함으로써 유사 이래 인류 역사의 시대정신의 잣대를 최초로 규정할 수 있는 절대가치로서의 역할은 물론이요, 지구촌 곳곳에서 벌어지고 있는 세기말적 대혼란을 해결할 수 있는 근본적 치유, 즉 인류 영성의 4차원적 업그레이드를 위한 귀한 교재가 될 것이다.

동양의 사유 전통에서는 인간을 '소우주(小宇宙)'라고 했다. 한국이 낳은 '4차원'의 위대한 철학자 도올 선생도 그의 기(氣)철학의 제1원리에서 "인간의 모든 진리는 인간이라는 생물학적 조건에 구현되어 있다."라고 언명했다. 이 두 격언은 진리라는 것이 그렇게 먼 곳에 있는 것도, 또한 그렇게 어려운 것도 아니라는 뜻과 함께 관점에 따라 다르게 보이는 제(諸)분과 학문이나 사회체계도 결국 유기적으로 연결되어 있다는 것으로 해석해도 무방하다고 하겠다. 그렇다. 필자가 말하는 것 또한 진리란 수수께끼와도 같아서 찾고 보면 아주 간단한데 우리는 그 방법론을 앞질러 찾지 못하고 미로에 갇혀 숱한 시간을 허비해온 사유의 미완성 역사 속을 지나치고 있다는 것이다.

모든 철학은 신(神)의 철학임과 동시에 곧 인간의 철학이다. 왜냐하면 신(神)이 진리의 창조적 주체라면, 인간은 진리의 재창조(신의 설계를 인간이 완성한다는 개념)의 주체이기 때문이다. 따라서 인격철학은 '정(情)철학'임과 동시에 영(靈)철학(The Philosophy of Divine)이기에 철학으로서 인간이 신(神)과 부자관계를 비로소 갖게 되는 특권을 누리게 된다. 그래서 영철학은 인간과 신에 관련된 모든 것들에 대하여 치밀하게 분석하고 세밀하게 파악해 그 본질에 대해 부족함이 없게 할 것이다. 먼저 인간의 육적 조건과 정신 및 영적(靈的) 조건은 물론이요, 가족관계에 있어서 부자관계, 형제관계, 부부관계, 친척관계, 인종관계, 이웃관계, 친구관계, 군신 관계, 어린아이와 어른관계, 능력자와 무능력자의 관계, 이성과 동성끼리의 관계, 심지어 종족과 민족 국가와의 관계를 파악한다. 또한 학문분야에 있어서 신학, 철학, 과학과 사회생활에 있어서의 종교와 정치와 경제, 사회, 문화, 예술 등 인간과 관련된 모든 외적(外的) 조건과 내적(內的) 조건은 물론이요, 신성적(神性的) 조건까지 심도 있게 파고들게 될 것이다.

그리고 신(神)의 존재 세계, 즉 보이는 세계와 보이지 않는 세계의 근본 법칙, 즉 모든 존재는 창조와 재창조에 의한 성장의 법칙을 거치며 미완성기는 보호기요, 완성기는 책임기라는 것, '미완성기'는 외적주관기이며 '중간기'는 지식주관기요, '완성기'는 영성주관기라는 것과, 창조적 3단계와 재창조적 3단계의 법칙을 통한 본질 세계로의 회귀, 인간은 신의 정자(精子)와 손자(孫子)격이라는 것, 창조적 희생법칙과 재창조의 이기성 사이 조화의 법칙(성속합일) 등 존재세계의 내밀한 비밀들을 논리적으로 치밀하게 해부하게 될 것이다.

인간이 그렇게 간단한 존재가 아니다. 신(神) 또한 마찬가지다. 그동안 우리가 알고 있는 인간과 신에 관련된 지식은 볼품없는 얇은 껍질에 불과한 것들일 뿐이다. 전문화된 단 한 분야만의 연구로써 신과 인간이라는 복잡다단한 다층적 중첩 구조로 심오하게 얽혀 있는 존재의 비밀을 모두 설명할 수 없다. 이 모든 것이 우리 인간과 신이라는 조건 안에서 카오스모스적(Chaosmmostic)으로 꿈틀거리고 있는 것이다. 이것이 창조적 재창조의 법칙이며, 신의 창조 이후 인간이 재창조하는 법칙에 의해 창조의 중심인 인격적 신(神)의 존재와 재창조의 중심인 인간을 신의 반열에 올려놓은 신격적(神格的) 인간, 이것이 바로 우리 인간(Man)과 신(God)의 현주소이다.

2분법적 사고와 양비론(兩非論)은 나와 다름을 인정하지 않는 사유의 바이러스가 빚어낸 악취의 사상이자 흉측한 암(癌) 덩어리이다. 이것은 신(神)에 의한 피조세계의 창조와 인간에 의한 역사의 재창조, 그리고 신인합일(神人合一)에 의한 단계별 성장 발전, 즉 행복한 세상을 위한 숭고한 뜻의 완성이라는 존재의 다층구조, 즉 존재와 세계의 중첩구조에 대한 무지(無知)가 우리의 사유와 언어를 혼란에 빠뜨렸기 때문이다. 그 결과 이데올로기(Ideology)의 치열한 논쟁을 불렀으며 역사를 피로 물들게 하는 근본 원인으로 작용하게 되었음은 주지의 사실이다. 이 사실은 기본적으로 우리의 철학 역사에 있어서 그동안 동·서양을 막론한 모든 철학사가 반쪼가리, 즉 절름발이 철학이요, 눈을 뜨고서도 제대로 보지 못하는 청맹과니의 철학이었으며, 동시에 어렵기만 하고 내용은 진부한 얇고 천박한 지식이었다는 것을 증시해주는 것이 아니고 무엇이겠는가?

서양 철학의 아버지라고 할 수 있는 플라톤의 이데아(Idea)와 칸트의 이성(Reason), 비트겐슈타인의 언어철학 그리고 동양 철학의 거두 공자(孔子)에서부터 왕필의 현학(玄學)과 주희의 성리학(性理學), 왕수인의 양명학(陽明學·心學)뿐만 아니라 인도의 정통철학과

10

불교사상의 지존 싯다르타에 이르기까지 우리의 철학사엔 하늘의 별과 같이 수많은 사유의 천재들이 득실거렸지만 사유의 개체성과 전체성을 포괄적으로 아우를 수 있는 일관된 하나의 종합철학을 아직까지 이끌어 내지 못하고 일엽편주가 되어 광대한 사유의 바다를 표류하고 있지 않는가 그 말이다. 어디 그것뿐인가? 종교철학에 있어서도 철학과 신학 사이를 소통시키지 못하고 원만하게 교류할 수 있는 이렇다 할 사유방법론의 새로운 창출은 아직도 오리무중에 있는 것이 현실이다.

그러니까 서양철학에 있어서 '개체 본질의 초월과 내재'의 문제, '존재의 필연과 우연', '보편자의 실재 논쟁'(마음 바깥에 실재, 인간의 정신 속에만 존재), '인간의 이성과 허영', '타자와의 소통 가능과 불가능', '유한성의 절대성'(버클리)과 상대성'(들뢰즈), '사물 자체의 존재 여부', '정신과 물질', '욕망의 정·부정의 여부', '전제군주제와 민주주의', '사회주의와 자본주의', '정부주도경제와 자유시장경제', '생산과 유통의 역할 분담' 등…….

그리고 동양의 사유에 있어서 '자아의 구성에 있어서 물질과 오온의 결합 여부'의 문제, '도(道)의 선재성과 후차성', '공(空)의 모순과 타당성', '인간 본성의 선과 악', '정신의 영원성과 일시성', '만물의 주재자의 존재 여부', '종교와 정치와의 관계', '돈오와 점수', '이(理)와 기(氣)', '인간과 동물의 본성의 같음과 다름'의 문제 등…….

또한 인도철학에 있어서의 '윤회'(輪回)와 불교의 '무아론'(無我論)의 무한 대립의 문제 등 이루 헤아릴 수 없는 철학적 난제들을

21C 우주를 여행하는 고등 문명을 살아가고 있는 지금도 누구 하나 이렇다 할 구체적이면서 총체적인 대안을 제시하지 못하고 있는 실정이다.

따라서 '정도론(正道論)·양미론(兩未論)인 영(靈)철학', 즉 '제4의 이념'은 2분법적 사고와 양비론(兩非論)에 의해 사유의 늪에서 허우적거리는 동양철학과 서양철학은 물론이요, 기독교의 신학과 불교의 철학이 해결할 수 없었던 근본 문제를 하나도 남김없이 세밀하게 파고들어가 창조적으로 해체할 것임은 물론이요, 끝내 밝혀낼 수 없었던 그 궁극의 비밀을 철저하게 추적해 백일천하에 들추어낼 것이다.

프랑스의 현대 철학자 들뢰즈(Gilles Delueze, 1925~1995)는 "철학의 목적은 주어진 것들을 정당화하는 데 있는 것이 아니라 새로운 개념을 창조함으로써 시대를 극복하는 데 있다."라고 하였다. '개념은 사유를 담는 그릇이다.' 21세기는 모든 분과에 있어서 우리에게 새로운 형이상학과 새로운 개념을 요구하고 있다. 존재의 본질과 구조에 대한 개념의 새로운 창조를 창출하지 못한다면 우리의 미래는 여전히 개념의 불충분으로 인해 혼란과 고통으로 일관한 동·서철학사상의 몽매에서 벗어나지 못하고 사유의 노예 신세가 되어 신음할 수밖에 없게 될 것이다.

그러나 영(靈)철학은 이러한 우리의 암울한 철학사와 모든 편향적 사유의 올가미로부터 진정한 자유를 구가할, 다시 말해 철학의 새로운 방법론에 의한 새 존재론, 새 인식론, 새 가치론 그리고 무엇보다도 더 중요한 새로운 '다층적 중첩개념'(사실 그동안의 모든 철학은 개념의 중요성을 심각하게 인식하지 못했음)의 창출을 통해 쉽고 편리한 철학을 완성했다는 것이다. 따라서 영(靈)철학은 미래에는 누구나 철학자가 되어 '말씀시대'의 과정적 방법론인 '4대 경전'의 신화를 정신적, 영적 멘토의 특별한 도움 없이 혼자서도 쉽게 독해할 수 있는 안내자, 즉 새로운 사유의 길라잡이가 될 것이다.

인격(人格)철학은 기존의 철학과 비교할 때 비교도 되지 않을 정도로 쉽고 편이한 철학의 방법론을 제공한다. 그러나 철학이 인간의 삶과 관련된 모든 분야를 총망라하고 있다는 것을 볼 때 그 내용과 분량까지 최소화시킨다는 것은 결코 쉬운 일이 아니다. 다시 말해 모든 분야에 걸친 방대한 작업을 한 권의 책으로 다 엮는다는 것은 역시 힘든 일이다. 그러나 방법이 전혀 없는 것도 아니다, 어쩌면 이 또한 하나의 새로운 방법론일 것이다. 그래서 시도한 것이 격언의 형태. 즉 극도로 축약된 문장으로 편집하는 것이었다. 따라서 이 책은 철학이 '철학자의 철학'이듯이 개별 철학자가 토해낸 사유의 핵심을 창조적으로 비판하고, 나아가 인격(人格)철학 고유의 아우라가 빚어낸 독특한 세계를 역시 시(詩)적인 짧은 문장으로 열거해 놓았다는 것을 밝히면서, 그리고 새로운 '존재의 법칙'과 참으로 중요한 '다층적 중첩개념'에 대해서는 간략하게 후술하는 것으로 머리말을 접으려고 한다.

첫째: '신(神)은 절대적 아버지(일자)요, 천계(天界)는 상대적 아버지(창조)이며, 영계(靈界)는 존재의 어머니( )요, 만물(萬物)은 존재의 상대적 어머니(재창조)요, 또한 인간의 아내와도 같으며(생성), 인간(人間)은 존재의 자녀(재재창조: 성장)이다.' 이 말은 '창조'와 '재창조'

그리고 '성장'이라는 존재의 법칙이 공간적으로 어떻게 존재하는 가에 대한 쉬운 이해를 위해 새롭고 세밀하게 설정한 개념을 뜻 하는 것으로서, 동양철학의 무극과 태극의 및 도(道)와 공(空)의 논 리를 비롯한 플라톤과 아리스토텔레스 이래 서양철학사의 사유체 계에 면면히 흐르는 '초월론'과 실체(Substance) 그리고 스피노자의 '범신론(Pantheism)'이 얼마나 편협하게 한쪽으로 치우친 유아론적 인 발상인지를 단적으로 보여주는 개념이다.

그리고 둘째: '창조는 일원적 이분(一元的 二分(Bifurcation))이요, 재 창조는 이분적 일원(二分的 一元(Mono))이다.' 이것은 창조의 법칙은 하나에서 둘로 나누어지는 것이며, 재창조의 법칙은 둘로 나누어 진 것들이 하나로 귀일하게 되는 것이라는 존재의 법칙을 시간적 으로 분석한 개념으로서, 이것에 비해 단순하기조차 한 일반철학 의 '일원론'과 '이원론'의 낯 뜨거운 논쟁은 숫제 얇디얇은 사유 논 리를 두고서 너무도 자기중심적이기까지 하다는 것을 느끼게 해 주는 참으로 웃지 못할 대목임이 분명하다.(물론 여기서 육계와 영계와 천계와 신계의 존재에 대한 다층적 존재 구조까지 다 논할 수는 없는 노릇이지만!)

뿐만 아니라 셋째: '미완성기는 보호기요, 완성기는 책임기이 다.'라는 것은 미완성기(자)는 보호를 필요로 하는 존재이기 때문 에 이기적일 수밖에 없으며, 완성기(자)는 책임기이기 때문에 이타 적인 존재가 되어야 한다는 것을 의미하는 것으로서, 이것은 인간 과 인류의 시대정신(21C는 21살의 인간과도 같은 인류?)과 법과 윤리규 정의 잣대가 어떠해야 하는가를 구별할 수 있는 바로미터이다. 그 런데 아직도 우리 인류는 절대가치의 부재로 인해 제대로 된 가치 철학의 시대적 규범이나 범주조차 설정하지 못하는 우(愚)를 진지

하게 범하고 있다는 것이다.(이것으로 인하여 직접 보호, 간접 보호, 무보호/무책임, 간접 책임, 직접책임이라는 새로운 개념이 창출됨)

넷째: 창조의 시작은 완성에서부터이며, 재창조의 출발은 미완성, 부족, 어림, 나약함에서부터 비롯한다는 지극히 상식적인 개념이다. 그러나 우리의 철학적·신학적 사유에 있어서 매우 중대하게 도입하지 않으면 안 될 것으로서 결코 가벼운 개념이 아니다. 이 또한 깊게는 불교철학의 무명(無明)과 신학적 원죄(原罪)문제와 실존철학의 본질 문제, 헤겔 철학의 '정반합'의 논리학에 있어서 '변증법적 모순(Widerspruch, Contradiction)'의 개념에까지 닿아 있는 복잡한 문제이니만큼 구체적인 내용과 개념 설명은 본문으로 옮겨 논하기로 하고 여기서는 이것으로 이만 그치고자 한다.

지리산 기슭에서
권추호

본서는 개정판으로서 원 제목은 『공존의 이념(理念)』이었는데, 1993년 지리산 청학동에 올라가 원고를 정리하여 간행되었다가 이번에 다시 내용을 수정하여 『영(靈)철학』으로 출간하게 된 것이다.

평가를 위한 준거의 틀을 어떻게 마련하는가?

본서는 나와 생각이 다름을 인정하지 않고 적으로 간주하는 '2분법적 사유와 양비론(兩非論)적 사유'에 대한 비평서이자 그 해결서이다. 그러니까 보수와 진보, 죄파와 우파, 양비론적 중도(中途)는 물론이요 심지어는 종파(宗派)와 종파끼리의 논쟁에 대한 대안으로 '정도론(正道論)·양미론(兩未論)' - 둘 다 완전하지 못하고 '어리다.'는 뜻으로 필자에 의해 고안된 개념이다 - 을 제시해 '사유의 올바른 길이 무엇인가?'와 '누구나 기존의 철학이 일구어낸 다양한 이론을 편견 없이 음미하기 위해 어떤 철학적 방법론을 새롭게 창출해야 하는가?'의 문제를 낱낱이 탐구하였다. 또한 모든 인류가 철학하는 소중한 인격으로 거듭나기 위해 인생의 가치를 새롭게 재창조하고 역사적으로 수많은 '사유의 파편'들에 대해 절대가치에 의한 철저한 분석으로 그것에 각각의 값을 매겨야 한다는 뜻을 담고 있는 '창조적 비평서'라고 하겠다.

비평(批評)은 무릇 고급한 평가의 작업이다. 그러기 위해서 무엇

16

보다도 우선되어야 할 것이 평가를 위한 '준거의 틀'을 어떻게 마련하느냐 하는 것이다. 그것은 상대가치에 의한 기준이 아니라 절대가치, 즉 완벽하고 완전한 답안지와도 같은 것으로서 사유의 궁극에 도달한 종합적 이론체계여야 한다. 그렇지 않고 임의적 방법에 의해서 무분별하게 평가하게 된다면, 기존의 철학 이론에 큰 상처를 입히는 지적(知的) 죄(罪)를 짓게 될 것이라는 것은 불문가지(不問可知)이다. 따라서 비평이라는 작업은 대상이 어떠한 것이든 어렵고 힘든 일이며 또한 위험성을 갖는 일이다. 그러나 언젠가는 그 누군가에 의해서라도 이 역사 안에서 씨 뿌리고 가꾸어져 온 모든 사유의 열매들에 대해 알곡과 쭉정이를 구별하지 않으면 안 되는 천시(天時)가 있음을 결코 가벼이 여길 수 없다. 왜냐하면 상대가치에 얽혀 고통당하는 부족(不足)하고 미완성된 인류를 영원한 사유의 올가미에서 구해내지 않으면 안 되겠기 때문이다.

왜 영철학이 공존의 이념인가?

제목을 『영(靈)철학』이라 하고 부제는 '인격(人格)철학', '사랑 철학', '제4의 이념', '공존의 이념' 등으로 이름 붙였는데 여기에는 다양한 의미가 함축되어 있다. 공존(共存)의 개념은 철학과 과학, 신학, 종교와 정치, 경제, 사회(공산)주의와 자본(민주)주의, 천(天)·지(地), 형상(形象)과 질료(質料), 본질(本質)과 현상(現像), 공(空)과 색(色), 존재(Being)와 생성(Becoming)의 만남·화해, 해후(邂逅) 또는 상생(相生)의 의미를 내포하는 개념이다.

영(靈)철학은 공생(共生)을 위한 '제4의 가치', 즉 '정도론·양미론'에 의한 4차원적 이데올로기이다. 좌익(左翼)과 우익(右翼)을 표방하고, 물질적 소유의 국유(國有)와 사유(私有)를 중시했던 2분법적 사고에 의한 냉전적 이데올로기가 아니라, 정도론과 양미론에 의해 존재의 가치인 책임 그리고 자유와 그 값을 중시하는 인격적 영성(靈性)의 이데올로기이다. 중간을 뜻하는 중도(中道)도 결국 양비론(兩非論)의 산물이다. 다시 말해 양극단의 배제를 전제로 성립되는 개념이기 때문에 극좌와 극우를 배척시켜 또 다른 투쟁을 불러오게 된다. 따라서 양비론적 중도는 '유혹'이요, '종족 변수'에 불과하며 '과정적 속임수'이며, '사이비 샛길'이다.

그런 의미에서 신 중도좌파를 표방하고 나선 서구유럽의 '제3의 길'(The Third Way)은 궁극에 있어서 '사이비 샛길'일 뿐이라고 이탈리아의 정치사상가인 노베르토 보비오는 설파했다. 그리고 끝내 그 야심찬 출발의 끝은 고개 숙인 초라한 낙오자의 형색으로 나타날 수밖에 없었다. 그러나 '정도론·양미론'에 의한 '공생사상(共生思想)'은 그렇지 않다. 존재의 근본 가치, 즉 값에 의한 고, 중, 저의 가치이므로 일반적 차원을 넘어선 '초월적 차원'으로 기능한다. '공생'(共生)은 존재의 평가에 있어서 좌(左)와 우(右)처럼 이분법(二分法)적 분별의 개념이 아니라, 저급·중급·고급/초등·중등·고등학교와 같이 능력의 가치적 일원론으로서 고급한 가치에 의해 중급 이하의 가치를 포용하고, 완성자에 의해 미완성된 존재는 보호받듯이 사랑에 의한 창조적 소통(疏通), 즉 이분적 일원(二分的 一元)으로 귀결된다. 따라서 공생(共生)의 세계관에 있어서 '너'와 '나'의 이분법적 논리학은 설 자리를 잃게 된다. 그러므로 공생은 양대 이데올로기가 배타했던 부족(모순)한 부분들을 가득 채워 완전한 체제로 옮아갈 수 있게 할 유일한 가치이자 과정주의를 초월한 목적적 사회체제로 전 지구촌을 하나로 묶을 수 있는 새로운 '제4의 길'(The Fourth Way)의 철학이다.

그러기 때문에 공존주의(共存主義)는 기존 체제의 마지막 유산인 냉전 이데올로기의 보유국으로 남아 있으면서 새로운 변화를 모색하고 있는 KOREA의 체제적 통합을 창조적으로 이루어낼 새 가치관이다. 그리고 이것은 새롭게 디자인되어 전 인류사를 총괄하는 사회체계의 새 모델로 전 세계에 수출되게 될 것이다. 또한 공생주의(共生主義)에 의한 공존(共存)의 체제는 인류의 오랜 숙원인 덕치, 용화, 이상사회의 모델이 될 것이다.

이것은 '완전한 국가체제'에 대한 오스카 쿨만의 중복된 '수평적 이원론', 게르할더스 보스의 '수직적 이원론', 레드의 '이중적 이원론', 홍찬혁 교수의 '역동적 이원론'을 넘어선 권추호의 '복잡계 시스템 일원론'에 의해 구체적 제도와 철학적 정책을 근본으로 하는 새로운 국가의 모델로 제시되고 있으며, 그 가능성에 있어서 타의 추종을 불허하는 사유의 심오함을 함축한 새로운 방법론이다. 따라서 공존체제는 일반적 개념의 단순도식에 의한 인류사의 정치적 체제가 아니다. 또한 종교사와 뒤엉켜 존재하면서 그 선·후를 구별하지 못하는 사회체제는 더더욱 아니다.

이는 절대가치의 수립에 의한 모든 상대가치의 통폐합의 상징이다. 종교국가, 예를 들어 미국의 기독교국가라는 개념처럼 불교국가·유교국가·이슬람국가 등 국가 내에 종교가 내재하는 구조가 아니다. 이념과 종파와 민족주의, 심지어는 국가주의까지도 초월한 완성된 나라인 국가적, 세계적, 초월적인 인격종교(人格宗敎)

의 모델이다. 즉 과정주의인 사회주의와 자본주의 체제가 아니라 완성된 사회주의요, 완성된 민주주의인 일명 '창조적 천주주의'(天主主義)이며, 이것은 도올이 갈파한 '왕정 대 민주론'에 의한 궁극 체제로서의 사회제도이다.

영(靈)철학은 단순한 사물과 사물 사이, 학문의 제 분야, 즉 사회 체제와 국가의 외형적인 분야에 한정된 제한적 개념을 넘어, 존재 론적 가치와 궁극의 본질에 대한 공존의 내면 법칙으로까지 작용 하면서 존재하는 완벽한 프로그램의 철학이다. 그러니까 창조와 재창조, 즉 신(神)의 창조에 의한 인간 재창조의 역사 법칙에 의해 영원히 자존하면서 공존하는 인격적 성장의 이법(理法: Logos)의 철학이다.

그것은 다름 아닌 '창조와 재창조에 의한 성장의 단계별 발전' 이라는 논리이다. 첫째는 미완성에서 중간과정을 거쳐 완성을 향 하는 모든 존재들은 '창조 후 성장', 즉 '창조 후 재창조된다.'는 이 론적 체계이다. 그리고 둘째는 '미완성의 보호와 완성의 책임 법 칙이 있다.'는 것이다. 또한 셋째는 창조적 존재의 관여의 법칙인 '인성의 변화의 법칙'이 어지럽게 혼재하는 속에서도 철저하게 어 떤 질서를 내포하고 있다는 것이다. '언어의 중첩 개념'의 발견, 그것은 나의 사유를 새로운 차원으로 이끌어 주었다. 즉 양비론의 한계를 넘어 양미론에 의한 인격(人格)철학, 즉 영(靈)철학의 심오 하고도 무궁무진한 세계이다.

다시 말해 영(靈)철학은 존재하는 모든 것이 미완성으로 창조 되어 완성을 향해 단계적으로 성장발전 하듯이 우리의 우주와 역사가 창조(創造: Creative) 후 재창조를 통해 재재창조(성장: 成長 (Growth))의 과정에 있다는 것을 말없이 웅변하고 있는 것이다. 따라서 성장의 이론체계에 입각할 때 미완성기의 공존(共存)은 정적 (情的)인 부자(父子)간의 '공존기'이므로 종교적 공존기이며, 중간기를 지나 완성기는 계약(契約)에 의한 부부(夫婦)간의 공존기, 즉 정치적 공존기로 비유할 수 있을 것이다. 이에 인격철학인 성장이론은 역사와 인류의 시대정신을 규정하고 현 시대상황과 역사의 나이를 판결할 수 있는 잣대로서 기능하게 되는 것이다.

AD(Anno Domini: In the year of our Lord) 21세기의 21수는 결혼기에 도달한 청·장년인 세수(世數: 나이) 21세의 상징이다. 우리 인류는 이제 우리의 정체성을 스스로 확립하지 않으면 안 되는 나이에 도달했음을 깊이 인식해야 한다. 우리 인류의 시대정신의 연령은 21세, 즉 스물한 살이다. 조지훈 시인은 14살 1/4이라고 4.19학생 의거가 일어났던 60년대의 시대 값을 그렇게 표현했었다. 21살의 나이는 부모의 보호를 떠나 부부를 이루어 자신의 가정(家庭)을 새롭게 재창조하게 되는 홀로서기의 상속기이다.

그동안은 부모(神)의 큰 울타리 안에서 응석과 재롱으로 의지하였지만, 앞으로는 결혼과 함께 내 가정의 가훈을 스스로 정해야 한다. 그렇지 않으면 부모의 자애로운 용서(종교)와는 비교도 되지 않는 엄중하고 냉정한 사회법(우주공법)을 준수하지 않으면 무서운 법적 처리를 받게 되는 것이다. 오직 의지할 곳은 이타적인 행위, 즉 사랑뿐이다. 부모(종교)가 아니라 부부(천주의 법)이다. 하늘을 향하여 영원히 뻗어나가는 나무의 기둥은 존재하지 않는 법이다. 땅을 향하여 펼쳐지는 재창조의 가지 끝에 사랑(깨달음)의 열매인 자녀를 얻을 수 있는 것이다.

　하랄트 뮐러(H. Muller)는 『문명의 공존』에서 앨빈 토플러의 『문명의 충돌』을 점잖게 비판한다. 사유의 방법과 깊이에 문제가 있다는 것이다. 공존(共存)을 위한 인격(人格)철학인 '제4의 이념'은 '문명의 공존'을 위한 존재론적 본질이자 가치에 있어서의 공존의 법칙을 다룬다. 사랑과 희생의 가치 및 생명 창조의 가치·평화·행복·자유와 정의와 진리의 가치는 논리를 넘어선 초월적 이타행(利他行)을 통해서만 가능하며, 그것의 실천적 행위를 위한 한에 있어서의 존재론적 존재론인 궁극의 뜻에 대한 이론의 체계적 연구이다. 그런데 이번에 출간되는 내용은 그 분량의 방대함과 여러 가지 제약조건에 의해 축약할 수밖에 없었다.
　그것은 다름 아닌 다음과 같은 것들이다. 첫째는 언어표현의 한계로서 즉 언어표현이 갖는 제약성이다. 언어는 약속에 의한 가정(假定)의 기능일 뿐이어서, 전수(傳受) 불가능한 체험적 초월의 세계를 모두 표현할 수 없었다. 그러나 다행인 것은 '기호언어'를 통한 '개념분화'의 새로운 방법을 창출했다는 것이다. 둘째는 분량의 제한성으로서 준비된 텍스트의 1/10로 선별할 수밖에 없었다는 점이다. 셋째는 내용의 규제를 위해서이다. 가치의 차등 적용을 위하여, 존재의 비밀을 전부 드러낼 수 없었다. 때가 이르는 대로 후술할 부분이다. 실로 안타까움을 금할 길이 없지만, 이것으로써 붓을 영원히 꺾지 않을 것이기에, 부족하나마 대강의 기초이론과 기본적인 학문적 체계로서의 틀(조감도)은 옮겨놓은 것 같아서 마음은 놓인다.

21C 새천년의 밀레니엄을 위한 대축제의 불꽃이 세계 곳곳에서 화려하게 밤하늘을 수놓으며 펼쳐졌었다. 그러나 미래의 축제가 폭죽과 알코올을 위한 것이어서는 추호(秋毫)도 안 될 일이다. 그 것은 지금껏 자신 속에 잠재우고 있는 지성(智性)과 신성(神性)을 일 깨우는 신명의 불러들임이어야 하며, 자비와 박애를 위한 차원 높 은 고차원적 축제여야 한다. 또한 이를 통해 모든 인류가 재창조 의 가치인 사랑과 희생에 의한 인격의 가치를 인생과 역사의 절대 가치와 목적지향점으로 삼아야 할 것이다. 지성의 가치는 존재론 적 가치이기 때문에 영원성을 갖는 법이다. 지성을 일깨우지 않 는 평화는 일시적 평화요 외식(外食)이며, 비인격적인 '식물평화(A peace in a vegetative state)'이다. 이에 필자는 인류의 행복과 '세계영 구평화'를 위하여 이 책을 역사에 바친다.

"철학과 종교의 관계는 철학과 개별 과학의 관계보다는 훨씬 더 밀접하다. 그 이유는 철학과 종교는 현상 세계를 넘어서 초감성적인 것의 영역에 들어서 있기 때문이다. 철학은 이 일을 그것의 중요한 한 분과인 형이상학에서 하고 있다. 그러므로 종교와 철학의 관계는 자세히 볼 때 종교와 형이상학의 관계인 것이다. 이 둘은 위에서 말한 이유를 통해 단지 우연이 아니라 직접적으로 관련된다. 그러므로 사람들이 그 둘을 서로 혼동한 것도 결코 우연이 아니었다."

-『종교철학의 체계적 이해』

헤센(Johammes Hessen) 지음/허재윤 옮김

영(靈)철학은 신(神;God;절대자)을 신학이 아닌 철학으로 만날 수 있는 사유의 블루오션전략(Blue Ocean Strategy)

철학과 종교를 양분시키게 된 근본 원인은 2분법적 사고·양비론(兩非論)적 이원론(二元論)이다. 그 결과 인간의 정신과 육체를 갈라놓게 되었는데, 이것은 존재의 본질에 대한 인간 사유의 무지의 산물이다. 인간은 신(神)의 '몸(Mom)'이요, 신은 인간의 '맘(Mam)'의 상징이다. 따라서 신은 창조(創造)의 실체요, 인간은 재창조(再創

造)의 실체이다. 그러므로 신을 알려고 한다면 신의 대상인 인간을 알아야 하고 인간(人間)을 알려고 한다면 인간을 존재케 한 존재의 제1원인인 신(神)을 알아야 한다.

정신과 육체, 설계도와 재료의 관계처럼 존재론(Ontology)과 인식론(Epistemology)은 관점의 비대칭성을 갖지만 이 둘은 불가분의 관계이다. 칸트(I. Kant)의 구성설(構成說)이란 인식능력, 즉 아는 만큼 볼 수 있다는 것일 뿐이다. 따라서 독일의 위대한 철학자 임마누엘 칸트가 말한 '물자체(物自體: Ding an sich)'인 신(神)의 존재에 대한 불가지론(不可知論)은 순수 이성적 능력, 즉 이성으로서의 궁극적 진리 인식에 대한 한계의 선포이다.

다시 말해 이성(Reason)을 넘어선 초월적 영역의 세계에 대한 인식 불가능을 공식적으로 외친 것에 다름 아니다. 순수이성은 이성적 진리의 영력이다. 그런데 그것은 영철학적 인식론의 관점에서는 단지 물리 이성의 영역을 넘어서지 못하고 있다. 이 말이 함의하는 것은 칸트는 이성적 이상의 진리에 대해서는 무지하다는 뜻이며, 또한 이것은 완전한 진리가 아니라 과정적, 혹은 상대적 진리, 부족한 진리, 중간 정도의 진리, 심지어는 어리고 취약한 진리라는 범주에서의 진리에 대한 논구, 내지는 비판인 것이다. 이것이 플라톤 이후 서양철학사를 집대성했다는 위대한 칸트의 관념론적 사유의 세계이다. 칸트는 종교조차도 '이성의 한계 내에서의 종교'임을 그의 저작을 통하여 말하지 않았는가?

인간의 위대함은 도올이 기(氣)철학에서 말한 '몸(Mom)'이라는 생물학적 조건에 구비되어 있는 초월의식과 정신으로서의 이성만을 뜻하지 않는다. 인격(人格)철학이라고도 부를 수 있는 영(靈)철학은 몸과 더불어 '맘(Mam)'이라고 하는 영성적 조건에 웅크리고 있는 성령과 신령이, 그리고 보다 더 높은 할아버지 같은 신성(神性)적 존재가 인간 안에서 조용히 '인격적(人格的) 어른'이 될 때를 기다리고 있다는 것이다. 기철학의 기(氣)가 '몸의 심(心)'이라면 인격(人格)철학의 인격, 즉 영(靈)은 '맘의 심(心)'이다. 육(肉)에 육심(肉心)이 있고 영(靈)에 영심(靈心)이 있듯이 말이다.

따라서 이성(理性)이 물리적 '육격(肉格)'의 철학적 주제라면 기(氣)철학은 '몸격', 영(靈)철학은 '맘격'의 신학적 주제에 가깝다. 인간은 철학과 신학을 동시에 소유하는 존재이다. 여기서 신성에 대한 인격적 접근은 종교, 그것도 신성을 아버지라고 호칭하는 기독교의 전유물이었다. 그런데 영(靈)철학이 그 신성의 경지에 '인격'으로 접근하고 있는 것이다. 종교라는 믿음이 아니라 학문이라는 앎의 철학으로 아버지를 부르는 것이다. 신학이 아닌 철학의 하나님인 셈이다. 이것은 사유의 코페르니쿠스적 전환, 즉 '패러다임의 대전환'인 셈이다.

재창조의 중심은 인간이기에 인간은 진리의 재창조의 주체이다. 그런데 그 진리의 주체인 인간이 창조적 진리의 주체인 신적 경지에 도달하지 못하고서 어떻게 진리의 수평적 교류가 가능하겠는가? 이것은 숫제 어린아이가 부모의 깊은 뜻과 그 세계와의 소통이 불가능한 것과도 같다고 할 수 있을 것이다.

『목적이 이끄는 삶』의 저자 릭 웨렌(Rick Warren) 목사는 그의 저서에서 "삶의 목적에 대한 고민은 수천 년 동안 사람들을 혼란스

럽게 했다. 혼란의 이유는 우리가 그런 고민들의 출발을 우리 자신으로부터 시작하기 때문이다. (중략) 우리는 우리 자신 안에서 삶의 의미를 발견할 수 없다. (중략) 우리가 이 땅에 살고 있는 이유를 알고 싶다면, 모든 생각은 하나님으로부터 시작되어야 한다. 왜냐하면 우리는 그분의 목적에 의해서, 그분의 목적을 위하여 창조되었기 때문이다."라고 설파하지 않았는가?

따라서 영(靈)철학은 21세기 이전의 미완성된 우리 인류의 의식을 넘어 완성된 영성적 지성세계를 열어야 할 역사적 소명을 위해 필수 불가결한 철학으로 '초월적 사유의 학문'이자 미래 인류의 필수과목이다. 그러므로 영(靈)철학은 인격이라는 영성을 통해 신성의 세계에 대한 초월적 인식을 추구한다. 따라서 영(靈)철학은 기존의 철학이 넘볼 수 없었던 신성의 세계에 대한 존재구조와 근본 법칙에 대해 구체적으로 논한다.

재창조의 관점에 있어서의 진리의 세계는 상징의 세계이다. 따라서 기존의 철학이 상징의 외형, 즉 부분적 나무의 세계에 갇힌 철학적 사유였다면, 영(靈)철학은 실체인 내부의 깊숙한 본질과 숲의 조감도를 말한다. 즉 동양과 서양을 가로지르는 글로벌한 열린 철학적·신학적 사유로 기능한다. 영(靈)철학은 양비론적 사유로 인해 이념의 늪에 빠져 허우적거리는 동양과 서양의 철학적 사유와 종교에 대해, 양비론적 사유를 벗어나지 못하고 서로 반목하면서 헐뜯고 있는 유치한 행위들에 대해 철퇴와 함께 새로운 조화의 방법론을 세밀하게 제시한다.

버트란트 러셀은 "철학은 신학과 과학의 가교다."라고 철학의 역할을 설했다. N.하르트만도 그의 저서『존재론의 새로운 길』에서 "철학은 존재자에 대한 앎이 없이는 실천적 과제에 접근할 수 없다."라고 했다. 어디 그뿐인가? 종교(宗敎)를 철학으로 해소시키려던 신지론적(그노시스적) 이론체계인 불교, 신플라톤주의, 그노시스학파, 독일관념론과 철학(哲學)을 종교와 계시로 환원시킨 드 메스트르(De Maistre), 드 보나르(De Bonald), 라 메네(La mennais) 등에서 보듯이 철학과 종교를 잇는 매개로서의 인격(人格)철학의 당위성이 확보된 셈이다.

따라서 영(靈)철학인 인격(人格)철학은 철학과 신학을 잇는 가교적(架橋的) 개념으로서 영성, 또는 신령의 철학, 즉 4차원적 철학이라는 뜻을 담고 있다. 따라서 인격(人格)철학으로서의 '영(靈)철학'(Philosophy of Divine)은 철학이면서 신학이요, 신학이면서 철학이다. 도올의 '기(氣)철학'(Philosophy of Chi)적 개념과 흡사하지만 영(靈)철학(4차원)은 기(氣)철학(3.5차원)에 비해 그 철학적 기초를 튼튼히 세웠다고 하는 것에서 기철학과는 비교할 수 없는 철학적 우위를 분명 점하고 있음은 명확한 사실이다.

영(靈)철학은 기존의 동·서 철학 및 신학의 본질과 비교되는 새로운 이해(理解)의 언어, 즉 기호언어개념(記號言語槪念)을 통해 믿음이 아니라 '철학을 통한 존재자의 앎'의 영역이 가능할 수 있도록 새로운 방법론을 창도했다. 그 결과 하나의 결과를 덤으로 얻을 수가 있었다. 유사 이래 동·서 철학과 신학이 존재의 본질 문제를 완전히 해결하지 못하고 아직도 씨름하고 있으며, 또한 일반적으로 사용되는 가정(假定)의 언어, 즉 약속의 언어와 개념의 범주도 각론적 부분에 사로잡혀 끊임없는 창조적 변화를 요구하고 있다는 점이었다.

예를 들어 창조론과 진화론이 상충(相衝)하고 있으며, 그 대안으로 '창조적 진화론'이 베르그송(Henri Bergson)에 의해 등장했지만 이 또한 재창조의 한 부분에 국한된 사유의 틀을 벗어나지 못하고 있다. 철학의 각론에 있어서도 인식론의 한 부분인 헤겔(G. W. F Hegel)의 논리학의 본질이 모순(矛盾)에서 출발하며, 실존철학이 자아상실, 한계상황, 불안, 등을 실존의 본질로 어설프게 설정하였다는 것이다. 그리고 신학의 변신론이 선·악과 원죄(原罪)의 문제를, 불교철학이 무아(無我)와 무명(無明)을, 동양사상이 성선설과 성악설의 가치를 과학적 철학의 논리에 의해 완전하게 해결하지 못하고 있다는 것이었다.

영(靈)철학은 '창조와 재창조에 의한 성장론'을 통하여 존재(Being)와 생성(Becoming)의 사이를 넘나들면서 창조론과 진화론을 아우르는 새로운 사유의 철학이다. '창조와 재창조 그리고 재재창조의 성장 3단계론'인 영(靈)철학은 존재론과 가치론 및 인식론의 문제를 새롭게 업그레이드 시켰다. 또한 논리학의 모순(矛盾)과 실존철학의 상실(喪失)과 한계상황을 미완성이라는 개념으로 처리하며, 원죄론과 무명론 또한 재창조의 미완성, 즉 부족, 어림으로 처리한다. '없음'과 '부족'은 다른 개념이다. 그리고 '선·악'론은 약속(法)에 의한 행위의 결과론일 뿐 원인적 존재를 부정한다. 또한 영(靈)철학은 신(神)의 대상적 존재인 인간에 대한 인격적 보호와 책임의 법칙을 '가치언어'로 해명하였다. 예를 들어 직접보호, 간접보호, 무보호는 주체자에 의한 성장단계별 보호의 법칙이며, 무책임, 간접책임, 직접책임은 대상자에 의한 성장단계별 책임의 법칙이다.

그리고 영(靈)철학은 본질세계의 존재구조를 다층적 중첩구조로 이해하고 '창조 후 재창조'의 법칙에 의해 결과적 존재인 인간(人間)은 원인적 존재인 신(神)의 존재구조인 '육계와 영계 그리고 신령계와 신성계'를 그대로 닮아 '육체와 의식 그리고 영성과 신성'이라는 존재구조로 이루어져 있다는 것을 전제한다. 따라서 영(靈)철학은 하부층인 의식의 관념세계에 머물러 있었던 우리 인류의 육적 의식을 상부층인 영적 의식의 단계로 이끌어 올려 신의 세계와의 소통을 통해 모든 인류가 신성(神性)을 체험할 수 있는 만인성인(聖人) 시대를 열게 될 것이다. 이것이 인간에 대한 존재자의 '직접적 관여'의 진정한 의미이다. 따라서 완성기는 만물주관과 진리주관을 지나 영성주관의 시대의 도래기이다.

21세기의 시대정신은 절대가치, 즉 존재의 본질에 대한 근원문제를 해명할 것을 요구하고 있다. 다시 말해 차원이 다른 세계로의 발상을 전환하고, 부분에서 전체를 보는 시각과 함께 그동안 사용해온 틀에 박힌 닫힌 언어개념에서 벗어나 본질 세계와 소통할 수 있는 이해의 열린 언어로써 사물의 궁극을 응시할 수 있어야 한다. 그것이 철학이 앞으로 해결하고 넘어가야 할 남은 과제이다. 존재론적 본질에 대한 구체적 해명 없이는 인생의 의의와 목적 및 역사의 방향성을 올바르게 인식하여 정확한 시대정신을 규정할 수가 없는 법이기에 말이다.

'인간(人間)'을 알려고 한다면 인간을 존재케 한 존재의 제1원인인 신(神)을 알아야 하고 신을 알려고 한다면 신의 대상(對象)인 인간을 알아야 한다.'라고 머리말에서 상재했듯이, 신과 인간의 관계는 관점에 따라 절대적 관계이면서 상대적 관계이다. 신이 인간을 통해 자신의 뜻을 완성한다면 인간은 신을 통해 자신을 완성한다. 그래서 플라톤 철학의 형이상학을 통해 기독교의 신학을 전파했던 아우구스티누스(Aurelius Augustinus, 354~430)는 영원한 진리인 에이도스(Eidos), 즉 '신의 빛'(illumanatio)을 통해서 인간은 자신을 지각하게 된다고 했다. 이것이 영철학의 존재 이유이다. 따라서 영철학은 모든 사유의 답안지요, 과학적 신학이며, 심판, 즉 재판관의 철학이다.

영원히 위로만 치솟는 나무는 존재하지 않는다. 왜냐하면 완성은 소멸성을 갖기 때문이다. 우리의 철학 기둥과 가지와 입을 내기 위해 진력했다면 이제는 꽃을 피우고 열매를 맺어야 할 때이다. 존재의 본질에 대한 연구가 완결되는, 즉 그 원인규명이 끝나는 날 철학의 1차적 사명은 종언(終焉)이 될 것이다. 창조는 목적이라는 프로그램이요, 재창조는 그 목적의 가치를 실천하는 현실적 행위이다. 따라서 철학은 창조적 프로그램의 설정에 대한 올바른 파악을 그 목적으로 한다. 따라서 영(靈)철학은 기존의 철학이 감당해야 할 창조 목적의 본질 규명을 위한 가장 완벽한 인간의 영적 의지의 새 방법론이 될 것이다.

그런데 문제가 또 남아 있다. 궁극에 있어서 철학적 사유는 존재(Being)에 대한 파악일 뿐이다. 왜냐하면 철학적 사유로만 해결할 수 없는 재창조, 즉 생성(Becoming)을 위한 실천이라는 가장 힘든 현실의 과정이 남아있기 때문이다. 다시 말해 철학은 재창조적 실천이 아니라 창조적 로드맵일 뿐이다. 그것을 어떻게 현실로 재창조하느냐 하는 정치의 제도와 정책과의 연결이 남아있다는 것이다. 그래서 도올은 기철학의 제2의 원리에서 "인간의 모든 진리는 사회적 실천을 통해서만 실현된다."라고 했다. 깨닫기도 어려웠는데 실천하려고 하니 더 힘들어 턱을 고이고 앉아 이것을 어떻게 전파할까를 고민하는 미륵반가사유상의 모습에서 창조와 재창조의 중첩구조를 알 수 있듯이 실천이라는 힘겨운 과제를 결국 해결하지 않으면 안 된다.

종교는 존재자의 뜻을 이 땅에 구현하기 위해 위에서 아래로 내려오는 연역적(演繹的) 창조의 방법을 택했다면, 정치는 그 대상인 인간이 창조적 목적을 이루기 위해 아래에서 위를 향해 올라가는 귀납적(歸納的)인 재창조의 방법을 선택했다고 할 수 있다. 창조와 재창조의 만남, 즉 종교와 정치의 만남, 신학과 철학의 만남 등……. 21세기는 서로 상이한 이 둘의 만남을 이뤄야 할 역사적 시간대이다.

따라서 본서 다음으로 출간하게 될 정책 자료집 『제4의 길』은 창조적 프로그램을 어떻게 재창조해야 시대정신을 거스르지 않고 인류 역사의 완성기에 접어든 21세기에 준하는 종교적 목적과 정치적 실천이 합치할 수 있는가를 시스템화 시켰다고 할 수 있을 것이다. 창조적 가치로서의 '영(靈)철학'과 재창조적 재료로서의 '제4의 정책과 창조적 국가체제'가 공존하지 않으면 결코 창조적 목적인 이상사회를 이룰 수 없다. 인격(人格)철학을 통해 사랑의 열매를 흐드러지게 영글게 하자. 이것이 미래의 우리에게 인격(人格)철학으로서의 영(靈)철학이 존재해야 하는 이유이고 유일한 목적이다.

〈창조적 성장론과 인류의 문화사〉

1. 단계별 시대구분은 성장(成長)이론의 산물이다.

문화의 근본 뿌리는 종교이다. 문자(文字)를 사용하기 이전의 시대를 뜻하는 원시시대는 어린아이와도 같은 '성장의 미완성기'이기 때문에 언어와 문자를 사용할 수가 없는 힘 중심의 문화시대였다. 오직 부모와도 같은 엄마의 품에 안겨서 절대적인 보호를 받으며, 젖 먹는 일과 어리광 부리는 일 그리고 소꿉장난하는 일이 전부다. 따라서 원시종교(原始宗敎)는 자연이라는 어머니에 안겨 생활하는 것과도 같은 단순한 자연숭배(토테미즘, 애니미즘)이었으며 오직 외적(外的)인 힘(力)에 의한 수직(垂直: Verticality)적 관계의 지배와 추종, 그리고 투쟁과 사냥에 의한 수렵과 어로생활이 원시문화의 모든 것일 수밖에 없었다. 그러므로 고등 인류에게 나타나는 법과 제도 및 예술 활동은 결코 기대할 수가 없다.

- 580만 년 전의 것으로 추정되는 원시 인류의 가장 오래된 화석을 캘리포니아 주립대학의 고고학자 하일리에와 셀라시에 교수팀이 아프리카 대륙의 에티오피아에서 최근에 발견하였다. -

그리고 말과 글을 배우기 시작하는 '성장의 중간기'는 청소년기와 같아서 원시시대 이후부터 현대를 맞이한 지금까지의 인류의 역사는 보호와 책임을 동시에 갖는 공존적 협력기이며, 또한 지식교육기이다. 따라서 종교에 있어서도 학교의 교과서와 같은 4대 경전종교, 즉 말씀에 의한 지식중심의 종교문화를 초·중·고와 같이 급수에 따라 다르게 형성하였으며, 스승과 같은 예수·붓다·마호메트·공자라는 인격적 신(神)의 출현이 있었던 것이다.

그러므로 문자에 의한 경전종교(經典宗敎)는 신(神)과 같은 인격적 아들(스승과 같은)의 가르침을 필요로 했으며, 유교·불교·기독교·이슬람교 등의 종교에서 볼 수 있듯이 경전을 숭배하는 문화를 낳았다. 그리고 힘의 역학관계에 있어서는 지배와 협력의 중간격인 형제관계와도 같은 기우뚱한 균형, 즉 사선(斜線: A slanting line)의 위치를 형성하였으며, 인간의 지능이 성장하여 자연의 개척을 통한 도시국가와 과학문명을 창출하였던 것이다. 정치에 있어서는 중간기의 특성에 맞게 힘과 법의 중립적 형태인 봉건제와 전제군주제도로서 국민국가를 형성하였다. 그러나 성장의 변화법칙과 시곗바늘처럼 돌아가는 권력의 변동법칙으로 인하여 끝내 민주화에 의한 민주주의로의 길을 그 누구도 막을 수가 없었던 것이다.

그런데 '성장의 완성기'는 앞의 두 시기와는 판이하게 다르다. 장년기는 보호를 받던 입장에서 보호를 해 주어야 하는 책임의 주체로 자리바꿈을 하지 않으면 안 된다. 그러니까 헌신적인 사랑과 희생 그리고 영성에 의한 인격·영성종교(人格·靈性宗敎)의 어른 문화를 만들어야 한다는 것이다. 완성기는 부모의 보호에서 벗어나는 시기이기 때문에 사회법이라는 엄중한 약속의 규율이 기다리고 있기도 하다. 그러므로 완성기는 하늘의 무서운 공법이 인간

행위의 판결(심판)을 위해 두 눈을 부릅뜨고 지켜보고 있는 것이다. 완성기는 모든 분야에 있어서의 결혼기이다. 따라서 힘의 역학관계는 부부관계와도 같은 수평(水平: Horizon)적 사랑에 의한 공존기이기 때문에, 서로 의논하고 협력하여 상생의 길을 찾지 않으면 존속할 수 없게 된다는 것이다.

그리고 21세기를 맞이한 앞으로의 세계인류는 종교적 영성(靈性)의 큰 눈을 뜨게 될 것이며, 인격신인 그리스도와 붓다의 아내(신부)와 같이 업그레이드되어 자식과 같은 사랑의 '천주국가'를 탄생시키게 될 것이다. 따라서 '미래의 지도자'는 이상사회, 용화세계, 덕치국가의 모델인 법과 정책에 의한 '공존의 제도(공존체제: 왕정 대 민주론)' 및 하늘의 완전한 진리의 심판법(영철학)을 가지고, 법에 의하여 새롭게 이 세상을 교화하게 되는 것이다.

그러므로 앞으로의 인류는 '4대 경전종교', 즉 샤머니즘과 불교, 유교, 회교, 힌두교, 크리스천이즘을 뛰어넘어서 아우르는 사랑문화인 '인격종교', 즉 '영성종교'로서의 '제도에 의한 국가종교'를 가능하게 할 것이며, 정치에 있어서도 민주주의 4.0의 완성을 뜻하는 법과 제도에 의한 '창조적 공존체제'를 창도하게 되어, 비로소 전쟁 없는 '세계평화'가 이 땅에 이뤄지게 될 것이다.

"믿음의 시대에서 성령의 시대로" - 하아비 콕스 -
"지성에서 영성으로" - 이어령 -

2. 인간의 일생과 인류의 역사(歷史)는 닮은꼴이며, 신성(神性)의 재창조 과정

인간은 신(神)의 씨알(정자)이다. 쉽게 말해 인간은 지구라는 하늘

의 낭중(囊中: 봉알)에 서식하고 있는 신의 상징이요, 신의 정자(精子)와도 같다는 것이다. 아버지라는 남성의 뼈(봉알)에서 창조된 정자(精子: 1)는 인간의 상징이며, 어머니라는 여성의 복중(자궁)으로 들어가 난자(卵子)를 만나 태아(胎兒: 2)로서 인간의 형상으로 재창조된다. 그리고 때가 되면 이 세상에 사람으로 탄생(誕生: 3)하여 재재창조의 3단계 과정을 거치면서 인간이라는 지위를 실체적으로 부여받게 되는 것이다.

정자가 인간이 된 것이다. 위에서 인간이 아니면서 또한 인간이 아닌 것도 아닌 것이 인간이 되어가는 정자의 일대기를 간단하게 보았다. 따라서 이렇게 비유해 볼 때 인간은 신의 상징으로서 지금은 신이 아니지만 신성화의 과정을 통과하여 결국 신(神)이 된다는 것이다. 그러니까 앞의 비유를 통해 인간이 신이 되어가는 신화(神化)를 성장이라는 메커니즘을 통하여 얼마든지 상정할 수 있다는 것이다.

그런데 정자는 미완성으로 창조되었다. 아버지의 낭중에서 말이다. 그래서 어머니의 도움을 받고, 그리고 우주의 도움도 받아서 이 세상에 비로소 인간으로 태어난다. 그런데 그 탄생은 또다시 미완성된 존재, 즉 도움을 받지 않으면 안 되는 존재요, 어리고 부족한 모습으로 태어났기 때문에 1차적으로는 부모의 사랑을 받고, 2차적으로는 찬란한 태양과 공기·물·불·흙 그리고 각종 생물학적 에너지를 흡수한다. 그리고 3차적으로는 신의 신성한 영성을 받으면서 성장하게 되는 것이다.

'정자'는 인간의 양자(養子)이며 손자(孫子)이다. 따라서 인간은 신의 양자이며 손자이다. 그러므로 '신의 양자'인 인간은 '신의 상징(象徵)적 존재'로서 신에 의해 미리 준비된 육계(肉界: 1)에서 생육(개체완성)하고, 번성(결혼·가정을 꾸림)하며, 만물을 사랑으로 주관(문명·문화를 이룸)하다가, 드디어 어머니의 복중과도 같은 영적 에너지(−)로 가득 찬 저 세상(내세)인 한 차원 높은 영계(靈界: 2)에서 '영적인간'이요, '신의 형상(形象)'인 서자(庶子)로 잉태되는 것이다. 그리고 다시 지상과 같은 신성한 황금빛(+)으로 이글거리는 광명(光明)의 세계요, 궁극의 세계인 찬란한 천계(天界: 3)의 신의 실체(實體) 모습인 '신의 어린아이 친자(親子: 그리스도·붓다)'로 재재창조 된다. 그리고 또다시 성장이라는 삼변성도(三變成道)의 큰 과정을 재차 거쳐 그 탄생의 궁극 목적이요, 초월적 신성인 '신(神)자신의 위치'이자 '신성(神性)', 즉 인격적 아버지(뜻·흰빛)를 비로소 성취(회복·귀거래)하게 되는 것이다.

이것을 수리법칙에 의해 전개하게 되면 3단계 3급의 '성장의 법칙'인 3곱하기 3에 의한 9수의 '물리의 법칙 수'와 '영성의 변화의 법칙'인 9곱하기 9에 의한 81수를 통과하여 비로소 신성의 경지에 이르게 되는 부단한 자기발전의 끊임없는 통과 과정을 요하는 것이다. 이것은 마치 인간이 흙·물·불의 1차원의 세계인 땅의 법칙과 공기·바람·구름의 2차원의 세계인 공중의 법칙, 그리고 해·달·별의 3차원의 세계인 하늘의 법칙에서 입체적으로 살아가는 우주의 복잡계 구조와도 너무나 흡사하다.

인류의 변천사는 인간성장의 단계별 계주(繼走: 릴레이)이다. 프랑스의 신부 떼야르 드 샤르뎅도 그의 저서『인류현상』에서 "인류는 인간 얼의 총화이다."라고 하였다. 따라서 인간의 일생은 인류의 역사의 바로미터이기 때문에 인간의 성장과정은 인류역사의 '상징적 계시'이다. 그러므로 인류의 역사는 얼마든지 과학적 논리성과 진리를 갖고 예언될 수 있는 법이다. 철학자 헤겔(G. W. F. Hegel, 1770~1831)도 인류역사의 성장을 '절대정신의 자기 전개'라고 이미 설파했다. 다만 성장에 의한 인격적 보호와 책임의 변화에 의한 영성의 법칙을 간과했지만 말이다. 또한 더 큰 간과는 논리학에서의 부족과 미완성을 모순으로 처리했으며, 소통을 변증으로 잘못 처리한 것이지만 말이다.

〈2분법적 사고 · 양비론 & 정도론 · 양미론〉

1. 2분법적 사고 · 양비론(兩非論)

좌/우, 보/진과 같은 2분법적 사고와 '양비론(兩非論)'은 나와 생각이 다른 상대를 적(敵)으로 규정하게 되는 사유의 방식이다. 나와 생각이 같지 않은 존재를 분별하며 부정, 즉 아닐 비(非)의 사상이기 때문에, 생각이 다른 상대는 타도의 대상이 되고, 경멸의 대상이 되게 된다. 따라서 2분법적 사고와 양비론은 모든 투쟁의 근본 원인을 양산해 내는 사유의 바이러스 이론이다. 결국 이것은 부족한 인간이 만들어 낸 이념의 흉기로서 타인뿐만 아니라 자기 자신까지도 파탄시킬 수 있는 흉측한 자해사상이며, 좌파와 우파, 중간의 개념이 이 2분법적 사고와 양비론에 의해 파생된다. 따라서 양 이론은 사고의 파편 사상이며, 사유의 편협성에 기초한 부정적 사유체계인 셈이다. 예를 들어 지리산을 산의 가치(목적)로 보지 않고 동서남북의 위치나 어떤 형태 등(소동파의 여산 예찬처럼)을 두고서 서로 다투는 것과도 같이 말이다. 캐나다 리자이나대학교의 종교학 박사인 오강남 명예교수는 다음과 같이 말한 바 있다.

"우리말의 한 가지 놀라운 사실은 '다르다(Different)'와 '틀리다(Wrong)'가 동의어로 쓰인다는 것이다. 사과가 오렌지와 '다르다'고 해도 되고 '틀리다'고 해도 된다. 다시 말하면 '너는 뭔가 다르다'고 하는 것은 곧 '너는 뭔가 틀리다'가 되는 셈인데, 이것이 나아가 '너는 뭔가 글러 먹었다'와 통한다는 것이다. 이런 식으로 생각하면 나하고 다른 것은 모두 다 틀린 것, 글러 먹은 것이라는 독선에 이르기가 십상이다. 서양말도 사정은 비슷하다. 이단(異端)을 나타내는 영어단어 'Heresy'나 'Heterodox'는 어원적으로 그냥 '다르다'나 '다른 생각'이라는 뜻인데, 결국 그것은 사상적으로나 교리적으로 어떤 생각이 다수의 생각과 다르면, 그 다름으로 인해 '옳지 못한 생각'이 된다는 뜻을 내포하고 있다."

2. 중도론(中道 · 中途論)

'중도(中途)론'도 궁극에 있어서 극좌(極左)와 극우(極右)를 배척하게 되는 모순을 갖게 된다. 중도는 양쪽을 다 아우르는 개념도 있지만 중간지대, 즉 양쪽의 중앙과 같은 전체의 중원일 뿐, 전체를 통틀어 하나로 묶은 '정도(正道)'와는 다르다. 따라서 중도론은 양비론적 중도일 뿐, 정도론과 양미론에 기초를 둔 '공생'과는 다른 개념이다.

3. 정도론(正道論) · 양미론(兩未論)

정도론(正道論) · 양미론(兩未論)은, '양부족론(兩否足論)'이라고도 할 수 있다. 상대가 나보다 생각이 부족하고, 무식하고, 어린 상대(존재)일 때 그 상대를 보호하고픈 포용성을 갖게 된다. 시험을 치르고 있는 학생이 아니라 답안지를 보유하고 채점하는 스승과도 같은 입장이다. 따라서 생각이 깊고 높은 사람(어른, 완성자, 가진 자, 강자)은 베풀 수 있는 존재요, 지식이 낮으며 모든 면에서 부족한 존재(어린이, 미완성자, 가난한 자, 없는 자, 약자)는 도움을 받아야 하는 존재라는 것이다(존 힉스와 존 롤스가 설파한 '최약자 보호의 원칙, 보상의 원칙'은 정도론과 양미론의 산물이다).

예1) 공익의 개념은 수직적 사유의 산물로서 어떤 존재에 대해 상, 중, 하의 값을 매겨 그 값어치만큼 인정하기 때문에, 내 편이 아니면 배척하는 너와 나의 차별성이 아니라, 단지 그것의 가치를 구분할 뿐이며 우리라는 어우러짐의 가치를 평가하는 판단적 절대가치(딥안지)를 갖게 됨.
  − 초 · 중 · 고 / 고 · 중 · 저 −

예2) '정(情)의 관계'로서 형제관계와 같아서 대가족주의, 사해동포주의, 대동주의이기 때문에 상대의 잘못까지도 덮어주게 되는 믿음을 갖게 된다. 그리고 서로 다른 두 개체의 상호관계에 대한 교류와 대화를 뜻하며, 상대를 이해하고 인정(認定)함으로써 교통하고 뜻을 합하여 제4의 새로운 발전적 담론(談論)을 창출할 수 있는 안내철학이다.

4. 보수·진보·중도론 & 창조적 조화론

존재하는 모든 것은 창조목적을 갖는 법이다. 그런데 21C를 맞이한 지금까지도 우리 인류는 '창조적 프로그램'인 궁극의 '창조목적'과 '인류의 시대정신'을 규정하는 잣대, 즉 시간성에 대한 이론(理論)을 창출하지 못하고 있다. 왜냐하면 완전한 철학의 부재로 누구나 인정하는 절대가치와 그 목적을 창출해 내지 못했기 때문이다. 따라서 우리 사회의 보수와 진보 논쟁도 알고 보면 목적 없는 진보, 목적 없는 보수일 뿐이다. 무엇을 위한 진보이며, 무엇을 지향한 보수인가에 대한 창조목적을 갖고 있지 않다. 이런 사유의 혼돈을 근본적으로 치유하지 못하면 국민통합도, 남북통일도, 그리고 세계평화도 결코 불가능한 법이다.

5. 창조적 조화(調和: 목적적 진보, 목적적 보수)론

보수와 진보라는 개념은 창조목적의 프로그램을 성취해 가는 과정 중에서 '인생의 의의'와 우주의 '창조목적'과 그리고 '역사의 방향성'에 의한 '시대정신'이라는 세 가지 바로미터를 규정하고 난 이후에 올바로 평가할 수 있는 개념이다. 예를 들어 첫째로 '인간의 존재 의의'는 무엇인가에 대해, 둘째로 '역사와 국가체제는 무엇을 향하여 어떻게 진행하는가?'에 대해, 셋째로 '우리는 시간적으로 역사의 어디쯤에 서 있는가?'에 대한 정확한 진단을 요한다는 것이다.

다시 말해서 첫째로 종교적 가치인 '사랑, 자비, 박애는 무엇'이며, 둘째로 정치적 가치인 '민주주의는 왜 성취해야 하는 것'이며, 셋째로 시간적, 시대적 가치인 그것은 '언제' 어떻게 이뤄야 하는 것인가에 대한 철학적 절대가치가 있어야 완전한 판결과 함께 그 대안을 찾을 수가 있다는 것이다. 종교는 '창조의 이상'을 정치적으로 실천하고 이 땅에 전파하려 내려오고(연역법) 있는 중이며, 정치는 '민주주의의 완성'과 종교의 이상을 향해 하늘로 올라가고(귀납법) 있는 과정 중에 있다고 앞에서 얘기하지 않았는가?

영철학인 '창조적 성장론'은 창조목적과 역사의 방향성, 그리고 시대정신의 때를 응시할 수 있는 새로운 방법론이다. 창조의 근본은 사랑이다. 역사의 방향성은 시계방향과도 같이 '부자관계', '형제관계', '부부관계'를 이루며, 즉 '수직'에서 '사선'을 거쳐 '수평'으로 가게 된다는 것이다. 한편 21C 인류의 나이는 21살과도 같기에, 그 '영성(靈性)'에 있어서 '결혼기'요, '상속기'라 할 수 있을 것이다. 따라서 목적성을 갖는 진보와 보수를 우리는 '창조적 조화론자'라 명명해야 한다.

6. 공생주의(共生主義)

새로운 사유의 방식인 양미론에 의한 공생의 개념은 질적이고 가치적인 사유의 산물이다. 상대에 대해 상, 중, 하의 가치를 매겨 그 가치만큼의 '역할분담'을 나누기 때문에, 내 편이 아니면 배척하는 '차별성'을 갖지 않는다. 단지 그것의 가치를 구분할 뿐, 우리라는 어우러짐을 생각할 뿐이다.

이것을 오강남 교수는 '뭉치는 것'과 '한 가지가 되는 것'의 차이를 예로 들어, 전자는 양미론적 사유로서 "이것'도' 살리고, 저것'도' 살린다는 뜻에서, 일명 '도도주의'라 할 수 있다." 그리고 후

42

자는 양비론적 사유로서 "이것이'냐', 저것이'냐' 둘 중 하나로 하나가 된다는 이항대립(移項對立)이나 양자택일(兩者擇一)의 의미에서 '냐냐주의'라 할 수 있을 것이다."라고 했다.

따라서 양미론은 '정(情)의 관계'의 산물이다. 왜냐하면 존재들 사이의 관계를 계약관계로 보지 않고, 형제관계와 같이 보는 대가족주의, 사해동포주의, 대동주의에 의한 사유체계이기 때문에 상대의 사소한 잘못 정도는 큰 마음으로 덮어주는 넓은 아량과 관용을 갖게 된다. 그러므로 양미론의 세계를 알게 되면 더 이상 저급한 속물사상이 발붙일 수가 없게 되는 것이다.

7. 성선설(맹자)과 성악설(순자)은 사이비

양미론을 종교의 가치에 대해 적용하게 되면 불교의 무명론과 기독교의 '선악론', '원죄론'은 '양비론'에 의해 파생되었다는 것을 알 수 있다. 이것을 '미완성'과 '부족(어림)'에 의한 '양미론'적 '가치론'으로 새롭게 바로잡아야 한다. 그렇지 않으면 '원수'와 '악마' 그리고 '투쟁'과 '전쟁'의 역사를 끊을 수가 없게 된다. 왜냐하면 선과 악은 결과적 산물일 뿐 궁극의 본질이 아니기 때문이다. 다시 말해 선과 악은 행위의 결과에 대한 법적 평가의 산물이다. 법을 지키면 선으로, 법을 어기면 악으로 변하는 것이다. 그리고 그 선과 악을 결정하는 잣대는 법적 기준이다. 그러므로 존재의 본질은 선도 악도 아니라 헌신이고, 희생이며, 베풂이며, 나눔이며, 사랑이다. 다만 사랑의 많고 적음만 있을 뿐이다. 따라서 선과 악은 2차적 결과물일 뿐 1차적·원인적 실체가 아니기 때문에 성선설(맹자)과 성악설(순자)은 사이비이다.

8. 원죄론(原罪論)

그리고 원죄론(原罪論)은 미완성된 존재의 본질에 대한 상징적인 '법적 평가론'의 산물이다. 사실 미완성되고, 부족하고, 어린 존재는 가치적으로 법적 기준에 미달되기 때문에 법(法) 적용으로부터 자유롭지만, 언제든지 죄에 노출되어 있는, 즉 이기심만 가득한 존재와도 같기 때문에, 베풀 수 있는 능력이 갖춰져 있지 않다. 따라서 궁극에 있어서 미완성된 인간과 인류는 스스로의 부족함으로 인해, 타인을 위해 사랑을 베풀 수 있는 존재가 아니라 남에게 도움을 받을 수밖에 없는, 즉 남을 해칠 수밖에 없는 죄에 빠져 있는 형국이다. 그래서 어린 자녀에게 부모의 존재는 절대적이듯이 어리고, 부족하며, 미완성된 인류에겐 부모와 같은 성인의 필요성이 절대적으로 요청되는 법이다.

9. 실존철학과 불교철학 & 영(靈)철학

불교의 12연기설의 근본인 무명(無明), 즉 '밝음이 없다.'와 양미론에서 말하는 미(未), 즉 '밝음이 부족하다.'의 개념은 어떤 차이가 있을까? 실로 언어표현의 한계를 느끼지 않을 수 없다. 참으로 미묘한 차이다. 무(無), 즉 없음은 소생의 가능성이 차단된 죽음이라는 절망적인 부정의 과거언어이다. 그러나 미(未), 즉 부족함은 가능성과 희망을 기대할 수 있는 긍정의 미래언어이다. 물론 무명이 어리석음이라는 뜻을 내포하고 지혜, 즉 존재의 본질에 대한 무지임에는 이론(異論)의 여지가 없다. 그런데 무명의 개념은 신성의 절대성을 해체하려고 했던 독일 실존철학의 본질적 개념들인 상실, 고통, 한계상황, 절망, 불안, 모순과 닮아 있다. 이것이 양비론적 개념을 바탕으로 사유체계가 굳어진 양(兩)철학의 한계이다. 보다 더 깊은 내용은 후술될 본문을 참고하면 좋을 듯하니 여기서는 이것으로 줄인다.

10. 변증법과 소통법

변증법(Dialectics, 辨證法)은 헤겔이 주창한 논리학으로서 세계는 모순에 차 있고 모순은 더욱 높은 위치에서 통일됨으로써 해결되며 이런 모순과 통일(정·반·합)을 되풀이하면서 세계는 발전해 나간다고 보는 사고방식이다(마르크스·엥겔스는 다시 이에서 유물 변증법을 끌어내어, 자신들의 방법론을 삼았다).

한편 소통법(Communication, Consilience, 疏通法)은 논리학의 새 방법론으로서 세계는 부족(미완성)에서 출발하여 완성을 향해 성장(재창조)하게 되는 것으로, 부족한 존재들끼리 유기적인 소통과 교류(정·교·합)를 되풀이하면서, 세계는 성장해 나간다고 보는 사고방식이다(미완성기는 완성자(부모, 신)의 보호를 요청하게 됨을 증명한다).

11. 이분론과 이원론

이분론(二分論)은 이원론(二元論)과는 다른 개념이다. 이원론은 존재의 본질이 하나가 아니라 둘로 구성되어 있다는 이론이다. 그러나 이분론(二分論)은 새롭게 고안된 개념이다. 존재의 본질은 하나인데 그것이 창조와 재창조라는 왕복과정을 거치면서 둘로 나눠졌다가 다시 하나로 합해지는 법칙을 갖는다는 것이다. 창조는 '일원적 2분'으로 나눠지는 것을 일컫고, 그리고 재창조는 '2분적 일원'으로 통합된다(창조=〈, 재창조=〉).

12. '정–반–합'의 모순과 '정–교–합'의 부족의 차이

이처럼 창조와 재창조의 과정을 거치면서 발전하는 과정을 영(靈)철학의 논리학은 '정–반–합'이 아니라 '정–교–합'이라고 한다. 다시 말해 상호교류를 위한 '성(性)의 다름(음·양)'일 뿐이기에 정반합의 반(反)이 아니라 정교합의 교(敎)가 되어야 올바른 개념이라는 것이다. 따라서 '정–반–합'과 '정–교–합'은 큰 차이가 있다. '정–반–합'은 발전과정에 있어서 변증, 즉 논쟁이 일어나는 근본 이유가 모순(矛盾) 때문이라고 했다. 그런데 영(靈)철학에서의 '정–교–합'은 모순(矛盾)이 아니라 미완성과 자기 부족(不足) 때문이라는 것이다. 그 이유는 창조와 재창조의 반복과정에서 필연적으로 재창조의 출발은 미완성, 즉 부족에서 시작하기 때문에 상대적 관계에 의한 교류(交流)를 필요로 하기 때문이다. 혼자서는 부족하기 때문에 그 부족을 채워 줄 대상이 필요하다. 그 대상과의 관계를 형성하는 과정에서 교류는 절대적이라는 것이다. 따라서 소통법으로서의 '정–교–합'은 자체 내에 부정을 내포하고 있지 않기 때문에 오직 긍정만이 자리한다는 것이다. 그러므로 '정–교–합'적 소통법은 '긍정의 변증법', 또는 '사랑의 변증법'이라 부른다. 물론 '긍정의 논리학', 또는 '사랑의 논리학'이라도 부를 수 있다고 하겠다.

원래 변증이란 논쟁, 쟁론의 의미를 내포하는 개념이다. 존재의 본질을 모순으로 본 결과이다. 그러나 미완성과 부족을 변증의 본질로 보게 된다면 논쟁이 아니라 '속삭임', '애교' 또는 육체적 관점에서는 '스킨십', 즉 '애무'를 뜻한다고 해석해도 무관하다. 그런데 그 변증, 즉 교류현상을 어떻게 보느냐에 따라 판단이 달라지는데 칼 마르크스는 이것을 '투쟁'으로 보는 오류를 저질렀다. 따라서 영(靈)철학의 '정−교−합'은 '투쟁'이 아니라 '사랑 나눔', 또는 '교제'로 표현한다. 서로 '이상적 상대'끼리의 교류는 창조적 합(合)으로 발전하지만, '비이상적 상대'끼리의 교류는 '분쟁'과 '투쟁'을 유발하게 된다는 관점이다.

13. 헤겔의 모순과 실천철학의 동어반복

그런데 문제는 독일의 실존철학도 헤겔의 모순(矛盾)에 대한 개념설정을 벗어나지 못하고 표현만 각각 다를 뿐 별 차이가 없다는 데 있다. 몇 세기가 흘러도 철학하는 패턴이 같아서인지 변하지가 않고 있다는 것이다. '상실(키에르케고르)', '불안(하이데거)', '한계상황(야스퍼스)' 등 거기서 거기인 셈이다. 그뿐만이 아니다. 위에서 얘기했지만 종교의 세계도 결국 양비론적 사유와 부정확한 개념 설정의 오류를 벗어나지 못하고 있다는 것이다. '무명(불교)', '원죄/타락(기독교)'을 '부족·미완성·어리다·모자라다'와 비교해 보면 무엇이 어떻게 차이 나는가를 말이다. 무명과 타락의 개념은 어리석음과 죄인이라는 개념을 유발할 수 있지 않은가? 그러나 부족과 미완성·모자람은 다르다. 오히려 보호를 불러일으키고 동정심을 유발시켜 서로를 소통시키는 원동력으로 작용하게 되지 않겠는가? 이보다 더 합당한 개념은 그 어디서도 찾기가 쉽지 않을 것이다.

목차

평화의 사상
: 영(靈)철학

Chapter 1

영(靈)철학, 기(氣)철학, 통일(統一)사상의
창조적 비판 서문

'완성무흠(完成無欠)' 즉 '완성은 흠이 없다'는 뜻의 사자성어는 필자가 새롭게 고안한 개념이다. 이 말은 '완성이 아닌 것은 자체 내에 결점을 갖게 된다.'는 뜻도 동시에 내포하고 있기에 모든 비판은 '비방'이 되어서는 안 된다는 뜻을 함의한다. 그러니까 비방은 결국 천박한 의식의 양비론적 배척일 뿐이다. 상생을 위한 인격적 비판은 일반적인 상식이나 회의적인 접근이 아니라 논리성을 갖고 심오하면서도 냉철한 '양미론'적 분석에 의해 '창조적으로 비판'되어져야 한다. 왜냐하면 칸트의 '순수이성비판'이 이성(理性)에 대한 비방이 아니듯이 철학은 '인격의 도구', 즉 철학자 자신의 사유세계의 부분적 기능일 뿐이지만, 인격은 전체요, 생명이며, 사랑이요, 신(神)을 담는 그릇이기 때문이다.

그래서 죄는 미워도 인간은 미워해서는 안 되는 것이다. 물론 원죄도 죄라면, 궁극에 있어서 부족한 것도 죄일 수 있긴 하지만 말이다. 그러나 철학은 미워도 그 철학자는 미워하지 말자! 죄(罪)나 부족한 학문은 비인격적이라서 뉘우치지 못하는 법이지만 인간은 '인격'이 있기 때문에 회심하게 되면 더 큰 나눔의 사랑을 행할 수 있는 법이니까.

1. 도올 김용옥 그는 광자인가? 세례 요한인가?

'도올(桃杌) 김용옥 그는 광자인가? 세례 요한인가?'라는 타이틀을 붙인 책이 몇 년 전에 시중에 출간됐었다. 인류문화학자 박정진 교수가 집필한 책이다. 광자면 광자이고 세례 요한이면 '요한'일 텐데 어정쩡한 태도가 좀 그렇긴 하다. 무릇 비평이라는 것은 그 무엇이든지 절대적인 답안지를 필요로 하는 법이다. 뚜렷한 답안지도 갖추지 않고 점수를 매긴다는 것은 결코 지성인의 태도가 아니다. 그래서 판결이야말로 궁극의 자리에서 절대가치를 세우고 난 후에 비로소 행해야 하는 마지막 채점과도 같은 것이다.

따라서 박 교수는 도올 선생을 진단함에 있어서 그가 창조한 BSTD(상생의 이원적 대립항(Binary opposition)의 공간(Space)과 시간(Time)에 의한 상호호혜성(Dialectical reciprocity)라는 논리학의 일면만으로 '기(氣)철학'을 가름한다는 것은 아무리 생각해도 역부족이 아닌가 여겨진다. 그래서 이러지도 저러지도 못하고 그 제목을 붙였으리라 생각하지만 말이다.

그런데 박 교수가 도올에 대해 먼저 알아야 할 것이 한 가지 있을 듯싶다. 그것은 도올에게 있어서 철학적 관심은 기(氣: Philosophy of Ch'i)라고 하는 '기철학 인식론'이라는 사실이다. 박 교수의 BSTD는 헤겔 논리학의 '정·반(反)·합'의 변증법보다는 진일보한 논리학이다. 실로 놀라운 발견이다. 변증법이 논쟁적인 성격을 갖는다면 박 교수의 그것은 상생인 이원적 대립항

(Binary opposition)의 공간(Space)과 시간(Time)에 의한 '상호호혜성' (Dialectical reciprocity)을 갖고 발전한다고 보았기 때문이다.

그런데 박 교수의 BSTD는 '영(靈)철학'이 창도한 방대한 분야 중 지극히 한 부분에 불과한 재창조론의 논리학인 '정·교(交)·합'의 이론체계를 벗어나지 못하고 있으며, 또한 아이러니컬하게도 표현상의 용어만 다를 뿐, 통일사상의 '정·분(分)·합(통일사상)'의 이론체계와 표절시비를 붙여도 될 정도로 짝퉁이다. 그렇지만 한편으로 박정진 교수의 논리학의 가치는 높이 사야 할 것이다.

'기(氣)철학'과 '통일사상'이 그 어떤 철학사상인가? 수십만 권의 책을 읽고 우주적인 보물이라고 자칭할 수 있는 도올이 '기(氣)철학'에 대한 이론체계의 가닥을 잡기 위해 아직도 연구 중이지 아니한가? 그리고 '통일사상'은 그 본질을 찾아 세우기 위해 세계적인 대학자들(PWPA: 세계평화교수협의회)에게 수십 년간 막대한 연구비를 지원하면서까지 이론체계를 구축해 보려고 하지 않는가? 얼마나 대단한 철학 사상인가?

2. 기철학을 넘어서

도올은 전천후이다. 그래서 '기(氣)철학'에 대한 비평은 철학자만 아니라 신학자도 넘본다. 기철학이라는 레시피에 구미가 당기기 때문이다. 신학자 박삼영 교수의 도올 비평서인 『기(氣)철학을 넘어서』라는 저서에서 보듯이 기철학은 신학자의 입에도 어김없이 식탁의 간장처럼 오르내린다. 그것은 기철학이 철학과 신학을 잇는 가교적 기능의 철학이기 때문일 것이다.

그런데 박삼영 교수의 도올 비평은 조금 필자를 어리둥절하게 한다. 왜냐하면 물론 기철학이 철학과 신학을 연결하는 가교적인 성격도 있지만 궁극적으로 기(氣)철학은 이를 통해 새로운 고차원적 철학이 창출되어야 하는 당위론적 철학이기 때문이다. 다시 말해 생명이 태어나기도 전에 미리 지어 놓은 희망의 이름, 즉 몸체도 없이 이름뿐인 기철학의 무엇을 비평하고자 하는지 의아했기 때문이다.

그래서 기(氣)철학은 이름은 있으되 이론체계로서의 몸체는 아직 부분적이며 생성의 와중에 있다고 하겠다. 그러나 보편적인 상식을 초월한 다른 세계에 대한 그런 제4의 철학임은 부정할 수 없다. 불교적 깨달음이라고 하기도 하며, 기독교적 영성에 의한 거듭남의 초월적 중생이라고도 할 수 있는 그런 종교적 진리의 '철학화'의 시도라고도 할 수 있을 것이다. 그래서 기(氣)철학은 일명 각(覺), 즉 깨달음의 학(學)이며 또는 인격(人格), 성령(聖靈)의 학이다. 그래서 그의 새로운 철학에 대한 바람은 어설프지만 뭔가를 본 그런 사명감에 불타고 있는 선각자적 부르짖음으로 이해해야 한다. 도올의 기(氣)철학은 저급한 양비론의 이데올로기에 빠져 허우적거리며 헤쳐 나오지 못하는 21C의 불쌍한 영혼들을 사유의 감옥에서 건져 내고자 하는 지극히 인간적인 애정의 산물이다. 그런 그의 의지를 높이 평가해야 한다.

따라서 기(氣)철학은 기둥 하나에 의지해 지탱하고 있는 천막과 같으며, 언어의 마술철학 수준에 머물러 있는 인식론의 한 부분이다. 이것은 N. 하르트만이 『존재론의 새로운 길』에서 설파한 칸트의 '선험적 인식론'을 뛰어넘은 '제4의 인식론'을 새롭게 구축해 보고자 하는 치열한 시도 같은 것이다. 따라서 도올이 희망하는 가상(假想)의 아들 기(氣)철학은 아직 연구 중인, 즉 지금도 찾고 있는 중의 철학이라고 도올 스스로 해명했음에도 불구하고 굳이 비평할 거리도 없는 기철학을 왜 굳이 비평하게 되었는지 이해가 가지 않는다.

3. 기(氣)철학은 통일사상(統一思想),
통일사상은 영(靈)철학의 세례 요한 철학

기(氣)철학의 기(氣)는 일반적인 물리법칙, 즉 천도선법에서 불리어지는 그런 기(氣)나 사단칠정론에 얽힌 기(氣), 혹은 기대승이나 임성주의 주기론, 근세중국기론의 왕후즈(王夫之)의 세계관과 관련된 그런 개념의 기론(氣論)이 단언컨대 결코 아니다. 4차원적 초월성을 갖고서 일반적인 상식을 벗어난 '영성의 기(氣)', 즉 사유체계로서의 '철학적 기(氣)(Philosophy of Ch'i)'를 뜻한다. 그래서 기(氣)철학은 일반철학의 역사에서 저 서구 유럽의 사유의 천재들이라 할지라도 감히 흉내 낼 수 없는 그 차원이 다른 영역이다. 그것은 본질적 세계에 대한 철학이기 때문에 언어로서는 결코 전수가 불가능한 초월철학이라는 점이다. 그럼에도 불구하고 학문적 체계를 굳이 세우려고 하는 이유는 빛이 전력 발전기와 전구를 통해야 밝게 빛나듯이 빛을 생산할 수 있는 완전한 발전기와 전구의 조건, 즉 학문적 조건을 창출하는 것과도 같다고 비유할 수 있을 것이다. 따라서 기(氣)철학은 모든 일반 철학의 논리와는 확연히 차원이 다른 사유의 세계이다.

따라서 분명 도올은 역사상 어떤 철학자들과도 비교될 수 없는 가장 뛰어난 철학자이다. 기(氣)철학의 기(氣)라는 개념을 세울 수 있었다는 것만으로도 그 능력은 인정돼야 한다. 그리고 통일사상은 완전하지는 않지만 반 곱절은 체계를 갖춘 불완전 철학이다. 물론 '영(靈)철학'은 이미 전체적인 학문체계를 구축했지만 말이다. 그러므로 기(氣)철학은 씨의 영(靈)철학이요. 통일사상은 태아의 영(靈)철학이며, 영(靈)철학, 즉 신성(神性)철학은 태어난 자식과도 같기에 비로소 자력으로 숨 쉴 수 있는 철학이다.

기(氣)철학이 철학으로 기능하기 위해서는 3차원과 4차원을 연결하는 반도체적 중성(中性)과 같은 학문체계를 갖추어야 한다. 그래야 어떤 생명이 생물학적 육체를 갖출 때 생기를 호흡할 수가 있듯이 비로소 철학으로서의 지위를 인정받게 될 것이다. 숨 쉬지 못하고 세상과 소통할 수 없는 철학은 절름발이 철학이다. 하나의 생명체가 탄생하기 위해서는 창조 후 재창조의 과정을 통과하지 않으면 안 되듯이 말이다. 그래서 지금의 기(氣)철학은 가능성의 철학이요, 예비철학이며, 준비철학인 창조과정의 철학일 뿐이다. 따라서 기철학은 이미 완성되고 재창조된 인격(人格)철학을 위해 환경을 준비하는 철학, 즉 세례요한 철학인 셈이다.

통일사상도 또한 마찬가지이다. 그러나 통일사상은 기철학과는 달리 그 학문적 기반을 제법 갖추고 있다고 하겠다. 기(氣)철학과 통일사상은 동격이면서도 이질적이다. 기철학이 비록 가능성의 학문이지만, 통일사상과 함께 철학적 신학의 성격을 갖는다는 면에서는 같다고 할 수 있다. 여기서 신학이란 신화적 믿음성을 뜻한다. 다시 말해 아직 완전한 학문체계를 갖추지 않았기 때문에 믿음이라는 도구를 통하지 않고서는 인정할 수 없는 것이라는 뜻이다.

그러나 통일사상이 완전한 체계를 이루지는 못했지만 제법 철학으로서의 이론체계를 갖춰가고 있다고는 할 것이다. 왜냐하면 신학적 분야인 신성(神性)에 대해 통일존재론에서 본성론을 다루고 있는 것에서부터 '기철학'과는 사뭇 다르기 때문이다. '통일사상'은 복중의 태아사상이기에 반(半) 생명을 갖게 되지만, 기(氣)철학은 정자(精子)만 갖고 있기 때문에 '철학적 숫총각'이다. 그래서 기(氣)철학은 도올 혼자만의 철학이며 '가능성의 철학'이자 '미완성 철학'이며, 통일사상은 종교철학으로서 꽃은 피웠지만 열매를 맺지 못한 '잉태(孕胎) 중'의 철학이라고 할 것이다.

만약 인격(人格)철학이 없었더라면 그 두 사상은 미래에도 독보적인 위치를 계속해서 누리게 됐을 것이다. 그런데 영(靈)철학이 나타났다. 비록 갓난아기지만 말이다. 그래서 영(靈)철학은 이들로부터 단지 과정적인 핍박을 받게 될 수도 없잖아 있는 것이다. 비유컨대 같은 레벨이라 할지라도 뒤처진 것은 앞선 것의 과정적 존재성을 갖는 법이기 때문이다. 따라서 모든 과정적 존재는 세례 요한과 같은 사명이다. 그러므로 기(氣)철학은 통일사상의 세례 요한 철학이요, 통일사상은 인격(人格)철학, 즉 영(靈)철학의 세례 요한 철학인 셈이다. 그래서 문 목사의 수제자인 곽정환 협회장은 그의 저서 『레벨 4』라는 책에서 "문 목사는 재림주 혹은 새 세례 요한"(P. 323)이라고 천명했던 이유가 바로 여기에 있다고 하겠다.

종교의 완성은 기독교적 개념에 의하면 '이상사회', 즉 '하나님 나라의 성취'에 있다고 할 것이다. 물론 영성, 즉 내세에 대한 구원의 문제도 중요하겠지만 말이다. 이는 신성(神性)한 사랑으로 다스리는 국가인 신정국가, 국가종교, 제도적 종교, 천주주의라고 할 수 있을 것이다. 21C의 종교는 제도와 법에 의한 국가종교의 시대이기 때문에 사랑을 실천하는 인격종교, 즉 희생과 헌신의 생활화인 만인 성인종교, 경전을 초월한 영성종교의 때이다.

그러나 오늘날 대부분의 종교가 '국가종교'가 도래할 천시에 대한 무지로 인해 무사안일에 빠져 자폐증을 앓고 있을 때, 새로운 종교의 시대가 오게 될 것을 미리 내다보고 그 환경을 준비하고 있는 영(靈)철학의 예시적 '제4의 눈'으로 볼 때 통일사상은 철학적인 면에서나 신학적인 면에서 '새 세례요한 사상'이 분명하다. 따라서 통일사상이 영철학의 종교적 세례요한이라면, 기철학은 영(靈)철학의 학문적 세례요한인 것이다.

제1장
영(靈)철학(人格哲學) 비판

1. 영(靈)철학은 철학의 줄기세포(Stem Cell)이다. 왜냐하면 모든 부족(不足: Insufficiency)으로 어설프게 고정되어 버린 이론과 사유의 편견과 파편(破片)들을 찾아가서 그 일그러진 세포들을 소생(疏生)시켜 새롭게 완성으로 이끌어 줄 창조와 재창조를 잇는 가교적 매개체로서의 사랑과 생명의 영성(靈性)이론이기 때문이다.

2. 영(靈)철학은 사랑, 즉 정(情)의 본질인 신성(神性) 철학이다. 왜냐하면 존재론적 존재론의 궁극은 이법(理法)과 이데아(Idea)도 아닌, 그 어떤 언어와 개념으로도 표현이 불가능한 오직 사랑과 희생과 헌신만이 영원히 존재하는 본질이라고 규정하기 때문이다.

3. 영(靈)철학은 반도체(半導體: Semiconductor)철학이다. 따라서 고차원적이고 복잡하며, 일반적인 상식을 넘어선 영성과 신성의 초월적 능력에 의한 대상세계의 파악과 함께, 본질적 존재의 궁극 근거인 절대가치를 그 내용물(Contents)로 새롭게 창출한 4차원의 창조적 재창조의 "합일능력인식론" 철학이다.

4. 영(靈)철학은 '영혼불멸'(Die Unstblichkeid der selle)의 절대가치 철학이며, 인격철학으로서 신성적 가치와 소통, 즉 재창조를 통한 본질적 근원(根源)과의 조우를 위한 철학이다. 따라서 이성적 인식은 저급한 재창조적 창조 이하의 카테고리를 넘지 못하는 것으로 간주한다.

5. 영(靈)철학의 '중첩개념'과 '개념분화론'(창조와 재창조: 직보·간보·무보/무책·간책·직책)은 언어(言語)개념을 더욱더 세분화할 수 있는 개념의 소립자(素粒子: Elementary Particle)이다.

6. 영(靈)철학의 창조의 법칙은 '일원적 이분론'(一元的 二分論)이며, 재창조의 법칙은 '이분적 일원론'(二分的 一元論)이다. 따라서 기(氣)철학의 '하나'(一)는 창조적 이분의 법칙과 그 과정을 무시한 '하나'이다. 그러나 영(靈)철학은 창조에 있어서의 과정적 '너'와 '나'의 분별은 분명 있다. 다만 재창조에 있어서의 '이분화'(二分化)는 결국 '창조적 일원화'(一元化)로 변화 발전한다는 것이다. 이것이 바로 "중첩적 일원론"으로서 영철학적 '복잡계 시스템'(Complex System)의 구조이다.

7. 영(靈)철학적 신(神)은 존재의 방식에 있어서 창조적으로는 완전한 완성, 즉 넘치는 완성의 존재이며, 재창조적으로는 완성된 미완성의 존재이다. 왜냐하면 신(神)이 영원한 존재가 되기 위하여 그 대상인 재창조 세계를 미완성·부족·어림·결핍 등으로 창조하지 않으면, 욕구 충족을 위한 시간의 여력(餘力)을 발생시킬 수

가 없기 때문이다. 따라서 시간과 공간은 성장의 산물이다.

8. 철학적 영(靈)철학의 완성은 신학적(神學的) 가치의 본질과 소통할 수 있는 가교이다. 따라서 철학적 절대이론인 영(靈)철학은 제3의 '인격 종교'로서 철학의 신을 맞이하는 제3의 방법론이다.(1.원시종교, 2. 경전종교, 3. 영철학 종교, 4. 영과학 종교)

9. 에크하르트(Maeister Eckhart, c. 1260~1327)는 인간의 영혼이 피조된 것이 아니며 바로 그 영혼의 불꽃(Funken der Seele)에 의하여 신이 될 수 있다고 믿었다. 이것은 영철학적 사유와 내용을 같이 한다고 하겠다. 다만 영철학은 3단계를 거쳐야 하며 육신(肉身), 즉 지금 여기에서의 신(神)은 상징적 신일 뿐이라는 것이다.

10. 고전(古典) 존재론의 대표자인 아리스토텔레스(Aristoteles, BC 384~322)는 본질을 사물 속에 있는 실체적 형상(形相: Eidos)으로 파악하였는데, 여기에서 본질로서의 실체 형상은 영철학에 있어서 재창조의 질료(質料: Hyle)일 뿐, 창조적 형상(形狀)인 인격(人格)철학의 사랑과 희생을 상징하는 신성의 실체가 아니다. 이것은 개념의 미분화와 존재론적 구조의 부정확성과 파악능력의 부족성이 만든 존재 탐구의 막연함, 모호, 애매개념에 대한 불철저성이 빚어낸 결과이다.

11. 헤겔(G. W. F. Hegel)의 절대정신이 완성되기 위해서는 영철학적 체계가 보충되어야 한다. 왜냐하면 신적 주의주의(主意主義:

Voluntarism)에 의한 사유가 결여된 절대정신은 인적 주지주의(主知主義: Intellectualism)적 가치일 뿐이기 때문이다.

12. 셸링(F. W. J. Schelling, 1775~1854)의 계시(啓示)철학은 인격(人格)철학의 하위철학이다. 왜냐하면 원죄(原罪: Original Sin)의 신학적인 사랑학을 영성(靈性)이 아닌, 동일(同一)철학의 차원에서 관념적인 일반철학으로 접근하였기 때문이다.

13. 영(靈)철학은 인간 이성의 한계를 넘어선 피안(彼岸: Paramita(산))에서 추구되어진 철학의 완성이다. 따라서 영철학은 존재의 지식학이 아니라 존재론적 존재(存在)의 지성에 의한 지혜의 신성적 인격철학이다.

14. 영(靈)철학 인식론(認識論)은 기(氣)철학적 인식론을 넘어선 궁극의 신성적(神性的) 인식론이다. 영철학 인식론은 21C 존재론적 존재세계에 대한 새로운 인식론이며, 재창조에 의한 인간주체 인식론이다. 따라서 영철학 인식론은 인간이 4차원적 영성(靈性)에 끌려가는 존재가 아니라 오히려 영(靈)을 리드(Lead)하는 고차원적 신성(神性)의 '초월 인식론'이다.

15. 영(靈)철학 인식의 본질은 기존의 인식론에 대한 창조적 비판 인식론이다. 또한 영철학 인식론은 인격적 인식론이다. 따라서 일반철학, 기철학, 통일철학, 종교철학 등의 올바른 인식을 위한 단계별 계층 인식론이며, 궁극에 있어서 모든 존재일반에 대한 포

괄적 인식이다.

16. 기(氣)의 세계관(世界觀: Weltanschauung)은 영(靈)의 세계관의 주체(主體)가 아닌 수평적 대상(對象)이다. 따라서 기와 영의 세계관 위에서는 고전물리학의 절대공간에서 생성되어진 물체관과 자아관은 여지없이 파괴된다. 왜냐하면 재창조적 물질관과 창조적 영성관은 존재의 가치에서 종(種: Level)이 다른 것처럼 차원(次元)이 다른 본질적 차이를 갖기 때문이다.

17. 영(靈)철학적 범주(範疇)란? 지성의 정신 능력과 절대세계에 대한 체험을 통한 영(靈)능력의 합일인 4차원 이상의 영성, 신령, 신성세계를 뜻한다.

18. 영(靈)철학과 통일(統一)사상과 기(氣)철학은 재창조의 이분론(二分論)으로 분별되어 배타적으로 척결해야 할 대상이 아니다. 그 것은, 창조의 일원론적(一元論的) 총화체로 통섭(通涉)되어 다만 수직적 상·중·하로 존재하는 4차원의 초(超)고등철학이다.

19. 서구(西歐)의 관념론은 창조적 존재를 향한 재창조적 생성(生成) 관념론일 뿐이다. 따라서 '나'(我)는 인식주체로서의 창조적 '나'가 아니라, 주체가 되기 위한 재창조적 '나'(Ego)이며, 과정적·부분적·생성론적 '나'이기에 완성된 절대적 존재의 초아로서의 참자아의 '나'(我)가 아니다. 그러나 영(靈)철학에 있어서의 나(我)는, 영적 교류를 통한 창조적 실체권에 직접적으로 접근하는 존재론적

인식 주체로서의 완성된 나(超我)이다.

20. 영(靈)철학은 기독교적 '창조'의 '인격'과 '영성학'이요 '사랑학'이며, 기(氣)철학은 불교적 '재창조'의 '지식학'이요 '지혜학'이다. 따라서 영철학은 '성경학'이요 '신학'(神學: Theology)이 그 바탕학이며, 기철학은 '대장경학'이요 '과정철학'(過程哲學)이 그 바탕의 학이라 할 수 있다.

21. 영(靈)철학은 생사를 초월한 부활(復活: Resurrection)의 학(學)이다. 따라서 영철학은 성부(聖父)의 몸이요, 성령(聖靈: Holy Spirit)의 맘의 학문적 사유체계의 다른 표현이다. 영성은 진리를 담는 그릇이다. 따라서 영철학은 제2의 신성적 존재다. 따라서 영철학의 절대자는 철학적 아버지이다.

22. 영(靈)철학적 초월성을 갖는 철학만이 영원할 수 있다. 왜냐하면 미완성의 모든 철학은 무기력의 학(學)이요, 완성의 철학은 넘치는 사랑의 학(學)이기 때문이다.

23. 기(氣)철학적 지성은 과정적 미완성의 지혜요, 영(靈)철학적 지성은 목적적 완성의 사랑의 지혜이다.

24. 관념(觀念: Idea)은 재창조의 물리의 개념이며 생성(生成)적 존재이다. 그러나 영(靈)은 개념이 아닌 개념이며 존재론적 개념, 즉 일반적 개념으로서의 영혼이나 정신이 아닌 초월적 영성의 창조

적 개념이다.

25. 영(靈)철학에 있어서의 타자(他者)는 재창조에 있어서 창조적 세계(世界)로 나아가 새로운 삶으로 다시 되돌아오는, 즉 재창조되는 신성한 존재이다. 그러나 실존철학(實存哲學: Existencephilosophy)의 타자는 죽음에 이르는 병(病)으로 기능한다. 이것은 영적 생(生)으로 재창조되는 영철학적 창조적 세계관에 대한 무지(無知)의 산물이다.

26. 재창조에 있어서 절대 완성의 경지에 도달한 철학적 주지주의(主知主義)는 땅에서의 완성을 의미하기 때문에, 영적(靈的) 신(神)이념인 창조적 시작, 즉 미완성의 주의주의(主意主義)와 동격의 가치를 갖는 법이다.

27. 인격적 신(神)의 절대가치에 의한 제4의 영(靈)철학적 사관(史觀)이 아니면, 상대적 가치에 의해 저질러진 역사상 수많았던 존재론적인 모든 갈등을 해결할 수 없다. 이것을 로버트 슈라이터는 '화해의 주체자는 하나님'이라고 하였는데, 이 말은 하나가 되기 위해서는 영(靈)철학적 제4의 눈을 뜨고 역사의 주체자로서의 신을 보는 눈을 갖지 않으면 결코 모든 갈등을 하나로 통합할 수 없다는 것을 뜻하는 것이다.

28. 영성 윤리학 이전의 시대, 즉 양심으로서의 동정심, 측은지심 그리고 도덕법칙은 '이드'(Id)와 '초자아'의 불순한 계기까지 자

66

아에 형성시킨 인간 중심의 인위적 도덕의지이며 아직 과정적 잣대로서의 윤리학일 뿐이다. 다시 말해 절대가치를 완성하기 위해 지금도 부단히 성장단계별로 노력 중인 수단적 약속의 가치, 즉 상대적 가치를 넘어서지 못한다. 따라서 21C의 절대가치로서의 윤리학은 존재론적 본심의 '사랑학'으로서 그 주체가 내가 아니며 인류를 위해 자신의 목숨을 흔쾌히 십자가에 던졌던 예수처럼 자신의 희생을 마다하지 않으면서 타인의 가치를 더 중시하는 존재론적 천상의 신(神)인 윤리학을 의미한다.

왜냐하면 지금의 윤리학은 금수와도 같았던 원시공동체의 '정글 윤리시대'를 지나 문자의 경전에 의한 '인성 윤리시대'일 뿐이며 미래에는 도래할 인격적 성령에 의한 참사랑의 '성인(聖人), 즉 신(神)인 윤리시대'가 될 것이기 때문이다. 그러므로 인간시대의 동정심과 도덕의지는 미래에 도래할 절대가치의 기준에서는 단지 과정적 가면심이며 가면 도덕의지일 뿐이다(미래윤리=주인/희생/성인/책임/인격/친부모 윤리학의 시대).

29. 미래의 윤리는 윤리라는 개념 자체가 무의미해질 수 있다. 왜냐하면 정글과도 같았던 금수의 시대에 윤리라는 개념이 불필요했듯이, 영성으로 흘러넘치게 될 신인(神人)의 시대에 금수와 신성의 가교 역할로서의 인간적 윤리라는 개념의 존재 이유가 없겠기에 말이다.

30. 원시공동체시대의 미완성기는 인간에 의한 만물직접관여기이며, 문자경전시대의 중간기는 인격신, 즉 신인(神人)이 된 예수,

석가 등에 의한 인간직접관여기이며, 인격적 성령시대의 완성기
는 신성(神性)에 의해 성인(聖人)이 된 모든 신(新)인류의 신인(神人)직
접관여기이다(인격신, 신인(神人): 절대자의 대리인, 신(新)인류: 만인 성인시대
의 우리 인류).

31. 버클리(G. Berkelev, 1685~1753)는 신을 지각의 대상이 아니라
지각의 주체로 설정했는데, 이는 인간의 영(靈)적 존재성에 대한 무
지가 만들어낸 오해이다. 이는 버클리가 인류 역사의 완성기가 되
면 모든 인류의 얼이 성장 완성되어 자신의 내부에서 잠재우고 있
던 '영성'이 깨어나며 신(神)을 직접 지각하는 인간 지각 주체의 시
대가 오게 될 것이라는 사실에 대해 무지하다는 증거이다. 따라서
사물에 대한 지각은 육적 지각성을 갖고 일시성을 갖지만, 신에 대
한 지각은 영적 지각성을 갖고 영원성을 갖는다. 따라서 인류역사
의 완성기에는 신의 경지에서 지각의 주체성을 신과 인간이 함께
공유하게 된다. 인간이 신의 경지에 놓이게 되는 것이다. 신의 아
들로서의 예수와 같이 말이다. 이는 마치 자식이 성장하여 성인이
되면 부모의 의중을 간파하게 되는 것과도 같다고 하겠다. 하지만
어느 때까지는 그 지각의 비율이 미미할 수밖에 없을 것이다.

32. 칸트(I. Kant)가 인식에 있어서 "초월론적 대상은 우리의 인
식을 촉발하기는 하지만, 우리는 현상세계를 넘어서 있는 초월론
적 대상(물자체)을 인식할 수 없다."라고 한 것은 인간의 영적 지각
능력의 존재에 대한 무지의 산물이다. 이것은 단지 인간의 인식능
력을 감성과 오성의 범주에만 한정한 결과 물자체의 인식은 부정

되는 것일 뿐이다. 인간의 내면에 깊숙이 자리하고 있는 4차원의 영적 능력의 실체를 발휘하게 되면 초월론적 대상에 대한 영성 인식이 가능한 법이다. 이 능력을 자유롭게 활용했던 사람이 경전종교의 인격신들이었다. 따라서 인류역사의 완성기인 21C는 4차원의 새로운 인식론으로서 영성 인식을 모든 인류에게 요구하고 있다는 것을 숙지해야 한다. 따라서 21세기는 인격종교철학, 즉 철학의 종교시대가 도래하는 것이다.

33. 영적 지각은 모든 대상에 대한 인식을 신적 경지로 이끌어 주며, 초월론적 대상과는 비록 상대적 존재이지만 영성을 통해 신과 인간의 매개체로서 기능하기 때문에 상호 간 대등한 경지에 오르게 되어 물자체의 창조 계획과 목적적 프로그램이 어떻게 재창조될 것인가를 연역적, 포괄적으로 인식할 수 있다. 다시 말해 영적 지각은 성인으로 자라서 부모와 친구격이 되어 그 의중을 간파해 하나가 된 신인합일의 경지의 초월적 지각인 셈이다. 따라서 영적 지각은 초월론적 대상과도 같은 신의 창조적 재창조와 인간 지각의 초월적 지각인 재창조적 창조와의 합일의 공간이다.

34. 칸트의 실체세계 개념은 인격(人格)철학의 창조적 재창조 (CR) 개념이며, 현상세계 개념은 재창조적 창조(RC)이다. 창조적 재창조와 재창조적 창조의 세계는 공동경비구역이다. 그러므로 영적 지각은 공동경비구역과 같기 때문에 초월론적 대상의 주체 (CR)와 상대적 인간의 인식 주체(RC)가 조우하여 서로 교류, 소통하는 것과도 같은 것이다. 물자체와 사물 및 사물 대 다른 사물,

즉 실체와 현상 간, 현상과 다른 현상 간의 진정한 소통이 영적 소통을 통해서만 가능한 이유가 여기에 있다. 이곳이야말로 닫혀 있던 라이프니츠(G. W. Leibniz, 1646~1716)의 단자(Monad)가 타자와 비로소 만나 빛을 발할 수 있는 완전한 소통의 유일한 공간이다. 따라서 신과 인간, 인간과 사물 그리고 인간과 인간, 사물과 사물의 완전한 소통은 영성 지각의 경지를 서로가 맛보지 않고서는 절대로 불가능한 법이다.

35. 영적 지각은 참사랑의 경지인 지성적 지각이다. 영적 경지에 서로가 이르지 못했으면서도 타자와의 완전한 소통이 가능하다면 그것은 결국 '가면의 소통'일 뿐이다.

36. 감성과 오성의 인식론은 재창조 중심의 귀납적 인식론이며 연역적 인식론인 영성인식론의 하위 인식론이다.

37. 영적 지각은 돈오돈수의 깨침과 같기 때문에 추상적으로 정립된 세계에 빠져 골몰할 필요가 없는 법이다. 따라서 자신의 현상세계와 현실적인 삶을 보다 더 풍성하게 영위할 수 있게 아직도 잠자고 있는 영성을 깨워야 한다.

38. 니체는 칸트의 '사물 자체'의 존재에 대해 "우리의 경험을 통해 추상화된 것", 즉 "우리가 만들어 낸 것"이라고 하였는데, 이것을 영(靈)철학에서는 차원이 다른 인식 세계를 통해서 지각 가능한 세계라고 말한다. 다시 말해 영적 지각에 대한 무지로 인해 칸

트의 '사물 자체'의 존재를 니체는 '억지로 만들어 낸 것', 즉 '사후적으로 존재하게 된 것'으로 보는 오해를 '다시 만들어 낸 것'에 불과할 뿐이다. 따라서 영적 지각에 대한 무지는 결국 무신론을 야기하는 무서운 결과를 양산하는 근본 원인이 될 수 있다는 점을 깊이 인식해야 한다.

39. 미완성기는 몇몇의 선택된 사명자, 즉 교주 중심의 권위적 종교기이다. 따라서 대다수 인간의 영성이 메시아와 같이 보편적이지가 않아서 지도자와 추종자라는 수직적 지배구조를 갖기 때문에 종교적 가르침을 현실에 적용할 수가 없었던 것이다. 그러므로 비록 종교의 시대라고 할 수 있는 중세시대에서도 종교적 전제군주제 이상을 벗어날 수 없는 법이다. 그러나 21C는 문화의 완성기, 즉 지성에서 영성으로 옮겨가야 할 영성의 완성시대이다. 이러한 가치의 수평적 시대를 맞이하여 모든 인류의 영성을 메시아적 가치로 높여야 할 것이다. 그래야 종교적 궁극 목적을 이 땅에서 실현할 수 있을 것이다. "모든 사람들이 메시아가 되지 않으면 평화를 이룰 수 없다."는 발터 벤야민(W. Benjamin, 1892~1940)의 언명처럼 말이다.

40. 영혼불멸은 창조와 재창조를 통한 존재의 발전적 구조 법칙에 의한 변천의 산물이다.

41. 영혼의 가치적 다양성, 즉 영혼의 고, 중, 저는 창조적 성장단계별 차이의 산물이다.

42. 뉴턴(Isaac Newton, 1642~1727)의 고전물리학(古典物理學: Classical Physics)처럼 '인간의 영성(靈性)을 정지된 상태로 고찰하는 오류를 지양하고, 양자역학(量子力學: Quantum Mechanics)의 관점에서 영성의 성장 변화하는 시대정신을 잘 탐지해내지 않으면, 결코 영적가치를 창출할 수 없는 법이다.

제2장
기철학(氣哲學) 비판

1. 기(氣)는 개념이 아닌 개념처럼, 즉 공(空: śūnya)과 색(色: rūpa)의 가교적 개념과도 같이 애매한 개념으로 이해하기가 쉽다. 다시 말해 기(氣)는 개념이면서 비(非)개념인 기이한 영역이다. 따라서 기철학은 창조적 존재를 인정하면서도 부정하고, 부정하면서도 인정하는 모호한 태도를 취할 수밖에 없다. 그런데 이것은 창조적 신(神)의 부정이 아니라, 재창조의 성장에 있어서 완성된 인격적 인간에 기준한 신(神)의 가르침의 부정, 즉 이미 알고 있기에 다시 배워야 할 필요성의 부정일 뿐 신의 존재의 완전한 부정은 아니다.

"나의 무신론은 유신론의 한 형태이며 나는 인간의 종교성을 근본적으로 부정하지 않는다. 나의 무신론은 나의 기철학(氣哲學)체계 내에서만 의미를 갖는 것이므로 나의 기철학(氣哲學)을 이해하기 이전에는 나의 신관(神觀)은 정당하게 평가할 수 없다." -『동양학 어떻게 할 것인가』중에서

2. 기(氣)철학은 깨달음 철학이요, 열반(涅槃: Nirvāna)철학의 완성이며, 영철학 입문철학이다. 따라서 영철학의 열매요 완성의 경지인 신령(神靈)철학, 즉 뜻철학으로의 초입(初入)과 부단한 전진을 위한 영원한 과정철학이다.

3. 기(氣)철학은 재창조적 생성(生成)의 주기론과 주리론의 이(理), 기(氣)에서 말하는 기(氣)와는 전혀 다른 창조적 존재론의 사유의 체계로서의 철학적 기론(氣論), 즉 'Philosophy of CH'i'이다.

4. 기(氣)철학은 창조적 영성과 재창조적 일반철학을 잇는 가교학이다. 따라서 기철학은 모든 일반철학의 차원을 넘어선 상위(上位)학이며 영성의 바탕으로 기능하는 영철학의 하위(下位)학이다. 또한 기철학의 기(氣)는 물질의 속성과 구분되는 사유적 존재이며, 영(靈)을 담는 그릇이다.

5. 기철학은 반도체 철학이요, 영철학은 그 내용물(Contents)이다.

6. 기(氣)철학은 양비론(兩非論) 철학, 양비론적 중도론이다. 모든 존재에 대한 부정도 긍정도 유보(留保)한다. 따라서 기철학은 과정적 판단유보 철학이며 통일사상과 그 맥(脈)을 같이 한다. 왜냐하면 기철학적 판단중지(Epoche)는 모든 상대적 존재에 대한 치우침을 유지하면서 조화와 합일을 말할 수밖에 없는 눈과 귀를 갖게 하는 아직은 미숙아의 철학이기 때문이다.

7. 기(氣)철학은 기독론(基督論: Christology)과 불교론(佛敎論: Buddhism)의 가교학이다. 왜냐하면 기철학은 인격과 비(非)인격을 동시에 소유하고 있기 때문이다. 따라서 기철학은 영철학의 천사(天使: Angel)요, 화엄(華嚴)사상의 형(兄)이다.

8. 기(氣)철학의 신의 존재에 대한 부정은 부정을 위한 부정이 아니라 신을 잘못 인식하는 것에 대한, 즉 유아론적 사유에 대한 부정이다. 다시 말해 보호의 불필요성, 즉 존재의 불필요성의 부정이다. 이것은 완성의 산물이다. 왜냐하면 완성자는 보호자로서의 신이 아니라 효도와 시봉의 대상자로서의 신을 필요로 할 뿐이기 때문이다. 따라서 "존재는 물러가라!"라는 외침은 완성자의 특권이며 책임신앙의 산물이다. 그러나 대다수의 미완성자는 아직도 보호자로서의 존재가 요청됨을 간과해서는 안 된다.

9. 일반철학이 과학과 신학을 잇는 가교이자 확실한 양비론(兩非論)적 이론이라면, 기(氣)철학은 초월적 통섭(通涉)으로 기능하는 보다 상위의 부분적 양비론이다. 그러나 기철학은 영철학의 대상 철학적 범주(範疇: Category)에 속하는 생물학적인 몸(Mom)철학일 뿐, 맘(Mam)철학인 영철학적 주체철학의 위격(位格)에는 도달할 수 없는 학문이다.

10. 기(氣)철학의 장점은 모든 상대적 이론에 대한 과정적 우상(偶像: Idol)인 대립적 이데올로기의 척결에 있다. 그러나 가장 큰 단점은 미완성된 자들에게 잘못하면 궁극적 존재로서의 목적적

신앙(信仰)에 대한 과정적 불신(不信)이라는 판단을 하게 한다는 점이다. 따라서 신학적인 부분에 있어서는 그 표현의 신중을 기하지 않으면 위험할 수가 있다.

11. 기철학적 양심(良心)은 칸트(I. Kant)의 정언명법(正言命法)적 양심과 다르면서도 같다. 왜냐하면 기철학이 궁극에 있어서는 절대 가치에 대한 근본 이론체계를 세우지 못했기 때문이다. 그러나 실천하지 않는 산속의 암자(庵子)적 양심에 대해서보다는 분명 우월하다. 왜냐하면 기철학적 양심은 그래도 초월적인 양심성을 갖기 때문이다.

12. 기(氣)철학에 있어서 존재의 부정(否定)은 맹신적 추종에 대한 부정이어야지, 재창조적 책임의 신앙까지 부정해서는 안 된다. 왜냐하면 창조 후 재창조의 성장에 있어서 보호와 책임에 대한 성장 단계별 요구로서의 존재법칙이 있기 때문이다. 따라서 완성기의 책임이 아닌 보호(기복)를 요구하는 추종 행위는 당연히 배제되어야 한다.

13. 기철학과 유식(唯識)철학에서의 나의 부정인 나(我), 즉 오온(五蘊: Panca Khandha)의 가합(假合)으로서의 나는, 나의 존재에 대한 해석력 부족(不足)의 산물이다. 따라서 창조적 나와 재창조적 나를 정확하게 규정해야 한다. 왜냐하면 그럴 때 비로소 소극과 적극, 상대와 절대를 자유로이 넘나드는 나가 될 수 있기 때문이다. 가치판단에 있어 부정(否定)과 긍정(肯定)이라는 개념은 사고를 방해

하는 무서운 적(敵)이다.

14. 기(氣)철학적 인식은 환색(幻色)과 환색(幻色)의 관계에서 성립하는 것일 뿐, 실체와 실체와의 만남이 될 수 없는 근본 이유는? 기(氣)가 창조적 실체와 재창조적 현상(現象)을 연결하는 통로인 가교적 환색의 차원이기 때문에, 기(氣)의 인식행위는 어느 한쪽에 자리 잡을 수 없는 양비론적 중립의 기능적인 존재이기 때문이다.

15. 기철학은 창조적 관점에 있어서 통일사상의 몸(Mom)이요, 통일사상(統一思想)은 기철학의 맘(Mam)이다. 또한 기(氣)는 재창조에 있어서 통일사상의 혼(魂)이요 백(魄)이다. 왜냐하면 기(氣)철학은 기능이지만, 통일사상은 상대적 절대 세계에 대한 학문적 이론체계를 구축하고 있기 때문이다.

16. 통일철학과 기(氣)철학은 궁극에 있어서 과정철학이다. 왜냐하면 생성(生成: Becoming)과 존재(存在, Being)를 연결하는 통로로서의 역할을 할 수밖에 없기 때문이다. 이렇게 볼 때 둘은 일란성 쌍생아(一卵性雙生兒: Identical Twin)일 수도 있다. 그 둘은 대립적 상대가치인 이분법적 사고를 부정하고, 절대가치성인 일원론적(一元論的) 사유체계를 갖추고 있는 것은 흥분을 자아낼 정도로 닮아있다.

17. 기(氣)의 관념은 존재론적 관념론이 아니라, 존재론적 존재론인 영(靈)적 몸의 관념이다. 따라서 인간 몸의 전체기능인 감정, 심미적 만족감, 성령체험 직전의 종교적 정서로서의 환유(幻有) 등

모든 것을 포괄한다. 그러므로 기철학의 창조적 관념론은 재창조적 관념론인 칸트의 인식론(Erkenntnistheorie)을 철저히 분쇄(粉碎)시켜 버릴 수 있었던 것이다.

18. '기철학의 최후의 보루(堡壘)는 하늘나라 물(物) 자체가 아니다.'라는 말은 기적현상계(氣的現象界), 즉 환색(幻色)의 세계의 대궁정이라는 명제로 기철학이 일반철학의 상위(上位)철학이요, 영철학의 하위철학이라는 자기증명이다. 왜냐하면 기철학은 재창조적 일반철학과 창조적 영성(靈性)의 특수철학과의 매개적 가교로서 기능하기 때문이다. 따라서 기철학에는 인격성이 메마른 것이다.

19. 기인(畸人)은 더 벗어버릴 그 무엇조차 불필요한 기철학적 존재요, 우주의 태중(胎中)에 있는 존재이기에, 천주의 애인(愛人)인 아담(Adam)이 되기 위해 준비하는 존재이다.

20. 기인(畸人)은 애인(愛人)이다. 따라서 기인은 창조적 존재이다. 다만 아직은 인격이 부족할 뿐이다.

21. 기인은 창조의 세계를 말하기 위해 애쓰는 존재이며, 미래를 준비하고 답습(踏襲)하는 선각자요, 예언자이다. 따라서 기인(畸人)은 주인정신의 소유자요 재창조의 책임자이며, 자유와 정의와 진리가 희생과 봉사를 통하여 경작되어짐을 몸과 맘으로 체험하고 체득한 존재이다. 따라서 기인은 하늘 편에 속한 존재요 창조적 존재인 아담을 위한 준비자이며, 다시 올 그리스도(Jesus Christ)

를 위한 예비자이다.

22. 기인(畸人)은 존재의 세계를 노래하며, 하늘의 완성된 애인을 통하여 인격(人格)철학의 비밀을 이 땅에 온전하게 뿌리내릴 수 있게끔 환경을 준비하는 존재이다.

23. 기인은 재창조의 완성자이기 때문에 창조의 초입자(初入者)일 뿐이다. 따라서 하늘과 하나 되기 위해서는 창조적 기인(畸人)의 단계로 다시 태어나야 한다.

24. 기인(畸人)은 기(氣)인이며, 통일(統一)인이다. 다만 양비론적 통일을 이야기한다.

25. 기인의 몸은 현세적 가치인 재창조의 생성(生成) 세계에 살지만, 정신과 마음은 이미 초월적 창조의 세계인 존재의 세계에 산다.

26. 기인(畸人)에게 있어서의 자유(自由: Freedom)는 사랑의 자유이다. 또한 현세(現世)의 재창조적 자유가 아니라 초월의 창조적 자유이며, 혼돈의 자유가 아니라 질서의 자유이다. 따라서 기인의 자유는 가치적 자유이다.

27. 기인은 재창조의 현세적 가치에 의하여 규제될 수 없는, 다시 말해 도덕적 가치의 과정적 이탈자가 될 수밖에 없는 존재로

서, 창조세계의 초월적 가치의 영(靈)의 법칙에 의해 규제되어진다. 기인(畸人)은 현재가 아닌 미래를 살기 때문에 도덕규범의 과정적 이탈자이다. 그 예(例)로 기인의 스승격인 그리스도는 안식일(安息日: Sabbath)을 지킬 수가 없었고, 죄 없는 자로 하여금 간음(姦淫)한 여인에게 돌을 던지게 하였으며 저들을 용서하셨다.

28. 기인의 도덕(道德)은 사랑의 도덕이요, 이타적 도덕이며 생명을 불사르는 헌신적 도덕이다. 다시 말해 기인(畸人)의 도덕은 생색내기 위한 도덕이 아니요, 몸과 맘이 따로 놀아나는 도덕도 아니고, 오직 일체화되고 조화되는 도덕이며, 과정적이 아니라 결과적이고 목적적인 도덕이다.

29. 재창조적 기인(畸人)은 기철학적 기인이요, 통일사상적 기인(畸人)이다. 반면 창조적 기인은 영(靈)철학적 기인이며 인격적 기인이다.

30. 기인은 영(靈)과 육(肉)을 원활하게 넘나들며, 성(聖)과 속(俗)의 골(Gap)을 허물어버린 경지에 도달한 인간완성의 표본이다. 그러므로 창조적 기인은 창조세계의 구원의 비밀을 간직하고 있는 존재이다.

31. 기인(畸人)은 보여주려는 존재가 아니라 주변을 의식하지 않고, 오직 묵묵히 무소의 뿔처럼 혼자서 걸어갈 뿐(Go alone like a rhino's horn)이다.

32. 기인은 일시성을 보지 않고 영원을 보는 존재요, 육안(肉眼)으로 판단하지 않고 영안(靈眼)으로 높고, 깊고, 멀리 내다보는 존재이다.

33. 신화(神話: Myth)적 요소를 제거해서 성경(聖經)을 이해하려고 했던 불트만(Rudolf Karl Bultmann, 1884~1976)의 신학(神學)은 기철학과 유사성을 갖는 신학이다. 그런데 영철학은 신화적 요소를 제거하는 것이 아니라 오히려 신화에 대한 논리적으로 완벽한 해석의 방법을 제공하는 새로운 인격철학이다.

34. 기(氣)철학은 형상 신학이요, 일반신학은 상징 신학이며, 영(靈)철학은 실체(實體) 신학이다. 따라서 영(靈)철학은 철학적 신학이요, 신학적 철학이다.

35. 기(氣)철학은 학문적 체계를 세우지 않는 한 기능적 철학이다. 왜냐하면 엄밀한 의미(意味)에서 기철학은 가치성일 뿐, 논리적 법칙과 이법적 로고스(Logos)가 아니라 주장으로서의 철학이다. 그것은 창조적 존재성을 갖는 영철학과 재창조적 생성(生成)의 일반철학과의 사이를 이어주는 가교적 매개의 역할, 즉 어떤 논리와 체계를 움직여 주는 가치적 기능으로서, 상대를 부정함으로써 존재할 수 있는 양비론적인 통일사상과 같은 유사성을 갖는 새로운 철학의 방법론일 뿐이다. 그러므로 기철학은 그 특성상, 존재론에 대한 명쾌한 설명이 불가능하기에, 전수(傳受)가 불가능한 깨달음을 전달하기 위해 고집스런 안간힘을 쓸 뿐, 학문적 체계를 구체

화할 수가 없는 것이다. 이것이 기(氣)철학의 현주소이다

36. 기(氣)철학은 신화적 요소를 갖는 덜 익은 철학적 신학, 혹은
신학적 철학의 개념이다. 또한 존재의 상징 언어이며, 영(靈)철학
의 몸의 언어이며, 씨의 언어(言語)이다.

제3장

통일사상 비판

1. 통일사상은 철학적 통일사상(統一思想)과 신학적 원리강론(原理講論)이라는 두 돌판을 통하여 존재의 외적(外的)세계와 내적(內的)세계 사이에 물과 기름처럼 섞일 수 없는 내용들을 논리적으로 해석하기 위해 노력하지만, 절대가치에 대한 본질적인 궁극의 이론체계를 창출해야 하는 과제를 안고 있다.

2. 통일사상은 서양(西洋)의 인격적 신학 위에 동양(東洋)의 철학을 가미하여 이상과 현실을 조화시키려는 4차원적 세계를 위한 눈물겨운 시도로 보인다. 그리고 종족변수일 수밖에 없는 양비론적 중도사상은 두익(頭翼)사상, 즉 머리의 날개라는 코믹한 기형아를 양산했다. 다시 말해 통일사상은 철학적 부족을 신학적 원리강론으로 메우는 반철반종(半哲半宗), 즉 반은 철학이면서 반은 종교의 형태일 수밖에 없는 사상이다. 그러나 수준은 높으니 어정쩡한 철학이요 종교임은 분명하다고 하겠다.

그러나 관점을 달리하게 된다면 이것은 종교의 철학화의 시도일 수도 있다는 것이다. 만약 이것이 사실이라면 통일사상은 신학적 원리강론을 파쇄(破碎)하고서도 가능할 수 있는 통일 사상의 수준을 지금보다 더 차원 높게 업그레이드 시켜야 할 것이다. 그렇게 할 수 없다면 통일사상은 영(靈)철학적 미래종교, 즉 철학만으로도 가능한 종교시대를 열기 위해 이 땅에 먼저 내려와 환경을 준비하는 과정적 철학이요 과정적 종교로 남게 될 수밖에 없을 가능성이 농후하다고 할 것이다.

3. 통일사상에 있어서 이성성상(二性性狀)의 개념은 영(靈)철학의 창조적 성장인 창조적 재창조의 산물이며, 논리학적 법칙성이요, 포괄적인 학문적 체계이다. 따라서 창조적 재창조론의 존재론적 속성을 갖는다.

4. 통일사상은 『통일사상 요강』에서 밝혔듯이 "통일원리 중의 창조원리는 대부분의 철학적 내용을 지닌 교리(敎理)이다." 다시 말해 종교적 철학과 철학적 종교가 혼합된 아주 특이한 사상으로서 철학적 신학이요, 신학적 철학인 영(靈)철학, 즉 영철학과 기(氣)철학 사이를 잇는 가교적 사상이다. 따라서 통일사상은 영철학과는 그 차원이 다르다. 다시 말해 학문적 철학체계가 완전하기에는 미흡하지만 그 이론적 논리를 어느 정도는 갖춘 과정적 중도(中道)사상이다.

5. 통일사상의 핵심은 영성(靈性)에 대한 접근에 있다. 하르트만 (N. Hartmann, 1882~1950)의 존재론적 존재론의 성층(成層)이론인 물질층 · 생명층 · 의식층 · 정신층처럼 육체(肉體) · 영인체(靈人體) · 생명

체(生命體)·생령체(生靈體)의 개념을 새롭게 창출(創出)하고 있다는 것이다.

6. 통일사상은 놀랍게도 소생(蘇生)·장성(長成)·완성(完成)이라는 성장의 개념과 생심(生心)과 육심(肉心)의 수수작용의 영적 개념을 사용하고 있으면서도, 성장이론의 학문적 체계와 영적(靈的) 관여(關與)의 법칙을 세우지 않고 있다는 것이야말로 역설적인 아이러니(Irony)이다.

7. 통일사상의 모든 타락개념은 미완성의 개념으로 전환하여야 하며, 복귀섭리는 성장 섭리로 그 사유방식을 바꿔야 비로소 완전한 학문체계로 자리 잡을 수 있게 될 것이다. 그러므로 타락과 복귀섭리는 신학적 개념을 철학적으로 개념화 시키려는 인간적 시도일 뿐이며 가교(架橋)이다.

8. 원리강론은 섭리역사의 동시성(同時性) 법칙을 통하여 역사(歷史: History)의 시간을 과학화하는 논리성을 갖는다. 하지만 본질적 근원에 대한 이론체계와 구체성, 치밀성은 영철학적 사유의 다층적 중첩개념 분석과 비교할 때 객관적으로 평가하여도 부족함을 느끼지 않을 수 없다.

9. 통일사상이 현실에 대한 세계의 해석(解釋: Interpretation)에 있어서 성서(聖書)의 인격적 개념을 적극적으로 도입하여 풀이함은 고무적이라 할 수 있지만 선(善)·악(惡) 개념을 벗어나지 못함은 안

타까움으로 남는다. 예를 들자면 소련(러시아)·중국·북한을 가인 격, 또는 악(惡) 편(천사장·하와·아담의) 상징으로 보며, 미국·일본· 남한을 아벨 격, 또는 선(善) 편 천사장·하와·아담의 상징으로 본다. – 이들은 모두 미완성기의 두 존재 양식일 뿐이다 –

10. 원리강론의 책임분담론은 헤롤드 월즈의 속죄관(贖罪觀)과 유사성을 갖는다. 그리고 통일신학의 전반적인 신학관은 루터(M. Luther, 1483~1546)의 조화론, 통일론과 유사하다.

11. 통일사상은 교회주의를 벗어나서 영(靈)철학이 제시하는 종교·정치·경제를 좌우하는 시스템과 이에 의한 제도적 정책교회주의인 국가교회(國家教會: 神政國家), 즉 하나님 나라의 성취를 지향하면서도 제도와 체제의 핵심인 정책에 대한 철학적 방법론을 구체적으로 제시하지 못하고, 공생(共生: Paragenesis)·공영(共榮)·공의(共義)주의라는 막연한 외피(外皮)만 입고 있으며 아직은 교회로서의 옷을 벗지 못하고 있다. 그러나 시도하고 있기는 하다. 방주교회, 법인단체교회, 경전교회, 교리(도그마)교회, 벽돌교회를 탈출하려는 시도를 말이다.

12. 통일사상은 아직 세상으로부터 보편적 공식 인정을 받고 있지 못하고 있다는 양적 측면에서 볼 때, 역사에 뒤처진 낙제생 교육학교이며, 보충과 예습을 위한 가정교사요 비공식 교사인 학원강사, 그러나 유능한 강사와 같다고 하겠다. 따라서 관점의 차이에 따라 통일사상은 기(氣)철학처럼 앞서서 주(主: Lord)의 길을 예

비하는, 다시 말해 신으로의 접근 철학이라 할 수 있는 영(靈)철학, 인격철학을 위한 선지자적 사명을 갖는 철학적 신학사상이라 하겠다.

13. 기독교회가 신학을 매개로 한 인격적 신성으로의 접근이라면, 통일사상과 원리강론은 신학과 철학을 결합한 방법론으로 인격적 신성에 접근한다. 그러나 영(靈)철학은 그것만으로 인격적 신성으로의 색다른 접근을 시도하는 초월종교, 하늘나라, 즉 국가종교의 시도이다.

14. 통일원리는 존재(存在)의 근본에 모든 타락과 복귀론적 인식론의 신화적 요소를 깔고 있으며, 이 부분(部分)이 철학화 되지 못하고 있다. 그것이 통일 철학의 한계이며 아킬레스건이다. 비록 당사자는 알고 있다고 할지라도 드러낼 수 없으면 그것 또한 어쩔 수 없는 때의 부족으로서의 안타까움이다.

15. 원리의 타락론을 영(靈)철학은 창조적 성장에 있어서, 미완성 존재인 아담과 하와의 사랑 부족(不足)에 의한 본질적 욕망인 이기심, 즉 정적(情的) 타락으로 보며, 하와에 대한 천사장(天使長)의 유혹은 현실(물질) 중심성을 갖는 여성의 심리를 묘사한 것으로 풀이한다. 따라서 아담(天)은 하늘의 뜻과 이상의 상징이요, 천사장(地)은 땅의 권세인 현실의 상징이며, 하와는 이상과 현실 사이에서 고민하는 중성적 인간의 상징이다.

16. 통일 존재론의 원 존재인 원상론(原相論)은 신상(神相)과 신성(神性)을 다루는데 이것은 신(神)의 속성을 체계적으로 다룬 이론을 말한다. 따라서 통일존재론은 기철학과 같이 철학적 신학으로서의 성격을 갖고, 영(靈)철학은 신학적 철학으로서의 성격을 갖는다.

17. 통일존재론은 본연의 인간에 대한 존재론으로 본성론(本性論)을 다룬다. 그런데 통일 원리는 "오늘의 현실적 인간은 인간 조상의 타락(墮落)으로 인하여 인간 본래의 모습을 잃어버린 비(非)원리적 존재로 본다. 본성(本性)이란 타락하지 않은 인간의 본래의 진실상을 말하며 실존철학에서 말하는 실존과는 그 개념이 전혀 다르다."고 하였다. 그러나 영철학은 타락론에 대한 개념(概念: Concept)을 차원이 다른 방법으로 접근한다. 즉, 영(靈)개념 분석학적 방법론에 의하여 전혀 차원이 다른 미완성과 부족으로 풀이한다.

18. 통일 본성론의 인간타락의 개념 설정은 창조적 관점의 산물이며, 타락은 선(善)·악(惡)처럼 완전(창조적 아담과 창조적 에덴: Garden of Eden)에 대한 결과적 상대인 것에 반해서 미완성은 사랑과 같아서 완성(재창조를 통해 성장하여야 할 아담과 장차 이루어야 할 에덴)에 대한 원인적 가치개념을 갖는다. 따라서 타락(墮落)과 미완성은 그 개념에 있어서 현격(懸隔)한 차이가 있다. 그러나 인격(人格)철학은 창조적 성장론을 통해 재창조에 있어서 인간의 본성은 타락이 아니라 미완성, 즉 부족·어림·결핍이라고 이야기한다. 즉 이것을 인류조상의 본질적 근거로 삼는 것이다. 그러므로 통일 본성론은 창조적이고도 신학적인 존재론적 본성론이며, 인격(人格)철학 본성론은

재창조적이고 철학적인 인식론적 본성론(本性論)이다.

19. 통일 논리학의 눈에 띄는 업적은 헤겔(G. Hegel, 1770~1831) 논리학의 정(正)·반(反)·합(合)의 변증법(辨證法: Dialectic)적 발전을 정(正)·분(分)·합(合)의 수수법(授受法)으로 보았다는 데 있다. 변증법은 자기를 부정하는 요소를 신(神)의 우주 창조의 원인으로 보았는데, 수수법(授受法)은 대상을 통한 기쁨을 느끼기 위함으로 보았다. 즉 자극을 받기 위해서는 상대적 관계를 갖지 않으면 안 되기 때문에 우주를 창조하였다는 긍정적 요소를 근본원인으로 보았다는 데 그 의의를 두고 있다는 것이다. 그런데 그 대상의 우주창조가 어떠한 모습으로 창조되어졌는가에 대해서는 영(靈)철학처럼 구체성을 띄고 있지 않다. 하지만 영철학은 이를 미완성·부족(不足)·모자람으로 창조하였기 때문에 부족한 존재에 대한 보호와 책임을 요구하는 교류법적 정(正)·교(交)·합(合)에 의한 법칙과 변증법적 부정이 아니라 완전한 완성과 주체할 수 없는 넘치는 사랑의 인격적 가치에 의한 우주창조를 그 근본으로 본다.

20. 통일사상의 윤리론(倫理論)은 가정윤리이며 미래에 건설될 신(神)의 사랑을 중심한 윤리사회이다. 따라서 통일의 윤리는 가정(家庭)을 기반으로 하는 지극히 도덕적인 인간행위의 학이며, 도덕은 인간의 내적인 당위성에 따르려는 행위의 규범이라고 정의한다. 그러므로 통일의 윤리론은 윤리론의 완성이론이라고 할 수도 있을 정도로 완벽하다고 하겠다. 다만 인간 존재의 본위적 규정에 있어서 타락적 존재라는 근본의 존재규정이 여전히 문제로 남는

다는 게 흠(欠) 중의 흠이다. 그런데 영철학적 윤리론은 미래 윤리라는 개념 자체의 존립 가능성에 의문을 제시하고 있다. 왜냐하면 미래는 신의 직접 주관에 의해 윤리라는 개념 자체가 흐려지게 될 것이기 때문이다.

21. 통일사상의 가치론은 영(靈)철학적 영성의 가치론과 그 맥락을 같이한다고 할 수 있는 종교적 신성(神性)의 가치론이다. "이 세계(World)가 신에 의하여 창조되었다는 사실을 확실히 인식하고 신(神)의 창조목적을 명확히 이해할 때에만, 비로소 새롭고 참된 가치관이 세워질 수 있다."라고 한 것이 이를 증시(證市)한다.

22. 영(靈)철학의 가치론은 이론의 맘(Mam)학이요, 권리는 사실의 맘(Mam)학으로 평가한다. 따라서 가치는 존재의 제2의 영성이다. 그러므로 가치론은 신론(神論)이어야 하는데 이렇게 볼 때 통일의 가치론은 신론에 가까운 절대가치를 추구한다. 그러나 신(神)과의 교류를 위한 영철학적 영(靈)의 변화법칙에 대해서는 이론체계를 세우지 못하고 과정적 인물중심의 카리스마(Charisma)라는 큰 벽이 가로놓여 있는 실정임을 부정할 수 없다.

23. 통일사상의 교육론(敎育論)은 통일사상 중 가장 중요한 영역으로 분류한다. "새로운 문화 세계의 실현은 새로운 교육에 의하지 않을 수 없기 때문이다."라고 하는 것이 이것을 증명(證明)한다. 또한 "종래의 교육이념의 기본적 결함을 밝히고 새로운 교육이념 수립을 위한 기본적 관념을 제시하며 아울러 심정교육, 규범교육,

기술교육 등을 만들어지는 개인과 전체사회의 기본적인 이미지(Image)를 명백히 하고자 한다."라고 하였다. 역시 윤리론처럼 교육론도 완전한 이론이라 하겠지만, 윤리론에서의 비판처럼 인간존재의 본원적 규정을 타락적 존재로 규정하는 신화(神話: Myth)적 요소를 벗어나지 못하고 있다는 데 있다.

24. 통일사상의 예술론은 기쁨의 창조인 기쁨의 술(術)이다. 예술론의 원리적 근거는 첫째, 신(神)의 창조목적이며 둘째, 가치실현욕과 가치추구욕이며 셋째, 창조력의 능력과 창조성의 부여이다. 따라서 종래의 미학(美學: Aesthetics)에 있어서의 여러 가지 결함을 보완할 수 있는 새로운 관점, 즉 신성 예술론이다. 그러나 예술의 주체인 인간의 인식능력에 대한 영철학적 구체성이 결여되어 있다. 따라서 통일예술론은 다분히 주관적인 존재론적 범주를 벗어나지 못하는 예술론이라 하겠다. 그것이 완성되기 위해서는 영(靈) 인식 능력론의 필요성이 제기된다.

25. 통일인식론은 철학적으로는 신(神)의 원상(原狀)에 대한 심오한 재창조적 창조의 접근이며, 신학적으로는 창조적 재창조인 성서적 존재론 인식을 통한 창조목적의 현실세계에서의 구현이다. 그러므로 그것은 비록 양비론적이지만 철학적 신학(神學)으로서 제3의 차원이 다른 새로운 인식론이며, 하늘나라의 땅으로의 이동을 실체적으로 추구한다. 그런데 그것은 인식론적 궁극의 가치, 즉 신성 인식을 이끌어 낼 수 있는 본질적 기반인 인식주체 능력론이 빠져있으며, 완전한 완성(完成)의 이론체계인 창조적 성장에

의한 존재론과 인식론을 갖추지 못하고 있다. 이것이 통일철학의 태생적 한계이며 안타까움이요, 과정적 존재로의 비애(悲哀)이다.

26. 통일사관인 복귀(復歸)섭리사관은 창조적 생성(生成: Becoming)의 사관으로서 성서적 창조적 에덴에 대한 무지(無知)의 산물이며 속임의 사관(史觀)이다. 따라서 복귀사관은 타락을 전제로 할 때에 한해서 잠시 성립될 수 있는 것일 뿐 논리적 철학사관과는 그 궤(軌)를 같이할 수 없다. 왜냐하면 그것을 깨달았을 때 그것은 더 이상 사관으로의 가치를 가질 수 없게 되지만 그것에 대하여 무지했을 때는 솔깃하고 진지할 수 있는 요소를 너무나도 완벽하게 갖추고 있기 때문이다.

27. 통일 인식론은 수수법적 인식론으로의 "인간과 만물(萬物)은 주체와 대상의 관계이므로 대상은 주체에 대하여 필연적 필수적 존재가 되고 있다."라고 하였으며 대상, 즉 객관세계를 우연적인 소여(所與)로 보았기 때문에 인식의 근원의 문제가 논쟁의 대상이 되었던 종래의 인식론과는 그 관점에 차이가 있다. 다시 말해 만물은 주체에 관한 기쁨의 대상이며, 주관(실천)의 대상으로 지음 받았으므로 논쟁의 대상(對象)이 아니라고 하는, 즉 대상 친화적 인식론인 것이다. 그러나 영(靈)철학 인식론은 종래의 인식론처럼 인간의 대상인 만물과의 관계를 중심한 자연주의(自然主義: Naturalism)적 대상 인식론이 아니라 인간의 주체인 신(神)과의 관계를 중심한 초월주의(超越主義: Transcendentalism)적 주체 인식론이다. 따라서 종래의 철학과 통일사상은 철학적 사유가 대상인식의

도구이지만, 영(靈)철학은 영성의 체험을 주체인식의 새로운 방법론으로 설정하는 것이다.

제4장

일반철학 비판

서양철학

1. 20C 인류역사에 있어서 종교적 연역(演繹)의 존재(Being: 창조)론과 정치적 귀납(歸納)의 생성(Become: 진화)론의 투쟁(아마겟돈 전쟁)은 창조 후 재창조의 성장과정인 미완성기에 일어나게 되는 무지와 부족 그리고 비인격적 물리법칙 중심에 의한 사유(思惟: Thought)의 산물이다.

2. 스피노자(Baruch de Spinoza, 1632~1677)의 범신론(汎神論)은 재창조 중심의 내재적 신관이며, 기독교의 유일론(唯一論)은 창조론(Creatio ex nihilo) 중심의 초월적 신관이다. 실체(신)와 자연의 경계(Gap)를 두지 않고 하나의 총상(總相)으로 묶는 스피노자의 사유는 재창조의 법칙을 중심한 사유형식이며, 실체의 외재성에 의한 기독교의 존재의 초월성은 창조의 법칙을 중심한 사유형식이다. 그런데 영(靈)철학적 신관은 부자 혹은 부부 관계처럼 끊임없이 창조적·일원적 이분과 재창조적·이분적 일원의 교류 관계를 통하여 3단계 성장과정을 거쳐 완성의 실체로 회귀하기까지 내재적 신관

과 초월적 신관이 총합적으로 존재한다. 따라서 창조는 분리요, 재창조는 합일이다.

3. 스피노자의 경험지(Imzginatio)는 재창조의 재창조, 이성지(Ratio)는 재창조의 창조, 직관지(Scientia Intuitiva)는 창조적 재창조의 지(知)를 뜻한다. 그러나 그는 창조적 창조의 지(智)인 영성지(靈性知)의 신성지(神性知)는 보지 못했다.

4. 범신론(汎神論: Pantheism)은 제2의 신성 숭배론이다. 따라서 범신론은 영혼(靈魂)숭배론 과도 같다. 왜냐하면 범신론은 제2의 신, 즉 만물의 안주인인 어머니 신의 세계이기 때문이다. - 스피노자 -

5. 헤겔의 절대정신(絕對精神: Absoluter Geist)은 지나친 창조 중심적 사유에 치우친 결과 생성(生成: Becoming)에 의한 성장(成長)의 역사를 설정하였음에도 불구하고, 절대정신의 전개과정에 있어서 인간의 자유의지의 중요성, 즉 재창조의 중심은 인간이라는 것을 간과했다. 그리고 그의 절대정신은 신(神)의 인격적 관여와 인간의 책임의 법칙인 상호 '소통법(疏通法)'에 대한 무지, 즉 부족과 부족이 만나서 완전성을 지향하는 교류법(변증법)적 자기전개 법칙을 수립하지 못하였다. - 변증법의 본질은 모순, 소통법의 본질은 미완성 -

6. 헤겔(G. W. F. Hegel, 1770~1831)의 이성주의적 관념철학은 '창조적 재창조', 즉 신(神) 중심의 미완성(未完成) 철학이다. 따라서 헤

겔의 철학은 '재창조적 영(靈)철학'으로 거듭나지 않으면 절대가치 및 절대정신을 완성시킬 수 없다. 왜냐하면 헤겔의 '목적론'적 도식은 다분히 '불가지론적 인식론'을 중시한 사유를 벗어나지 못하고 있으며, 사유의 방법론이 주의주의(主意主義)적 갑옷을 두껍게 휘감고 있기 때문이다. 따라서 헤겔의 철학이 완전해지기 위해서는 제3의 '재창조적 창조'에 의한, 즉 새로운 인간중심에 의한 '자유의지'와 '완성된 영성인식론'에 대한 이해가 함께 이뤄져야 한다.

7. 헤겔철학의 이념(理念)의 변증법적 자기전개는 논리적 관념론으로서, 궁극에 있어서 이것은 결국 종교적 신(神)인 초월적 신성(神性)에 대한 어쩔 수 없는 자기부정이다. 따라서 헤겔의 철학은 종교적 신비주의(神秘主義: Mysticism), 즉 완전성이 결여된 미완성기의 기독문화론적 미성숙이 만들어낸 사유의 독단론(獨斷論)이다.

8. 헤겔의 논리학(Logic), 정신철학은 창조적 재창조와 재창조적 창조의 이중법칙에 대한 무지로 인해 다양한 방법론으로 존재세계를 응시하지 못하고 독단적 사유와 사고의 편협성으로 엉성하게 엮은 철학적 자폐학(自閉學)이다. 헤겔 논리학의 정반합의 변증법적 발전을 부족(不足)이 아니라 모순(矛盾: Widerspruch) 때문으로 진단한 헤겔의 사유는 어리석기까지도 하다. 따라서 헤겔의 관념적 유희(遊戲), 언어의 부정확성, 실존적 허구성(虛構性)은 영철학의 존재론적 구체성과 중층언어(기호언어)의 정확성 그리고 사유의 세분성과 명백성에 의하여 새롭게 재창조되어야 할 것이다.

9. 자족(自足)할 상태에 있어도 좋을 신(神)이 왜? 우주를 창조하지 않으면 안 되었는가? 신(神)은 이성이고 로고스(Logos)인바 운동이 벌어져 한층 더 완전한 모습으로의 본래의 정(正: 有), 즉 개념으로서의 로고스(Logos: 精神)로 통일되어서 자기 회복된다. 완성은 소멸성을 갖는다. 따라서 만족, 자족은 무결핍성이요, 무의지성이다. 그런데 헤겔은 이 소멸성과 무결핍성을 간과하고 있으며 존재 자체에 자기를 부정하는 요소(변증법)를 지녔기 때문에 여기에서 운동이 벌어지는 것이라 하였다. 그러나 영철학적 소통법은 이 부정을 부족으로 설정한다. 존재의 본질은 의타기성이다. 혼자서는 존재할 수 없다는 뜻이다. 따라서 상대적 세계, 즉 자기의 대상세계의 필요성이 요구되기에 운동을 벌여야 한다는 것이다. 결국 운동의 원인은 부정과 모순이 아니라 부족과 대상세계의 필요성인 셈이다.

10. 보편자가 진짜 존재한다는 실재론의 플라톤주의는 존재의 한 단면인 '창조적 존재론'이며, 개별자가 진짜 존재한다는 유명론(唯名論)인 아리스토텔레스주의는 생성의 한 단면인 '재창조적 존재론'이다.

11. 플라톤의 영혼불멸설에 의한 '영·육 이원론'의 영향을 받아 기독교 고유의 영혼불멸설을 확립하였던 바울의 헬레니즘(Hellenism)적인 '영육이원론'을 인격(人格)철학인 창조적 성장론은 창조의 일원적 이분론(一元的 二分論), 재창조의 이분적 일원론(二分的 一元論)의 종합인 영·육의 '복잡계 시스템 일원론'으로 체계화하

고 있다. - 선과 악의 공진은 자유의지의 산물 -

12. 플라톤의 이데아(Idea)는 영(靈)철학의 창조적 애지(愛知)이기 때문에, 아리스토텔레스의 비판이 웅변해 주듯이 개념실재론, 즉 보편개념의 실체화를 벗어나지 못했던 것이다.

13. 논리적 원자주의인 '중성적 일원론'에서 말하는 유물(唯物)과 유심(唯心)의 양비론적 경계론은 결국 '중도(中道)경계론'일 뿐이며, 창조적 재창조론의 성장론은 창조의 일원적 이분론(一元的 二分論)과 재창조의 이분적 일원론(二分的 一元論)의 합일에 의한 양미론으로 극복할 수가 있다고 하겠다.

14. 관념론(主觀主義: Subjectivism)은 일반적 존재일 뿐, 특수적 존재론적 존재인 영성의 차원(次元)에 비해 하위(下位)개념이다.

15. 정신심리학의 근본구조가 이중구조인 근본이유는 존재와 생성(生成)에 의한 창조적 재창조의 다층적 이중 구조를 갖기 때문이다.

16. 컴퓨터(Computer)와 생명(生命)에 변증법(辨證法)이 없는 근본이유는 존재의 근본원리가 정(正)·반(反)·합(合)이 아니라 정(正)·결(교: 交)·합(合)의 상호교류법이기 때문이다.
   - 다니엘 벨(Daniel Bell) -

17. 가이아(Gaea)이론은 창조적 재창조에 의해 재창조의 신이 되는 만물, 즉 어머니 신(神)의 다른 이름이다. - 제임스 러브록 -

18. 숨겨진 질서와 드러난 질서는 존재와 생성의 질서인 창조(創造)와 재창조(再創造)의 질서, 즉 색즉시공(色卽是空) 공즉시색(空卽是色)의 이중구조의 조화에 관한 과학적 표현이다. - 데이비드 봄 -

19. 파르메니데스(Parmenides, BC 515~BC 445)의 존재의 세계관은 창조적 중심의 사유요, 헤라클레이토스(Herakleitos, BC 540~BC 480)의 생성의 세계관은 재창조 중심의 사유의 산물이다.

20. 불연기연(不然其然)은 창조와 재창조의 이중구조의 가치평가에 대한 선택의 방법론일 뿐, 결코 부정에 대한 배척(排斥)이 아니다. 따라서 '아니다'의 부정은 배격이 아니라 방법적 보류(保留)이며, 유보(留保)이다.
- 떼야르 드 샤르뎅, 베르그송(H. Bergson), 그레고리 페이트슨 -

21. 과학(科學)은 자연의 무지(無知)에 대한 실험의 기초적 연구일 뿐이요, 철학(哲學)은 존재의 어리석음에 대한 사유의 과정적 방편일 뿐이며, 신학(神學)은 사랑의 부족(不足)에 대한 채움의 궁극적 실천의 기도이다.

22. 이신론(理神論)은 재창조적 창조성인 신(神)의 인격적 관여를 차단한 제2의 비인격적 성장론일 뿐이다. 따라서 근대 과학적 이

성 이상 이하도 아니다. 그러므로 양자과학(量子科學: Quantum)은 과학의 이성이다.

- 스피노자(B. Spinoza), 라이프니츠, 갈릴레오, 뉴턴 -

23. 우주(宇宙)는 신(神)의 영적 양식을 먹고 자라는 수학의 언어로 쓴 생명, 즉 어머니 신이다. 그러나 갈릴레오(Das Leben des Galileo Galilei)의 막연하고도 단순한 도식(圖式)에 의한 우주는 외로운 고아(孤兒), 즉 부모(父母)가 없는 불쌍한 우주이다. 그는 우주도 미완성(Unvollendete)으로 창조되었으며, 완성이 될 때까지 성장(成長)의 법칙에 따라 제4의 에너지를 보충 받지 않으면 안 되며 또한 마치 태아처럼 보호받아야 한다는 절대성을 차단해버린 오류를 범하고 있다.

24. 러셀(John Russell, 1872~1970)과 윌리암 제임스(W. James, 1820~1894)의 중성적 일원론(中性的 一元論: Neutral Monism)은 양극에 대한 경계(境界: Boundary) 중도론, 즉 양비론적 중도일 뿐, 인격(人格)철학의 양미론적 일원론을 벗어나지 못했다. 따라서 중성적 일원론은 창조적 재창조의 교류법칙에 대한 무지(無知)의 산물에 지나지 않는다.(물질의 비물질화/정신의 비정신화의 양극의 중성적 일원으로의 접근이 외부적 하나 됨만 있을 뿐, 내부적 새로운 생명가치의 탄생(誕生)을 위한 창조적 존재의 개입 '덤·합'은 보지 못함.)

25. 계몽사상(啓蒙思想: Enlightenment)의 문제점은 타락(墮落)(루소: J. J. Rousseau)이라는 존재론적 설정의 오류(誤謬)에 있다. 계몽주의

의 3대 요소인 이성(理性), 자연(自然), 진보(進步)는 신본적 인본주의에 의한 영철학적 창조성과 절대가치를 수립하지 못하고 재창조적 열성(熱誠)에만 치우쳤기 때문에 영존(永存)성을 가질 수 없었던 것이다.

26. 뒤르껨(E. Durkherm)의 사회실재론(社會實在論: Social Realism)은 재창조의 생성(生成)관념에서 사회적 인격(人格)과 경험적 객관성에 입각하여 스펜서(H. Spence, 1820~1903)의 개인주의나 명목론(名目論)과 대립되는 집단에서 사회적 실체를 발견하고자 한 유물론적 사회실재론일 뿐이다.

27. 『미개인(未開人)의 사고(思考)』에서 미개인과 근대인(近代人)의 사고가 근본적으로 다르다고 주장(主張)하는 루시앙 레비브륄의 이론은 창조적 성장인류의 이론체계를 뒷받침하는 아주 완벽한 이론이다. 주술(呪術)과 과학은 대립하지 않고 병행하며 주술적 사고는 과학적 인과론과 다른 종류의 결정으로 보는 레비스트로스(C. L. Strauss)는 창조적 재창조인 창조(영성)와 재창조(과학)의 창조적 성장이론의 논리적 체계를 증시(證示)한다.(『야생(野生)의 사고(思考)』)

28. 훗설(E. Husserl, 1859~1938)의 현상학(現象學)은 본질이 현상을 떠나 독립해서 그 자체로 존재하지 않는 근본 이유를 설명하지 못하였으며, 동시에 이론을 세우지 못하였다. 존재의 근본은 이원(二元)이 아니라 일원(一元)이다. 이분적 일원론(二分的 一元論: Divisional Monism)인 재창조적 법칙에 대해서 그는 무지(無知)하였다.

29. 훗설의 의식(意識)의 현상학이 창조적 생성의 현상학이라면 메를로퐁티(M. M. Ponty)의 몸의 현상학은 재창조적 생성(生成)의 현상학이다.

30. 사유와 관념의 조작은 절대가치 부재의 산물이다. 따라서 절대가치 부재는 위험한 사유의 폭군들을 양산(量産)하게 되며, 우주 질서를 파괴하는 악행의 온상(溫床)이 되는 것이다.

31. 변증법(辨證法)은 개념설정의 미숙(未熟)과 언어의 불철저성으로 인하여, 부정에 대한 부정적 방법론의 대입을 정당화하는 기재로 기능하였으며, 이는 투쟁을 위한 투쟁의 이론적 근거로 작용하는 사유의 오해를 불러들였던 것이다.

32. 고기탄스(Cogito ergo sum)의 자아(自我)는 재창조적 '상대적 상대'의 대상적 자아일 뿐, 인격(人格)철학의 '상대적 절대'로서의 주체적 자아가 아니다.

33. 철학자는 직관(直觀: Intuition)을 무기로 삼는다면, 신학자는 영성(靈性)을 무기로 삼아야 영원한 생명력을 가질 수 있는 법(法)이다. 따라서 영적 체험을 기반으로 하지 않는 직관적 예감은 사이비 사유, 즉 과정적 방편의 사유일 뿐이다.

34. 순수(純粹)이성과 영성(靈性)은 질적(質的) 상대성을 갖고, 또한 신성(神性)은 상대적 절대성을 갖는다.

35. 일리아 프리고진(Ilya Prigogine, 1917~2003)의 『비평형계의 열역학(熱力學: Thermodynamics)』은 생성(生成)만으로 창조적 존재의 세계에 도전해 보고자 하는 일견 대단한 용기이다. 하지만 창조적 로드맵과도 같은 영철학적 사유와 병행하지 않는 도전은 비효율성으로 작용해 수많은 흠집을 남기게 될 것이다. 왜냐하면 우리의 과학이 영과학, 즉 존재의 본질을 밝힐 수 있는 과학적 기반을 수립하기에는 아직 역부족이기 때문이다.

36. 인도 아리안인(Ariane)들의 이원론적인 사상은 재창조적 관점을 중시하는 사유를 근본 바탕을 깔고 있으며, 중국 불교사는 일원론적 창조적 관점으로의 지향성을 그 사유의 바탕으로 깔고 있다.

37. 화이트헤드(A. N. Whitehead, 1861~1947)의 과정(過程)철학은 재창조적 실천을 위한 창조적 설득의 도구로서의 기(氣)철학적 차원과 사유의 깊이를 같이하는 형이상학이다. 따라서 과정철학은 기(氣)철학의 몸과 같은 철학이며 창조적 성장론의 성장과정(成長過程)의 부분적 법칙으로서 경험세계의 생성·변화·창조성(Novelty)를 강조하는 사유의 한 단편일 뿐이다.

38. 재창조는 제2의 창조(創造)이다. 따라서 실천이성은 제2의 순수(純粹)이성이요 순수이성은 제2의 실천이성이다. 그러므로 순수이성과 실천이성은 성과 속의 관계와도 같다.

39. 충족이유율(充足理由律: Principle of sufficient reason)의 근본원인은 모순율(矛盾律)이 아니라 부족율(不足律)이다.

40. 베르그송의 '창조적 진화론'은 '재창조적 성장론'의 범주를 벗어나지 못한다. 존재의 근본 법칙은 창조와 재창조 그리고 성장(진화)의 3단계 변화 법칙이다.

41. 생(生)의 근본적 본질은 불만족이므로 머무름은 창조의 파괴이다. 따라서 변형과정의 생(生)은 재창조의 꿈과 희망의 원천이요 궁극적 목적의 시초이다.

42. "우주(宇宙)의 중심체계는 없다."는 양자역학(量子力學: Quantum Mechanics)의 불확정성원리(不確定性原理: Uncertainty Principle)는 재창조의 자유의지의 물리 역학적 이론일 뿐 창조적 가치인 목적의 중심체계까지 싸잡아 처리하려는 개념이어서는 안 된다. 왜냐하면 불확정성 이론이 오차(誤差) 발생의 정확한 측정이 불가능하다는 것일 뿐 절대가치의 부재를 뜻하는 것은 아니기 때문이다.

43. 합리적 개인주의인 공리주의(公理主義: Axiomatism)는 상대적 완성주의이다.

44. 만약 최상의 철학이 진리에 대한 인식이 아니라 미(美)라면, 영(靈)철학의 가치관은 신(神)의 체험이 아니라 희생이다.

45. 지적(知的) 직관은 영적 직관(直觀)에 비해 이론적 영역에 해당되는 상대적 양심(良心: Conscience)의 정언명법(正言命法)이기 때문에, 영적 직관인 절대적 본심(本心)에 의한 사랑과 희생을 추구하는 주체적 가치명법을 결코 앞지를 수 없으며 그 하위법으로 기능할 수밖에 없다. 예를 들어 가치명법은 '선(善)의 거짓'을 '참'으로 보는 데 반하여 정언명법은 어떤 거짓도 '거짓'으로 평한다. 따라서 정언명법은 존재의 성장단계별 차등성과 창조에 의한 재창조의 법칙을 간과하고 있는 것이다. 이는 보호와 책임의 원리에 대한 무지함을 스스로 증명(證明)하는 것과 같다.

46. 철학적 사상은 그 본성상 역설(逆說: Paradox)이 아니라 직설(直說)이며, 언제나 일반적 오성(悟性)에 모순되는 것이 아니라 부족이며 대칭적이다.

47. 재창조의 자유의지는 창조적 자유의 주사위(Dice)놀음이다. "신(神)은 주사위 놀음을 하지 않는다."는 아인슈타인(A. Einstein, 1879~1955)의 이론은 창조적 관점일 뿐, 재창조에 있어서는 신(神)은 주사위 놀음을 그 비율이 낮을 뿐 어느 정도의 범위 내에서 할 수밖에 없다.

48. 생(生)철학은 범신론(汎神論: Pantheism)적 사유체계를 벗어나지 못하며, 단독생활(Einzelleben)과 총체적인 삶(Gesamtleben)은 상호교류법칙에 의하여 공정한 거래를 행하는 것이 아니라, 어느 한쪽을 추종(追從)하여 재창조의 지배적 존재로 파악하는 오류(Error)

를 범하고 있다.

49. 질송(T. H. Gilson, 1844~1978)은 '철학이 목표하는 것은 우주를 설명하는 것일 뿐, 우주의 세부사항들을 기술하는 것이 아니다.'고 하였는데 그 근본이유는 철학이 자연이성이 도달할 수 없는 다른 세계인 영성의 경지에 대한 부정이다. 즉 철학적 이성의 한계를 우회적으로 표현한 것이다. 러셀(B. Russell, 1872~1970)도 철학은 사물의 궁극적 원인들에 대한 사물의 상징적 지식 이상을 이해할 수가 없음을 "철학은 과학과 신학을 잇는 가교"라고 해 질송의 주장을 수긍하고 있다고 할 것이다.

그런데 철학이 과학과 신학의 가교일 뿐이겠는가? 철학과 신학을 잇는 가교로서의 제3지대의 철학이 있을 수도 있는 것이 아닐까? 철학적 언어와 신학적 언어를 매개할 수 있는 새로운 개념과 방법론이 말이다. 그래서 인격(人格)철학, 즉 영철학의 필요성이 존재하는 것이다. 영(靈)철학은 존재하는 모든 것에 대한 궁극의 비밀 해명을 통해 철학을 완성하고, 그리고 그 신학적 영성의 세계를 넘나드는 학문이다. 인격(人格)철학은 철학이면서, 이미 철학이 아니라 철학 이상의 것, 곧 신학(神學)과 원만하게 소통하고 교류하는 4차원의 철학이다. 따라서 철학과 신학의 사이를 잇는 또 다른 가교로서 곧 철학의 맘이요, 신학의 몸과 같은 인격(人格)철학이다. 완성은 다른 차원의 새로운 시작인 법이듯이 말이다. 신학은 철학의 부족의 산물이다.

50. 아리스토텔레스(Aristoteles, BC384~BC322)의 불피동(不被動)의

사동자(使動者: Unmoved Mover, Prime Mover)는 재창조적 관점에서 본 실체의 존재성을 분석한 내용이며, 재창조적 관점에서의 실체는 창조적 영원성을 유지하기 위해서는 스스로를 재창조하지 않으면 안 된다. 왜냐하면 신(神)도 단독으로 존재할 수 없는 의타적 존재이며 일반 개념을 초월한 존재이기 때문에 창조될 수 '있다'·'없다'의 개념이 아니다. 따라서 '불피동(不被動)의 사동자(使動者)'라는 개념 자체를 파기(破棄)하는 것이 바람직하다.

51. 독일의 관념론(Idealism)은 그 사유의 방법에 있어서 아직도 학문적 체계를 세우지 못했다는 전제에 한해서 기철학과 유사성(類似性)을 갖는다. 왜냐하면 형이상학적·독단적·사변적·직관적·현상학적·방법론이 기(氣)철학과 같은 특수성을 갖기 때문이다.

52. 칸트의 선험적(先驗的: Transcendental) 선재성은 재창조의 창조세계인 생성되기 이전의 존재 프로그램(Program)이다.

53. 순수이성(純粹理性: Reine Vernunft)은 재창조적 창조의 이성이기 때문에 물리법칙의 맘(Mam)적 이성일 뿐이다.

54. 칸트의 순수이성비판(純粹理性批判)은 인식에 관한 이성능력 일반의 판단(判斷)이지 영성능력에 의한 특별비판이 아니다. 따라서 영성의 차원인 '물자체'(物自體)에 대한 인식 불가능의 강조는 이성의 범주 내에서만 당위성을 갖는다. 그러므로 순수이성비판은 학문적인 지식세계의 무지(無知)의 종언을 위한, 즉 이성의 절대법

칙을 설정하여 이성의 상대가치에 대한 심판(審判)을 행하기 위한 이성의 요구일 뿐이다. 따라서 순수이성비판은 이성의 가치가 그 목적일 뿐 영적 물자체는 상대해야 할 존재가 아니다.

55. 순수이성(純粹理性)은 재창조적 존재의 산물이며 몸의 맘이다. 따라서 순수이성은 무신론적 사유체계인 유물론을 벗어나지 못했기에 '물자체'(物自體)에 대한 인식이 불가능한 것이다. 영철학은 기본적으로 물자체(Ding Sich)에 대한 인식을 기초로 하는 사유체계이다.

56. 불가지론(不可知論: Agnosticism)은 재창조적 관점에 의한 제2의 이분론(二分論)의 산물일 뿐이다.

57. 존재방식의 의타기성(依他起性: Paratantra-Laksana), 즉 타(他)의 존재에 의존하여 일어나는 자기동일성은 횡적(재창조의)상대적 관계를 갖고 존재하게 되는 것이다. 따라서 데카르트의 실제의 자기원인론은 사이비(似而非)이론이다.

58. 고기탄스(Cogito ergo sum)는 완성의 산물이요, 재창조적 관점인 생각의 상대적 주체로서의 나(我)일 뿐, 절대가치를 상속(相續) 받지 못한 나는 결국 유물론적(唯物論的) 인본주의(Humanistic)를 벗어나지 못한다. 따라서 고기탄스(Cogito ergo sum)는 절대적 완성의 주체를 위한 자기노력과 성숙을 지향하지 않으면 안 된다. 그러기 위해서는 인간의 이성의 빛인 자연의 빛과 신의 은총의 빛인 초자

연의 빛과의 원만한 교류를 통한 성장단계별 책임을 완수하여야 절대적 고기탄스(Cogito ergo sum)로 나아갈 수 있게 될 것이다.

59. 데카르트(Rene Descartes: 1596~1650)의 실체의 자기원인은 존재방식의 자기원인이 아니라 존재이유의 무이유(無理由), 즉 영(靈)철학적 창조의 독단성에 대한 자기원인이다. 왜냐하면 창조행위는 모든 주체적 존재에게 허락을 받지 않아도 무방하기 때문이며, 사랑은 스스로의 독단성을 정당화하는 특성을 갖기 때문이다. 따라서 실체의 자기 원인은 "창조적 사랑의 넘침"에 대한 자기원인으로 보아야 정확한 것이다.

60. 데카르트의 방법적 회의는 재창조적 창조활동을 위한 방법론일 뿐, 그의 물심(物心)이원론(二元論)은 영철학적 일원적 이분론(二分論)에 대한 무지의 산물이다. 따라서 그의 기회원인론(機會原因論: Occasionalism)은 사이비적 교설의 특성과 유사성을 갖는다. 그러므로 궁극에 있어서 데카르트의 이론은 철학적 사이비(似而非)이론이다.

61. 데카르트의 연장(延長: Extension)은 초월성이 아니라 경계성을 갖는 개념이며, 창조와 재창조의 어느 한 곳에 뿌리를 내릴 수 없는 외로운 '고민자(苦悶者)'이다.

62. 중세(中世) 스콜라철학(Scholasticism)의 시대정신은 재창조의 미완성된 시대정신에 의한, 즉 신(神)의 은총에 지나치게 딸려가는

사유체계이다. 따라서 재창조의 완성된 시대정신을 신(神)의 은총에 대한 돌려드림, 즉 효도(孝道)·시봉(侍奉)의 표시로써 희생·사랑의 실천·궁행하는 책임정신으로 거듭나야 할 것이다.

63. 플라톤의 본질 개념은 창조 중심적 사유의 산물이며 아리스토텔레스의 본질 개념은 재창조 중심적 사유의 산물이다.

64. 질 들뢰즈의 리좀(Rhizome)은 다자들이 특정한 관계로부터 새로운 관계로 이양되는 것을 뜻하는 재창조의 창조, 즉 수평적 협력에 의한 새로운 재창조적 역능의 철학이다. 이것이 재창조의 인간중심, 즉 대상중심에 의한, 대상책임의 철학인 영철학이다. 수직적 철학이 지배에 의한 보호의 수직적 중심이 있는 철학이요, 새로운 창조가 불가능한 부자간의 과거의 철학(2수)이었다면, 수평적 철학은 상호 협력에 의해 책임의 수직적 중심이 없는 철학이다. 그 결과 수평적 철학은 종합(綜合: Synthesis)이라는 새로운 신테시스를 창출할 수 있는 창조의 철학, 즉 미래의 철학(3수)이다.

65. 미국의 굴드(S. J. Gould, 1941~2002)의 "전 적응론"과 일본의 이마니시(今西錦司)에 의한 "주체성의 진화론" 또한 "창조적 진화론"의 개념과도 같이, 다윈의 전통적인 이론을 극복하기 위해 노력하고 있지만, 재창조적 관점만 고수하는 사유의 한계를 벗어나지 못하고 있다는 점에서 영철학의 '창조적 성장론'과는 비교할 수 없는 간극이 있다. 영철학은 생물학적 기초 위에 철학적 신학의 직관력을 논리적으로 전개한 지혜의 학이라 할 수 있겠기 때문이다.

66. 홉스(T. Hobbes, 1588~1679)의 리바이어던(Leviathan)은 종교성 부재의 반쪽 국가이다. 왜냐하면 종교는 이타성을 그 본질로 갖고, 정치는 이기성을 그 본질로 갖기 때문이다. 따라서 종교가 부정된 정치성 중심의 국가는 위험한 국가, 즉 괴물(Leviathan)이다.

67. 망각의 강인 레테(Lethe)는 창조 후 재창조, 즉 미완성 탄생을 통하여 완성을 지향할 수밖에 없는 개체의 재창조를 위해 필요불가결한 요청이요, 그 상징이다.

68. 연기론적(緣起論的) 실상론은 통일사상의 중화적 주체론과 일맥상통하며, 이는 영(靈)철학의 창조적 재창조인 창조적 성장론(일원적 이분론)의 산물이다.

69. 관념론(觀念論)과 주관주의는 재창조적 창조의 학(學)이다. 따라서 관념론은 궁극의 존재를 지향한 생성(生成)의 존재학이다. 그러므로 관념론은 과정적이며 매개학으로서, 미완성을 넘어선 중간의 학(學)이다.

70. 플라톤(Platon, BC 428?~BC 348?)의 기하학주의는 영성의 몸주의이다. 왜냐하면 모든 영성적 존재는 맘이요, 이법적(理法的)·수리적(數理的)존재는 몸으로 기능하기 때문이다.

71. 스토아학파의 전체와의 조화론이 결정론적 추종론이 되면 인간의 자유의지는 결국 빛을 잃게 될 것이다. 따라서 결정론과

자유의지론의 조화를 위해 의지의 비율을 높여야 함이 21C적 '협력론적 조화론'이다.

72. 이데아, 즉 에이도스는 창조적 설계도요, 질료는 재창조를 위한 재료이다.

73. 영혼의 영원불변성은 신성을 향한 지난한 재창조의 가교이다.

74. 서양철학의 전(全)역사는 재창조적 창조의 생성론(生成論)에 갇혀버린 철학체계이지만, 화이트헤드(A. N. Whitehead)의 과정철학은 창조적 재창조와 재창조적 창조 사이를 잇는 유기체 철학체계로서 일반철학의 완성철학이다. 따라서 과정철학은 3.5차원의 철학이다.

75. 유물론(唯物論: Materialism)은 재창조의 실재론(實在論)이다.

76. 반영론(反映論: Widerspiegelungs Theorie)은 제2의 경험론(經驗論: Empiricism)이요 재창조적 생성론일 뿐이다. 따라서 플라톤의 상기설(想起說)과 중세(中世)의 스콜라 철학은 유신론의 사촌(四寸)이다.

77. 목적론적 사유의 위험성은 자유의지적 재창조성의 부정(否定)에 있으며, 또한 지나친 결정론적 도식에 끼워 맞추려는 일방적 독재성에 있다. 따라서 그것은 재창조의 창조성을 억압하고 분쇄

하며 자유(自由)의 박탈과 희생의 용기를 가로막는 미완성된 저급(低級)한 목적관이다.

78. 성리학의 이기이원론(理氣二元論)은 영(靈)철학의 재창조의 한 분과인 이분론(二分論)일 뿐이다. 따라서 주희(朱熹)의 사유는 성(性)의 회복만을 뜻하는 반쪽 사상만을 낳았다.

79. 변증법적 유물론은 재창조의 생성(生成)적 관점에서만 고찰(考察)한 귀납적 사유의 미완성기의 이론이기 때문에, 그 사유의 깊이나 형식이 천박(淺薄)하고 유아론적이다.

80. 실존철학(實存哲學)은 부정철학이요 개념 오류 철학이다. 불안(不安)과 절망은 부족과 결핍의 부정적 개념이다. 무(無)와 죄(罪)는 텅 빈 무와 책임의 죄가 아니라 무지(無知)의 무(無)요, 연약한 인간이 직접적으로 책임지지 않아도 되는 존재론적 죄(罪)이다. 이 존재론적 죄의 근본책임은 절대자에게 속한 것이며, 재창조인 나에게 있지 않다. 다만, 본래적 자기인 창조적 자기는 재창조적 자기(自己)에게 창조적 책임을 실행하게 되는 것인 바, 그것이 곧 구원의 방법론이다. 그러므로 "구원은 너를 위한 나의 구원이요, 또한 나를 위한 너의 구원"인 것이다.

81. 키에르케고르(S. A. Kierkegaard, 1813~1755)의 참자기로부터의 소외는 일반적인 소외가 아니라 참자기로부터의 새로운 상속(相續)이다. 이것은 곧 창조적 재창조이며, 본래적 자기로부터의

상실(喪失)이 아니라 미완성으로 창조된 자기 부족(不足)이며, 어림, 나약함이다.

82. 비트겐슈타인의 언어철학은 언어체계와 언어게임, 즉 언어의 소통과 관련된 단순한 파악이며 지적일 뿐, 인격(人格)철학의 언어중첩개념 같은 존재세계의 다양성, 그리고 개념의 중첩성에 의한 세밀한 분화(分化)인 개념의 소립자(素粒子: Elementary Particle) 이론에 비교하면 사유의 깊이가 턱없이 얕은 제2의 개념분석학이다.

83. 관념론(觀念論)의 절대자는 인간의 사유가 만들어낸 상대적 신(神)이다. 따라서 관념은 영성의 몸(Mom)이다.

84. 니체(F. W. Nietzsche, 1844~1900)의 초인(超人)은 기(氣)철학적 기인(畸人)이며, 제도적 구원, 즉신의 나라를 위한 역사적 행위자로서의 성인(聖人)적 초인이 아니라, 대리자(代理者)로서의 힘으로 의지를 갖는 개체적 초인(超人: Superman)이다.

85. 니체의 신(神)의 부정은 재창조에 있어서의 창조적 개념의 신이 가진 지나친 절대성에 대한 부정(否定)일 뿐이다. 따라서 니체의 신(神)의 부정은 긍정의 부정이며, 기철학적 부정의 긍정(肯定)이다.

86. 니체의 초인은 주체로서 구원(救援)을 주러 온 창조적 미완성기의 종교적, 즉 성인적 초인이 아니라 대상으로서 구원의 길에 이제 막 겨우 도달한 재창조적 성도(聖徒)적 초인이다.

87. 초인(超人: Overman)과 기인의 도덕(道德)은 상대적인 봉사의 도덕이요, 성인적 도덕은 절대적인 희생의 도덕이다. 왜냐하면 초인의 도덕이 완성기의 완성자에 의한 재창조의 정치적 도덕이요, 법적치리를 통한 제도적 완성을 그 목적으로 한다면, 성인의 도덕은 미완성기의 완성자에 의한 창조의 종교적 도덕이요, 사랑의 도덕이기 때문이다.

88. 존재의 수레바퀴는 언제나 영원히 도는 것이 아니라 그것이 사랑일 때, 그리고 희생을 통할 때 영겁회귀(永劫回歸: Ewige Wiederkunft)하는 법(法)이다.

89. 콩트(I. Comte, 1798~1857)의 사회진화의 3단계 모형인 신화적 단계, 형이상학적 단계, 실증적 단계는 재창조적 성장의 3단계 법칙(法則)만을 다룬 귀납적 사유(思惟)의 생성론의 연구를 벗어나지 못하였다.

90. 베버(M. Weber, 1844~1920)는 인간사회에 신화(神話)와 마술(魔術)이 사라지며 이성적으로 변화함을 연구하였지만, 영성(靈性)의 도래를 예견하지는 못하였다.

91. 유물론은 정신작용의 가치성을 물질의 법칙에 잘못 적용하여 연구한 방법론적 미숙(未熟)의 유아론적 사유이다.

92. 범신론(汎神論)은 존재와 생성(生成)의 이분적 일원론인 창조

적 성장체계에 대한 개념 부재의 산물이다.

93. 자연철학의 종교철학으로의 변천은 창조적 재창조론인 '영
철학적 복잡계(複雜界) 시스템'이라는 초월적 일원론적 사유로의 접
근을 의미(意味)하는 것이다.

94. 철학 전체(全體)는 부정과 긍정 철학의 이중체계로서 현시
(顯示)되는 것이 아니라, 영철학적 부족과 충족이라는 '다중체계'로
분석할 수 있는 것이다.

95. 실존철학의 실존분석은 재창조적 현존재인 인간의 심리
분석 철학일 뿐이다. 왜냐하면 실존주의가 추구하는 불안(不安:
Angst) · 상실(喪失) · 한계상황(極限狀況) 등은 영성적 존재로의 인간에
대한 연구가 아니며 단순한 심리에 대한 연구를 크게 넘어서지 못
하기 때문이다.

96. 계시철학(啓示哲學)이 궁극적으로 현실적 신앙 · 지식과의 모
든 외견상의 대립을 근본적으로 극복하기 위해서는 죄(罪)의 성립
배경에 대한 이론체계의 수립과 죄(罪)의 시대정신과 유형의 차이
성에 대한 '창조적 성장단계별 분석체계'를 창출하여야 할 것이다.

97. 계시철학이 부정철학의 보완에서 완성된 것이지만, 계시철
학의 궁극적 근본(根本)인 신정론(神正論)과 변신론(辯神論), 즉 죄의
파생 과정과 출발인 법의 약속과 가정(假定)에 의한 결과적 산물로

서의 이기심인 세상 죄(罪)와, 창조자에 의해 재창조되어 미완성된 인간으로 탄생될 수밖에 없었던, 본질적으로 부족(不足)하고 어린 존재로서의 이기심(利己心)과 악(惡)이 아닌 악의 존재론적 하늘 죄 (罪)에 대한 근본은 규명하지 못하였다.

98. 모나드(有機體論: Monadenlehre)는 재창조적 자유의지를 부정하는 닫힌 존재이다. 왜냐하면 물(物)자체의 사유의 논리적 연관 속에서 신관(神觀)을 배제하지 않고 해결하려고 했으면서도 이신론적 이론을 부정하지 않았기 때문이다. 따라서 모나드 이론은 창조적 재창조의 창조적 성장의 자유의지론, 즉 복잡계 이론인 인간중심 재창조의 사유형식과 신 중심 창조의 존재방식을 조화시키지 못한 절름발이 이론이다. 창(窓)이 열려 있어야지 닫혀서는 존재의 '단독성'으로 인하여 재창조가 불가능한 법이다.

99. 프로그램의 자기보존현상인 항상성(恒常性: Homeostasis)은 재창조의 창조성의 산물(産物)이다. - Cannon -

100. '혼돈(混沌)의 질서'는 재창조의 성장발전에 중점을 둔 개념으로서 시간의 방향성과 가치를 중시하는 '생성(生成)의 세계관'이다.

101. 자연(自然)이 신기(神氣)한 것으로 변해간다는 화이트헤드(A. N. Whitehead)의 창조적 진보(Creative Advance)의 자기변형과 자연 시스템의 자기창조는 재창조의 창조의 철학인 영철학적 세계관의

도식을 논리적 증명하는 이론이라 하겠다.

102. 포개지는 계층적 구조의 차이니즈 박스(Chinese Box)는 창조적 성장(成長)체계의 산물이다.

103. 어떤 시스템(System)이 그것보다 높은 수준(水準)에 있는 시스템의 부분으로 기능하는 모듈(module)은 창조적 성장의 재창조의 창조적 법칙을 상징한다.

104. 생기설(生氣說: Vitalism)은 영철학적 몸의 학설로서 재창조의 창조적 에너지이다. − H. Driesch −

105. 무질서의 법칙인 대수(大數)의 법칙은 인과율(因果律)에 지배되지 않는 창조적 창조의 법칙이다.

106. Growth game은 재창조적 횡적(橫的)체계의 산물이요, Zero sum game은 창조적 종적(縱的) 체계의 산물이며, Non zero sum game은 자유의지의 산물이다.

107. 자연철학에서 설파(說破)하는 '신(神) 속에서 가능한 자유'는 미완성 자유이다. 그러나 영철학적 자유는 철저한 희생을 통한 자아의 자유이므로 완성의 주체적 자유라고 말한다. 이것은 신(神)에 의지하는 자유가 아니라 신을 대신하는 자유로서 사랑의 자유, 곧 그리스도적 희생을 통한 부활의 영광과 축복(祝福)이 인센티브로

주어지는 대속(代贖)의 자유요 진리의 자유이다.

108. 유기체(有機體)는 창조적 연역(演繹)의 원리요, 사물은 재창조의 귀납(歸納)의 원리이다. 따라서 유기체가 사물의 원리로 일컬어지는 자연철학은 재창조 중심의 관점에 의한 순수한 통일성 철학이다. 왜냐하면 모든 힘들의 배후에는 어떤 통일적인 근원적 힘이 지배하는데 근원적 힘에 비해서 모든 양극성은 단지 이차적 분열(分列)을 의미할 뿐으로 보았기 때문이다.

109. 동일철학(同一哲學)에 있어서 유기체는 창조적 가치의 원리요, 사물은 재창조적 물리(物理)의 원리이다. 따라서 '유기체가 사물의 원리'라는 자연철학은 재창조 중심의 관점에 의한 사유의 결과로서 재창조 법칙인 이분적 일원론적 동일성, 즉 사물과 사물이 유기적으로 상호교류하는 유기체적 존재로서의 동일의 원리를 말하는 것이다. 그러나 그것은 창조법칙인 일원적 이분론을 근거로 성립될 때에만 정당성을 확보할 수가 있다. 왜냐하면 유기체적 창조법칙을 전제로 할 때에 사물과 사물이 상호교류(相互交流)할 수 있는 창조적 재창조의 원리(原理)가 있기 때문이다.

110. 예술(藝術)철학은 윤리학을 넘어선 미학(美學: Aesthetics) 의식의 선험적(先驗的: Transcendental) 구조 속에서 자신의 궁극 위치를 점하고 있다. 따라서 예술철학에서는 궁극적 존재의 무궁한 창조성이 예술가의 영혼 속에서 그를 이끌어 창조의 위업으로 몰고가서 자기 역할을 신(神)과 함께 재창조한다. 그러므로 예술철학은

제2의 신학이다.

111. 예술은 재창조적 창조의 인간에 의한 창조이다. 그것은 신(神)의 창조에의 부분적 동참이다. 그래서 예술은 이념의 현시(顯示)이다. 왜냐하면 이것은 이성의 최고의 법칙인 동일률(同一律)과 자기동일성의 창조적 재창조이기 때문이다.

112. 셸링(F. W. J. Schelling, 1775~1854)의 동일성 철학인 자연철학은 이성의 관념적 전개(展開)가 아니라 자연의 실제적 전개이며, 창조적 성장이론에 의한 재창조적 생성(生成)의 교류법적 사상을 자연의 영역으로 옮겨놓은 것일 뿐이다.

113. 동일철학(同一哲學: Identity Philosophy)은 영철학인 재창조에 있어서의 이분론(二分論)의 다른 이름이다. 따라서 동일철학은 제2의 재창조적 창조의 한 분과일 뿐이다. 그러므로 F. W. 셸링은 J. G. 피히테의 동일원리를 비인격적 실재론의 관점으로 해석하고 자연과 신(神)을 총상으로 묶었던 스피노자의 주장과 단순한 일치를 시켰을 뿐이다. 자연은 제2의 신, 즉 어머니 신이다.

114. 자연철학은 범신론(汎神論)적 존재론인 재창조적 창조사상이다. 왜냐하면 신(神)을 자연으로 보았으며, 생명이 자연 속에 묻혀 있는 것으로 인식했기 때문이다. 따라서 이것은 성장단계에 따라 창조적 보호와 재창조적 책임을 요구하고 영성의 변화를 달리하면서 역사하는 신(神)의 절대적 관여를 간과(看過)한 매우 어설픈

풋내기의 부분철학이며, 일원적 이분의 신, 혹은 이분적 일원의 신으로서의 신의 존재성에 대한 무지의 산물이다.

115. '역사 속의 신(神)은 도덕적 진보를 보증하며 역사는 연극'이라고 하는 자연철학은 인간의 역사에 대한 자유의지의 개입을 불허(不許)하는 미완성기의 사유(思惟)부족이 만들어낸 유아(幼兒)철학이다. 왜냐하면 도덕적 진보의 보증과 연극이 비록 각본에 의한 재현일지라도 그 연출과 연기력에 의하여 그 가치는 변하기 때문에, 도덕적 진보 또한 전적으로 신의 결정에 의하여 이끌려가는 것이 아니라, 인간의 자유의지에 의하여 그 힘은 비록 미미(微微)할지라도 그 책임을 요구하기 때문이다. 그러므로 자연철학은 절대가치에 의한 영(靈)철학적 경지에서 볼 때 종(從)의 철학이며, 심미적 관념론을 벗어나지 못하는 미개(未開)철학이다.

116. 위로부터의 형이상학(形而上學: Metaphysics)인 정신주의, 심리주의, 역사론인 비물질주의(Immateridismus)는 창조적 형이상학이며(플라톤-이데아론, 헤겔-변증법 철학), 아래로부터의 형이상학인 유물론(唯物論) · 생기설(生氣說) · 물질주의는 재창조적 형이상학이다(아리스토텔레스-형상목적론, 셸링-자연 · 예술 · 계시철학, 플로티노스(Plotinos)-유출설, 라이프니쯔(G. Leibniz)-단자론 등).

117. 단자론(Monadologie)의 소우주론은 재창조의 우주론일 뿐이며, 인격적 창조의 열림에 대하여 물리적 재창조의 닫힘으로 기능(技能)한다. 따라서 결정론 중심의 단자(單子)는 창문이 없는 것이다.

118. 인간중심주의인 인본주의는 제2의 물활론(Hylozoimus)이며, 재창조 중심주의요 창조의 파괴주의이다.

119. 제임스의 논쟁조정철학, 즉 유용성(Practical Consequences)에 의해 사상이나 이론의 진리가 결정된다는 것과 지식은 탐구의 결과로서만 주어지는 것이라는 듀이(John Dewey, 1859~1952)의 개념 공구설(Instrumentalism)은 창조적 실체성을 무시한 재창조 중심의 인본주의적 사유의 산물이다. 창조 없는 재창조 없고 재창조 없는 창조 없다. 창조적 세계와 프로그램에 대한 정확한 재창조적 인식의 합일이 조화되지 않으면 안 된다.

120. 포스트모듬(Postmodem)은 지식탐구의 재창조성인 상대적 방법론일 뿐이다. 모든 존재론적 연구에 있어서 영성(靈性)을 배제한 상대적 연구는 결코 절대가치에 접근할 수 없다.

121. 플라톤(Platon, BC428~BC348)의 이데아(idea)는 '창조세계'요 현실계는 '재창조세계'이다. 그는 '현실계는 이데아들이 모여 있는 천상계(天上界)의 그림자이다.'라고 했다. 그런데 영철학적 관점은 이데아의 그림자가 재창조에 있어서 다시 이데아화(化)되기 위하여 외적(外的)으로는 시간과 공간이 파생되며 내적(內的)으로는 미완성에서 중간과정을 거쳐 완성을 향하여 성장발전하게 된다는 것이며, 그림자의 미완성으로 인하여 완성이 될 때까지 보호와 책임의 요구 및 자유의지(自由意志)가 복잡하게 얽히게 된다는 것이다. 그러므로 플라톤의 이데아(Idea)론(論)은 영철학의 부분철학이

요 단순도식에 의한 관념적 사유일 뿐이다.

122. 시스템(System) 철학에 있어서 시스템 조직의 공통성 발전의 한 방법인 '가설적 연역법(Hypothetico-Deductive-Method)'은 하나의 가설(假說)을 설정하고 그것이 실체경험에 합치되는가를 추적해 나가는 것으로서, 이것은 창조적 재창조인 성장이론의 체계와 같은 유사성을 갖는다. 다만 창조적 성장론은 절대적 법칙성을 갖는 반면, 가설적 연역법(演繹: Deductive Method)은 상대적 가치인 인간의 부족성에 의해 탐구(探究)되어지는 차이가 있을 뿐이다.

123. 낭만주의(浪漫主義: Romanticism)는 철학적 신비주의(神秘主義)이다. 그러므로 낭만주의(浪漫主義)는 도덕적으로 이해할 수 있는 것, 유용성, 실천적인 것은 비현실적인 것, 무본질적인 것이다. 낭만주의는 영성의 교류가 아니라 영감(靈感)에 의존한다. 존재의 절대성이 아니라 생성(生成: Becoming)의 상대성에 의존하며 인간의 하늘나라를 추구한다. 그러므로 낭만주의는 희생을 통한 사랑의 실천을 추구하지 않으며, 오직 지적 유희만을 본질적 가치로 삼는다. 그래서 지성의 몫은 무한한 탐구이고 영성의 가치는 영원한 불만이다. ― 레싱(G. Lessing) · 헤르더(J. G. Herder) · 슐라이어마허(F. Schleiermacher) · 헤겔(G. Hegel) · 슐레겔(A. W. Schlegel) · 칸트(I. Kant) · 횔더린(F. Holderlin) · 노발리스(Novalis) ―

124. 낭만주의의 막연한 본질 추구는 유한자의 자유의지성에 의하여 좌절(挫折)할 수밖에 없으며, 비현실성을 갖게 되어 개체와

전체의 짐으로 기능(機能)하게 할 뿐이다.

125. 이신론(理神論: Deism)은 '창조적 무신론'이며 또한 무신론의 '재창조적 창조론'이다. 그러므로 이신론(理神論)은 '변질된 유신론'이며, 사유(思惟)의 혼란을 부추겨 근대 및 현대의 시대정신을 유물론적 사유로 이끌어 왔으며, 모든 창조의 적(敵)으로 기능하였다.

126. 물질(物質)만을 실체로 본 마르크스는 재창조적 생성(生成: Becoming)주의자이다. 따라서 마르크스(K. Heinrich Marx)의 인간은 한없이 부족한 미완성자다.

127. 뉴토니안 패러다임(Paradigm)은 재창조의 재창조적 과학의 세계관이요, 상대적 상대론이기 때문에 가변성(可變性)을 갖는다.

128. 화이트헤드(A. N. Whitehead, 1861~1976)의 '자성적 목적' (eternal object)이 총체적 이데아로서의 실체를 초월하여 일방적으로 주어져 있다는 이론은 인격(人格)철학의 창조적 재창조론에 있어서 창조적 사랑의 독재성(獨裁性)과 관점을 같이한다. 따라서 자성적 목적의 산물이요 실체와 목적의 상호 교섭 작용을 통해 우주를 구성하는 '능현적 실체'(Actual Entity)는 재창조성의 산물(産物)이다. 이것은 과정에 있어서의 차이(비록 미완성에서 완성으로의 변천과정에서의 보호와 책임에 대한 초월자의 관여라는 매우 중요한 부분은 간과(看過)되었지만)는 있을지라도 영철학적 창조에 있어서의 '사랑의 독재성'에 의한 창조적 재창조의 성장이론을 완벽하게 증시하는 이론인 것이다.

129. 역(易)은 비인격적 물리법칙의 재창조적, 즉 소극성을 띤 막연한 화엄론적 무한연계요, 그 변화의 법칙이며, 인격(人格)철학은 인격적 정신법칙의 창조적, 적극성을 띤 구체적인 기(氣)철학적 가치인 '영성'의 '사랑철학'이다.

130. 완성된 존재는 다시 벗어야 할 껍질을 거추장스럽게 달고 다니지 않는 법이다.

131. 하이데거(M. Heidegger, 1889~1976)는 인간을 뜻하는 현존재(Da Sein)인 재창조적 인간에 집착했기 때문에 창조적 존재인 아담(無我, 超人)의 경지에로 나아가지 못했다.

135. 자유는 인간의 무거운 짐이 아니다. 단지 완성되지 못한 이기적(利己的) 인간에게 있어서의 짐일 뿐이다. 왜냐하면 완성된 이타적 존재(초인)에게 있어서의 자유는 희생의 자유이기 때문이다. 따라서 사르트르의 자유개념은 미완성(未完成)자(者)에 있어서의 역설적 심리(心理)일 뿐이다.

132. 니체(F. W. Nietzsche, 1844~1900)의 초인(超人)은 재창조적 생성의 초인이요, 기철학적(氣哲學的) 초인(超人)이다. 따라서 니체는 인간을 목적적·자족적 존재로 본 것이 아니라 과정적 존재로 그 격위(格位)를 낮추어 보았다.

133. 니체의 운명애(運命愛)는 창조적 재창조에 대한 충실함과

복종(服從)을 위한 창조적 긍정사상이다.

134. K. 야스퍼스(K. T. Jaspers, 1883~1969)의 한계상황, 실존해명, 암호해독은 창조적 재창조에 대한 무지(無知)의 산물이다. 존재론적 비밀의 수수께끼를 창조적 관점에서 뭉뚱그려짐과 무안함에서 벗어나지 못한 사유의 천박함이 만들어낸 개념군(概念群)이다. 그것은 하이데거에 있어서도 예외는 아니다. 현존재의 존재의 특성을 불안(Angst)이라고 하였으며, 쇼펜하우어(Arthur Schopenhauer)는 고통을, 키에르케고르(S. A. Kierkegaard)는 상실 · 절망 · 죄인, 헤겔은 모순 · 부정, 루소는 타락, 사르트르(J. P. Sartre, 1905~1980)는 불안, 자기부정, 또한 불교(佛敎)는 무명(無明) · 어리석음, 성서(聖書)는 원죄(原罪: Original Sin) · 타락이라고 한 것이 이를 증시하고 있는 것이다. 이것들은 창조적 관점에서 연역적으로 풀이하게 될 때 부족 · 미완성 · 어림 · 결핍 · 나약 · 저급 · 이기심 · 갈등 · 욕망 · 욕구 · 의욕 · 순수 · 단순 · 천진난만 · 꿈 · 희망의 숭고한 개념들로 규정되어진다는 것이다. 개념의 정확한 규정에서부터 철학은 생명력을 갖게 된다는 것이며, 나아가서 영(靈)철학은 모든 철학적인 중요한 개념들을 구체화시키기 위해 언어개념을 미분(微分)한다.

135. 목적론(目的論: Teleology)의 오류는 인간의 자유의지에 의하여 존재하는 모든 것이 가치를 가지는 것이 아니라 비가치화될 수 있음에 대한 무지(無知)이다.

136. 모든 실재론은 재창조적 실재론이요, 영성(靈性)실재론만이 창조적 실재론이다.

137. 메를로퐁티(M. M. Ponty, 1908~1961)의 살일원론(La chair)도 존재(存在)와 생성(生成)의 조화론일 뿐이다.

138. 분석철학(分析哲學: Analytic Philosophy)의 용도(用途)이론(Use Thedry)인 가족유사성은 '개념분화 이론'의 부분적 이론일 뿐이다. 그 쓰임의 맥락은 언어적 의미일 뿐 개념의 차원이 아니기 때문이다. 다시 말해 언어는 개념의 몸이다. 그러므로 개념은 언어(言語)의 맘이다.

139. 푸앵카레(Henri Poincare)의 셀로판지인 변환장치는 '재창조적 창조' 범주론(範疇論)이다. 왜냐하면 범주의 틀을 재창조적인 인간중심적 사유에 기반하고 있기 때문이다. '범주란 인간의 지성이 본래부터 쓰고 있는 셀로판지의 다양한 색깔이다.' 즉, 지성(知性)의 범주라는 다양한 색깔로 된 판지를 쓰고서 바깥세상을 인식하기 때문에 대상이 판지의 색깔인 범주들로 물들여져 본래부터 범주들을 갖춘 것처럼 인식된다는 것이다. 그렇게 구분되도록 이미 지성이 어떤 작용(作用)을 했기 때문이다.

140. 이미지(Image)는 사유(思惟)의 대상이 아니라 무의식적인 상상력과 욕망의 대상으로 기능하는 존재이기 때문에 기(氣)철학의 맘과 같으며 영(靈)의 몸이다.

141. 신비적인 분위기를 뜻하는 아우라(Aura)는 신비의 실체인 영(靈)철학적 가치의 세계이다.

142 현상과 본질의 구분을 거부(拒否)하는 사유체계가 중심인 포스트모더니즘은 재창조적 시·공간에서 창조적 가치의 세계로 옮겨가기 위한 과정적 몸부림이다. 따라서 그것은 해체, 탈주, 산포, 횡단의 특성을 갖는다. 또한 그것은 혼돈(混沌)이다. 질 들뢰즈는 그것을 정신분열적인 공간이라 하였으며 그는 그 공간을 좋아한다. 그리고 장 보드리야르(J. Baudrillard, 1929~2007)는 원형과 복제, 즉 Simulacre 사이에서 뒤범벅이 된 새로운 현실을 초현실이라 하였는데, 이것은 재창조적 창조이론에서 전개하는 창조세계로의 전이(발전)인 혼돈의 질서이며, 존재세계로의 이입(移入)이며, 성장완성을 통과한 이후에 맛볼 수 있는 영성세계(靈)와의 조우(遭遇)이다.

143. 영원한 진보(進步)는 창조적 진보이며 철학적 진보이기 때문에 자신을 끝없이 희생하는 법이다. 그러나 일반적 개념의 보수와 진보는 철학이 없는 상대적 관계성이며, 과정적 대립의 관계인 어떤 존재에 대한 변화의 태도일 뿐이다. 그러므로 그것들은 무목적(無目的)적이고 과정적 부산물(副産物)일 뿐이다.

144. 포스트모던(Postmodern)은 이상(영성)을 지향(指向)하는 현실(육성)의 해체·탈피·벗어남이요, 횡적(橫的) 질서를 위한 종적(縱的) 질서의 이탈이요, 가치추구를 위한 재창조의 산물(産物)이다. - 푸

코(J. Foucault) · 들뢰즈(G. Deleuze) -

145. 자유주의(自由主義: Liberalism)는 과정적 창조주의다. 왜냐하면 창조적 자유의 시·공(時·空)을 확보할 수 있는 중간기에 있기 때문이다.

146. 생(生)철학의 낙관주의와 동양(東洋)의 자연주의는 미완성의 신비주의(Mysticism)이다.

147. 물리적 현상이 비연속적이라는 양자역학의 근본원인은 물리적 세계(世界)인 재창조에 있어서의 인간창조의 가능성과 개입을 위한 단계적 성장(成長)의 법칙성을 위해서이다. 이는 인간의 물리법칙의 활용을 위한 자유의지의 산물이다. 왜냐하면 물리법칙이 대상성(응답성)을 가져야 만물의 주체인 인간의 재창조가 가능할 수 있기 때문이다.

148. 데카르트(Rene Descartes, 1596~1650)의 Mind는 초자연적 신관(神觀)과 범신론적 신관의 '양비론적 경계중도(境界中道)'인 인간적 신관(神觀) 이상 이하도 아니다. 따라서 합리성·논리성·실증성을 주장했으며, 형식주의·기하학주의·합리주의와 비인격적·논리적 마음주의로 신(神)적 이성까지 추구하였다. 그러나 그는 신의 창조와 인간의 재창조에 의한 존재의 '복잡계 시스템 일원론'적 사유체계에까지는 그 사유의 지평(地坪)을 넓히지 못하였다.

149. 데카르트의 '가능태'는 재창조적 창조의 산물일 뿐, '완전태'의 배격(排擊)은 창조적 존재에 대한 확실한 부정(否定)이다.

150. 순수한 이성(理性)과 신(神)을 완전태(完全態)로 봄은 '창조적 관점'이요, 완전의 미완(未完)으로 봄은 '재창조적 관점'이다.

151. 불가지론(不可知論: Agnosticism)은 초월적 영성(靈性)의 존재에 대한 무지(無知)와 무체험의 산물(産物)이다.

152. 슈티르너(Max. Stimer. 1806~1855)의 세계라는 범주 폐기 사상은 미완성기의 지도자의 지배와 피지배자의 추종의 산물이다. 따라서 완성기는 상호 간의 협력기이기 때문에 굳이 그것을 폐기하지 않아도 된다.

동양철학

1. 동양사상의 무극(無極)은 영(靈)적 인식의 태극(太極)이요, 영적 인식의 무극은 신령(神靈) 인식의 태극이므로 영적 무극은 곧 존재자의 신성과 뜻, 즉 무적 유로서의 무극이다.

2. 동양사상은 막연하고 모호하며 애매한 상대적 일원론이다. 일원적(一元的) 이분(二分)의 4격론(四格論)에 의해 구체적이고도 명확한 절대적 일원론(一元論)으로 재창조되어야 한다. 우발성의 역능은 지극히 부분적인 자유의지에 속하는 범주이다. 왜냐하면 존재의 방대한 전체성에서 볼 때, 고작 어떤 사물과 사건의 외적인

형태를 조금, 그것도 아주 조금 변형시킬 뿐이기 때문이다.

3. 미완성기의 '화엄(華嚴)'이나 '단자론(Monad)'의 개체는 전체의 미미한 부분으로 기능하게 되지만 완성기는 책임과 보호 법칙의 변화원리에 의해 대등한 한 부분으로서의 역할을 갖게 되는 법이다. 부자관계와 부부관계의 차이와도 같다.

4. 동양학(東洋學)은 인격적 우주와 존재에 대한 인식이 모호하며, 오직 재창조적 생성(生成)의 비인격적 우주론에 머물러있다. 존재는 절대성과 전체성을 갖고 생성은 상대성과 개체성을 갖는 법이다.

5. 중국(中國)의 변증법은 재창조적 존재론의 변증법(辨證法)이요, 마르크스(K. H. Marx, 1818~1883)의 변증법은 재창조적 생성론의 변증법이다. 왜냐하면 마르크시즘은 모순(矛盾)의 투쟁을 말하지만, 중국의 변증법은 모순의 통일(統一)을 지향하기 때문이다.

6. 역(易)은 재창조의 생성(生成)철학이다. 따라서 몸은 제2의 생성학이요, 생성은 제2의 역(易)이다. 왜냐하면 역(易)은 인격(人格)철학적 존재세계의 책임과 보호에 대한 영성의 변화 법칙체계에 대하여는 일언반구(一言半句)도 없으며, 오직 괘(掛)의 변화와 음양오행(陰陽五行)의 법칙체계 안에서만 기능하기 때문이다.

7. 창조의 오묘한 세계에 대한 인식불가능을 강조한 공자(孔子)

의 사유는 재창조에 있어서 존재의 본질에 대한 인간적 인식능력
의 부족에 대한 솔직한 자기 고백이다.

8. 노자(老子)의 도(道)는 만물을 낳는 일자로서의 도일뿐 인격
적 신성의 도가 아니다. 즉 창조적 재창조로서의 로고스(Logos)로
서의 이성적 도이지, 창조적 창조로서의 인격적 신성(神性)의 도
가 아니다. 그리고 장자(莊子)의 도는 재창조적 창조의 도이다. 왜
냐하면 장자의 도는 사물에 선행하는 도가 아니라 사물이 먼저 존
재하고 난 후 만들어지는 도행지이성(道行之而成: 도는 걸어 다녔기 때문
에 만들어진 것)의 도이기 때문이다. 따라서 장자의 도는 소쉬르(F. D.
Saussure, 1857~1913)의 도, 즉 기호와 기표(記標)에 의한 약속과 가
정(假定)의 도이다.

9. 나가르주나(Nagarjuna, 龍樹, 150~250)의 고통은 재창조적 재
창조의 집착인 형이상학적 착각이며(전적 인간책임), 바수반두
(Vasuvandhu, 世親, 320~400)의 고통은 재창조적 재재창조의 알라야
식에 의한 기억의식(唯識)의 집착이다(전적 인간책임). 불교의 고통은
창조적 재창조의 무명의 산물이며(부처 책임 70~인간 책임 30), 기독
교적 고통은 창조적 창조인 원죄의 산물이다(신의 책임 90~인간책임
10). 그러나 영철학적 고통은 재창조적 창조의 무지와 부족, 미완
성, 나약함의 산물이다(신과 인간의 공동책임 50 : 50).

10. 고전역학의 기계론적 자연관이 재창조적 재창조의 물리관
이라면(뉴튼, 갈릴레이), 현대물리학의 상대성이론과 양자역학의 유

기체적 자연관은 재창조적 창조의 물리관일 뿐이다(아인슈타인, 카프라, 니덤).

11. 공자(孔子), 맹자(孟子), 동중서(董仲舒), 왕필(王弼), 한유(韓愈), 주돈이(周敦頤), 이정(二程), 주희(朱熹), 육상산(陸象山), 왕수인(王守仁) 등은 유심(唯心)주의로서 재창조적 창조의 사유를 중심한 사상가였고, 묵자(墨子), 손자(孫子), 순자(荀子), 한비자(韓非子), 왕충(王充), 배위(裴頠), 구양건(歐陽建), 범진(范鎭), 류종원(柳宗元), 유우석(劉禹錫), 왕안석(王安石), 장횡거(張橫渠), 진량(陳亮), 엽적(葉適), 왕부지(王夫之), 안원(顔元), 대진(戴震) 등은 유물주의로서 재창조적 재창조의 사유체계를 중심한 사상가였다.

12. 혜시(惠施, BC 370~BC 309)의 추론(推論)은 재창조의 창조의 합리론의 영역이며, 공손룡(公孫龍, BC 320~BC 250)의 감각적 경험은 재창조적 창조의 경험론의 영역이다.

13. 한비자(韓非子: BC 280~BC 233)의 법치국가(法治國家)는 미완성기의 산물이요, 양주(楊朱: BC 440~BC 360)의 자유로운 개인 공동체는 완성기의 산물이다. 왜냐하면 미완성기는 수직적 지배기요, 완성기는 수평적 협력기이기 때문이다.

14. 동중서(董仲舒, BC 176~BC 104)의 유심주의 형이상학적 체계의 절대적 필연성은 창조적 결정성이며, 왕충(王充, 27~100)의 유물주의적 우발적 마주침은 재창조의 자유의지성이다. 따라서 전자의

사유는 창조적 중심의 관점인 반면, 후자의 사유는 재창조적 중심의 관점이다. 우연은 필연의 우연이요, 필연은 우연의 필연이다.

15. 승려 혜원(慧遠, 334~416)의 정신 불멸설은 재창조적 창조의 산물이요, 범진(范縝, 450~515)의 정신과 육체의 동시 소멸론은 재창조적 재창조의 기계론적 자연관의 사유일 뿐이다.

16. 왕필(王弼, 226~249)의 일자에 의한 만물 지배의 논리는 창조 중심의 사유이며, 곽상(郭象, 252~312)의 만물 중심의 논리는 재창조 중심의 사유이다.

17. 왕필과 곽상의 귀무론(貴無論), 즉 유심주의 철학은 재창조의 창조적 사유요, 배위(裵頠)와 구양건(歐陽建)의 숭유론의 유물주의 철학은 재창조의 재창조적 사유이다.

18. 주희(朱熹)의 성리학은 재창조적 창조의 격이며, 성(性)의 개념은 재창조적 영성(靈性)의 육(肉)과 같다고 하겠다.

19. 유명론(唯名論: Nominalism)은 '재창조적 실재론'일 뿐이다. 왜냐하면 실재하는 것은 창조적 전체가 아니라 재창조적 대상인 '개체'로 보기 때문이다.

20. 육왕철학은 제2의 단자론이며, 단순한 심즉리(心卽理)의 재창조적 창조의 이법 사상(思想)일 뿐이다.

21. 실체(神)와 자연의 경계를 묶은 원효(元曉, 617~686)와 스피노자(B. Spinoza)의 사상(思想)은 결국 중성론적 과정주의이다. 왜냐하면 모든 일원론(一元論)은 창조론이요, 중성론(中性論)은 과정론이며, 이분론(二分論)은 재창조적 생성론이기 때문이다.

22. 창조적 전체성과 재창조적 부분성을 함축한 화엄사상(華嚴思想)의 본질적 근본은 창조적 성장에 의한 인격철학의 산물이다. 왜냐하면 통합과 조화의 이데올로기(Ideologie)는 모든 인격(人格)의 근본인 영성의 산물이기 때문이다. 따라서 화엄사상은 깨달음의 철학이요, 깨달음에 의한 가치는 영성(靈性)의 몸(Mom)철학이다.

23. 동양(東洋)적 사유의 정지성은 창조적 재창조성(존재)을 중심한 사유체계의 애매한 일원론적 학(學)이며, 서양(西洋)적 사유의 진보성은 재창조적 창조성(생성)을 중심한 사유체계의 불명확한 이원론적 학(學)이다.

24. 동양철학은 인격적 우주와 존재에 대한 인식이 모호하고, 오직 재창조적 생성(生成)의 비인격적 우주론(宇宙論: Cosmology)과 존재론(存在論: Ontology)에 머물러 있는 사유형식이라고 해도 과언이 아니다. 만에 하나 존재자에 대한 인격성을 첨가한다고 하더라도 그것은 소극적 인격일 뿐이다.

25. 신수(神秀, 606~706)의 북종선의 특성인 점수(漸修)는 재창조 중심의 수행법이며, 혜능(慧能, 638~713)의 남종선의 특성인 돈오

(頓悟)는 창조 중심의 수행법이다.

26. 화엄종의 교종(敎宗)은 재창조 중심의 공부법이며, 남종선의 선종(禪宗)은 창조적 중심의 공부법이다.

27. 종밀(宗密, 780~840)의 마음의 초월성의 중시는 창조 중심의 사유요, 임제(臨濟, ?~867)의 육체, 즉 생활의 몸의 중시는 재창조 중심의 사유다.

28. 성철의 돈오돈수는 창조적 창조의 사유체계이며, 지눌과 종밀의 돈오점수는 재창조적 창조의 사유체계이다.

29. 장재(張載, 1020~1077)의 기(氣) 본질설은 창조적 재창조 중심적 사유이며, 주희(朱熹;1130~1200)의 이(理) 본질설은 재창조적 창조 중심적 사유이다.

30. 왕수인(王守仁, 1472~1529)의 양명학(陽明學)의 심즉리(心卽理), 즉 심(心)은 이(理)의 창조성이요, 이(理)의 심(心)의 재창조성이다. 따라서 심(心)의 이(理)의 거부와 부정은 양비론적 사유일 뿐이며, 재창조적 맘의 학(學)이다. 주자학(朱子學)의 성(性)의 개념을 재창조하여 심(心)으로 업그레이드한 것으로 보아서 말이다(陸王心學: 육구연과 왕수인).

31. 율곡 이이(李珥)의 주기론(主氣論)은 창조적 관점의 산물이다.

기(氣)가 이(理)보다 주체적이라는 관념 자체가 창조적 동인으로 작용하기 때문이다. 따라서 주희와 이황, 기대승의 이(理)의 주체성은 재창조 중심 관점의 산물이다.

32. 이황(李滉, 1501~1570)의 사단과 칠정의 질적 차이성은 일원적 이분론적 분석의 산물이요, 이이(李珥, 1536~1584)의 칠정의 좋은 감정으로서의 사단은 이분적 일원론적 분석의 산물이다.

33. 이간(李柬, 1677~1727)의 인간과 동물의 본성의 유사성(類似性)은 영성(靈性)의 유무(有無)에 대한 무지의 산물이다.

34. 오규 소라이(荻生徂徠, 1666~1728)의 좌절된 정치 철학자로서의 공자(孔子)에 대한 평가는 공자사상의 인격의 보편성 부족이 낳은 계급적 인(仁)의 결과이다.

35. 정약용(丁若鏞, 1762~1836)의 자존자적(自存者的) 기(機)의 존재론은 의타기성(依他旣成)에 대한 무지의 산물이다. 주희의 성즉리(性卽理), 즉 성리학(性理學), 이학(理學)은 재창조적 관점의 산물이며, 정약용의 이기론(理氣論), 즉 기(氣) 중심적 사유는 창조적 관점의 산물이다. 기의 자립자의 개념은 아리스토텔레스의 실체(自立者)의 개념과 닮아있다.

36. 박동환은 일시적일 수밖에 없는 동양철학과 서양철학의 두 주류철학을 넘어 한국인들은 사유의 유연성을 갖고 있기에 새로

운 제3의 진리, 즉 영원한 진리로 남아 있을 '원자의 진리'를 구했던 것이라고 말했다. 그것은 특정한 공동체를 넘어서서 공동체와 무관하게 운위되는 생명 개체를 생명의 논리 차원에서 숙고할 수 있는 보편성이라고 했다. 그렇다면 어떤 진리가 일시적이지 않고 영원성을 갖게 되는 것일까? 모든 일시성은 이기성의 산물이며, 모든 영원성은 이타성의 산물이다. 따라서 영원한 사상은 나보다 남을 먼저 생각하고 희생할 수 있는 사상이어야 한다. 그것이 영원한 제3의 진리일 것이다. 영철학은 인격철학이기에 희생과 헌신의 가치를 추구한다. 부족한 철학이 아니라 완전한 철학이기에 나의 이익을 먼저 구하지 않고 역지사지의 정신으로 타인을 위해 나를 희생하는 4차원적인 헌신의 철학이다. 영철학은 내일 저기에서의 미래를 위한 추상적 신학이 아니라, 바로 지금 여기에서 치열하게 땀 흘리는 구체적인 실천철학이다. 이것이 인격철학인 영철학이요, 한국의 철학이다.

37. 존재(存在)하는 모든 사물이 재창조에 있어서 이분성(二分性)을 갖는 이유는? 시스템적 공존을 통한 창조적 기쁨과 일거리를 주기 위함이다.

38. 존재학은 창조학(學)이기에 재창조의 최종 학, 즉 심판학(審判學)이다. 존재학에 있어서 실사(實事)성은 창조성의 산물이요, 현실성은 재창조의 산물(産物)이다. 존재학은 최초의 창조적 존재론이요 재창조의 최후(最後)의 인식론이다.

39. 목적론(Teleologie)의 근본(根本) 오류는 자유의지의 배제이다. 따라서 창조적 존재론과 재창조적 생성론(生成論)의 조화에 의한 '복잡계 시스템 일원론'적 목적론(目的論)과 성장론이 동시에 수립되어야 한다.

40. 공(空)은 고통의 소멸, 즉 집착으로부터 벗어날 수 있는 사유 개념임과 동시에 존재의 일시성, 즉 짧은 한시적 삶의 소중함을 각성시키기 위해 요청되는 필수불가결한 요소이다.

41. 유교의 덕교주의와 듀이(J. Dewey, 1859~1952)의 개념공구설은 창조적 직관의 연역(演繹)이 아니라 재창조적 탐구에 의한 귀납(歸納)적 방법의 조화와 전체성의 변화에 대한 기계론적 비인격 이론일 뿐이다.

제5장

종교철학 비판

제1절 종교철학

1. "종교철학(宗敎哲學)은 여러 종교 형상들이 종교적 현상의 본질구조로부터 어떻게 하여 생겨 나오는가? 그리고 어떤 본질적 계기들이 그것들 안에서 발현되고 형태화되었으며, 거기에 또 어떤 본질적 법칙이 지배하고 있는지를 밝혀야 한다."라고 헤센(Johannes Hessen)은 그의 저서『종교철학의 체계적 이해: System der Relions philosophie』에서 설파하였다.

따라서 인격(人格)철학은 종교철학의 근본 원리를 체계화하여 종교적 형상의 본질 구조의 3요소인 창조와 재창조(성장)의 법칙, 성장 단계별 주(主)·객(客)의 보호와 책임의 법칙, 영적 관여의 3단계 3급(9×9=81)의 변화법칙에 의한 '복잡계 시스템 일원론'을 완성시켰으며, 또한 종교 철학의 핵심인 영적 문제를 학문화시킴으로써 철학과 신학(神學)이 소통할 수 있는 길을 열게 되었다. 즉 부족하고 미완성된 사유(思惟)의 세계를 완성시켜 입체적으로 살아서 움직이는 신령(神靈)한 학문이 될 수 있게 하였다. 그러므로 그것은 종교의 개념과 초월성을 갖는 신앙(信仰)을 학문적으로 정의하는

140

초석(礎石)이 될 수 있게 하는 시너지효과(Synergy Effect)를 창출할 수 있게 된 것이다.

2. 종교철학으로서의 인격(人格)철학은 철학적 절대자(주지주의)와 신학적 신(神)과의 관계를 조화시킬 수 있는가에 관심을 둔다. 따라서 인격(人格)철학은 철학적 절대가치(내(內) · 외(外) · 양면(兩面))의 이론체계를 완성하기 위한 존재론적 존재론을 목적으로 한 논리학적 연구를 지향(指向)한다. 완성은 새로운 세계로의 출발임과 동시에 새로운 차원 높은 존재의 '찾아옴' 즉 '불러들임'을 초래하는 법이다. 그러므로 인격(人格)철학은 모든 철학적 이론 체제를 완성함으로써 종교적 신(神)에 의한, 다시 말해 종교적 신과 소통할 수 있는 매개체(媒介體)를 통해 초월적 영성의 '불러들임'을 가능케 한 철학이다.

3. 종교철학의 본질적 사명은 초월적 영성에 대한 체험(體驗)과 그것의 이론체계에 있다. 즉 비(非)논리적 체험 현상인 영적 현상을 어떻게 논리화시켜 학문적 체계를 구성하느냐와 그것을 기반으로 종교적 신비체험의 합법성을 정당화하는 데 있다. 그러기 위해서 종교철학의 마지막 과제는 특수철학 즉, 인격(人格)철학 체계의 완성(完成)에 있다.

4. 인격(人格)철학은 종교철학이다. 왜냐하면 주지주의(主知主義)적 절대자에 대한 이론체계의 철학적 완성은 종교적 신(神)의 주의주의(主意主義)적 영성을 불러일으키는 매개적 기능으로 작용하기

때문이다. 따라서 인격(人格)철학은 제2의 종교철학이며 인센티브 (Incentive)로서 영적현상인 성령(聖靈)과 신령(神靈)을 동반하게 되는 제2의 신학이다. 그러므로 영철학은 종교의 본질을 규명하고 종교의 내용을 명백하게 개념화하여 종교현상의 근본 의미를 논리적으로 밝힌다.

5. 인격(人格)철학은 종교철학의 맘(Mam)이다. 따라서 영성(靈性)이 임재(臨在)할 수 있는 학문적 구조와 이론체계의 완성학으로서 성령(聖靈)의 몸(Mom) 철학이다.

6. 종교철학으로서의 인격(人格)철학은 종교적 이상(理想)에 의한 가치생활을 인간적 현실생활로 재창조하여 그것의 고유성과 특수성을 구체적으로 밝혀내어 믿음이 아니라 삶에 의한 종교적 가치로 지금 여기에서 살 수 있도록 제시한다. 즉 현세와 내세를 동시에 종합적으로 살 수 있는 방법론을 제시하는 것이다. 따라서 인격(人格)철학은 모든 미완성된 인간적 존재가 성인(聖人)적 가치를 높은 차원에서 의미 있게 가치화할 수 있는(완성의 경지로 인도할 수 있는) 초월적 4차원의 새로운 사상이다.

7. 종교철학(宗敎哲學)으로서의 인격(人格)철학은 종교를 종교답게 이끌어 내는 영성문제의 명료화와 절대화에 기여함으로 인하여 종교를 반대하고 배척하는 무신론(유물론)자들의 영적 무지(無知)를 일깨워주고 그것이 사유의 부족이 빚어낸 미완성의 산물임을 밝히는 데 기여(寄與)할 수 있게 영성의 변화와 관여의 법칙을 논리적

으로 밝혀낸 철학의 블루오션(Blue Ocean)이다.

8. 종교철학으로서의 인격(人格)철학은 종교의 진리성에 대한 철학적 판결을 통하여 모든 학문적 분야가 해결하지 못한 지적(知的) 걸림돌과 정신적 절대가치 부재상태의 위기를 제거하고, 인류의 오랜 숙원인 '평화를 위한' 인격적 가치의 내적 존재론을 확보하도록 하는 데 없어서는 안 될 새로운 지팡이 학(學)이다.

9. 종교철학으로서의 인격(人格)철학은 종교적 이상을 현실화하여 고차원적 가치에 대한 심오한 고찰(考察)을 전제로 한다. 그리고 종교의 궁극적 존재론적 형상들과 주요 유형을 근본에서부터 인격적으로 밝힘으로써 유사 이래 인류역사에 있어서의 모든 종교사(宗敎史)와 미래에 전개될 종교적 형태와 내용을 창조적으로 규명하게 된다. 또한 비교종교학에 있어서 비교의 절대가치 및 종교의 구분문제, 즉 원시종교·말씀종교·인격종교의 시간적 가치에 의한 종교의 내적구분과 유교·불교·기독교·이슬람교·천주교 등의 공간적 형태에 의한 종교의 외적 구분 문제를 완벽하게 해결하는 영성(靈性)종교학이다.

10. 혜원은 정신이라는 것은 불멸하는 것으로서 윤회의 주체가 된다고 주장했다. 하지만 정신이 불멸하기는 해도 육계에서 영계로의 영성(靈性), 즉 정신의 전이(轉移)를 위한 비윤회적 윤회일 뿐이다. 따라서 윤회는 영적 전이의 다른 이름이다.

11. 싯다르타의 무아(無我)는 궁극에 있어서의 육신(肉身)적 요소로서의 무아일 뿐, 무자성적 자성인 신성(神性)까지 무아(無我)는 아니다. 따라서 무아는 무자성적 자성, 즉 무(無)적 유(有)이기에 완전한 허무로서의 무아는 결코 존재하지 않는다. 없음에서 있음이 결코 존재할 수 없듯이 무아는 개념의 불철저성이 빚은 무지의 오해이다. 그러므로 무아(無我)는 '무아적 자아(自我)'이다.

12. 윤회(輪回)는 궁극에 있어서 무(無)적 유(有)로서의 윤회, 즉 전이적(轉移的) 윤회, 과정적 윤회요, '비(非)윤회적 윤회'인 '신성(神性: 브라흐만(Brahman, 梵))의 몸이요, 육체요, 밭이다. 자기동일성, 즉 자성의 전이(轉移)로서의 윤회는 재창조에 있어서 존재의 뜻을 완성하기까지 차원이 다른 과정적 자성을 단계별로 유지한다. 이것은 육계(肉界)에서의 육체와 영인체(靈人體)처럼, 영계(靈界)에서의 영인체와 성령체(聖靈體), 천계(天界)에서의 성령체와 신령체(神靈體)와 신계(神界)에서의 신령체와 신성(神性)이라는 '이중적 다층구조'로 중첩된 '복잡한 존재구조' 때문이다.

다시 말해 육계(肉界)에서 제1의 몸인 신체(身體)를 벗어난 영인체(靈人體), 즉 정신은 영계(靈界)에서의 제2의 몸이 되어 성령체(聖靈體)를 머물게 하며, 영계에서 영인체의 몸을 벗은 성령체는 천계(天界)에서 제3의 몸이 되어 신령체(神靈體)를 머물게 하며, 신령체는 신계(神界)에서 제4의 몸이 되어 신성(神性)을 머물게 한다. 신계에서 신령체의 몸을 벗은 '신성(브라흐만)'은 비로소 완성되어 몸(Mom)이라는 육신적 요소가 불필요한 무자성의 자성, 즉 전이적 윤회의 완성이 이루어지기 때문이다. 따라서 윤회는 신성(神性)에

144

도달하기 위한 가교로서, 즉 매개적 자성으로서의 윤회의 사명을 완수하게 되면 그 사명을 다하고 신성(브라흐만)에 침잠되어 궁극에는 자신을 드러내지 않는다. 그러므로 윤회는 '무자성의 자성', '공적(空的) 색(色)', 즉 무적 유로서의 '비윤회적 윤회'이다.

제2절 비교종교

서론: 카를 구스타프 융(Carl Gustav Jung)과 그의 종교관

"융은 부처와 예수의 삶을 개인의 인생 전체를 통해 스스로를 주장한 '자기'의 실현으로 이해한다. 하지만 융은 부처와 예수 모두 자기실현으로 세상을 극복한 것은 같지만 부처는 이성적 통찰로써, 그리스도는 숙명적 희생으로써 그 일을 이루었다는 점에서 전혀 다르다고 했다. 부처는 역사적 인격체이므로 이해되기 쉬운 반면, 그리스도는 역사적 인간이면서 동시에 하나님이므로 파악하기가 훨씬 더 어렵다고도 했다."

꿈과 종교의 상징을 통해 신의 뜻을 포착하는 카를 구스타프 융 그리고 영철학

"융(Carl Gustav Jung, 1875~1961)이 세상을 떠나기 얼마 전 영국의 BBC와 인터뷰를 한 적이 있었다. 기자는 융에게 신을 믿느냐고 물었다. 영국의 수많은 시청자가 융이 어떤 대답을 할지 귀를 기울이며 긴장했다. 융은 천천히 대답했다. '나는 신을 압니다.' 학문적인 저작에서 융은 '인간 마음속에 있는 신의 형상'에 대해 말할 뿐이었지만 개인적 · 주관적으로 그는 '신이라는 존재야말로 가장 확실한 직접적인 체험의 하나임이 분명하다.'고 말했다."

숭실대 조성기 교수는 융의 자서전을 번역하면서 "융의 일생을 관통하는 주제는 종교다. 세계적인 심리학자이자 정신의학자인 카를 구스타프 융은 그의 자서전『카를 융, 기억의 꿈 사상』에서 다음과 같이 말한 적 있다. '나의 생애는 무의식의 자기실현의 역사이다.'

자기실현은 '자아(Ego: 나를 나로서 자각하게 하는 것)'가 무의식 밑바닥 중심 부분에 있는 '자기(Self: 의식과 무의식을 통틀어 인격이 전체적인 통일을 이루도록 하는 가장 깊은 구심점)'를 진지하게 들여다보고 그 소리를 들으며, 그 지시를 받아 나가는 과정을 가리킨다. 그러나 무의식 밑바닥의 '자기'에 이르기까지 갖가지 무수한 층이 겹겹이 가로막고 있어 '자기'의 소리가 '자아'에 잘 전달되지 않는다. 융은 '자아'가 '자기'의 소리를 듣는 데 꿈과 종교의 상징을 매개로 이용했다. 따라서 융의 생애는 꿈과 종교의 상징을 통해 '자기'가 '자아'에게 보내주는 신호를 포착하는 과정이었다고 할 수 있다."

"융은 하나님을 직접 체험(증명)하지 못하는 가장 큰 이유를 이렇게 말하였다. '상징과 신화의 언어를 상실한 채 교회와 신학적 사고에 붙들려 하나님에게 도달할 수 있는 길이 막혀 있기 때문이다.' 이성과 합리성이야말로 신과의 교류를 차단하는 가장 위험한 접근 방법론이라고 간주한 융은 여기에서 탈피하여 꿈(인류의 먼 과거에 대한 집단 기억)과 신화와 종교의 상징 등을 매개로, 원형 깊숙한 곳에서 들려오는 '자기'의 소리에 진지하게 귀를 기울였다. 그리고 융은 자신이 많은 신을 경험했음을 말하고 있다."

그는 존재의 최고 의미는 오직 그것이 존재한다는 데 있으며, '진정한 해방은 내가 할 수 있는 것을 행했을 때, 내가 온전히 나 자신을 헌신해 철저히 참여했을 때 비로소 가능한 법'이라고 말하기도 했다. 이것은 인격(人格)철학의 재창조, 즉 하늘의 뜻을 땅에서 인간이 중심이 되어 정치, 문화예술, 심지어 경제적으로까지 직접적으로 구현하지 않으면 안 된다는 사유의 세계와 같다는 것이다. 또한 조성기 교수는 다음과 같이 말하기도 하였다

"융은 분명히 기독교를 신봉했지만, 교의적인 관점에서 보면 국외자다. 개인이 자기실현을 위해서는 개인마다 고유의 숙명적인 길을 가야 하는데, 예수를(맹목적으로) 모방하거나 이성에 기대는 신학으로 가는 바람에 그리스도교의 진정한 발전을 가로막았다는 것이다. 융에 따르면 그리스도는 유대인들에게 '당신들은 신이다 (요한복음 10장 34절).'라고 외쳤건만, 사람들은 그 뜻을 이해하지 못했다. 또 악의 문제에 대해 그는, 신이 선하기만 하거나 사랑하기만 하는 존재는 아니라고 봤다. 이 때문에 융은 중세였더라면 화형 됐을 것이라고 했다. 하지만 죽은 뒤에 융은 교회사에서 결코 빼놓을 수 없는 인물이라는 신학자들의 인식이 커져가고 있다."

기독교와 불교는 아들과 딸

신앙에 있어서 기독교와 불교는 종교와 정치로 그리고 아들과 딸로 비유할 수 있다고 할 것이다. 기독교는 연역적(演繹的)방법론

을 통하여 종교적 목적을 먼저 세워놓고 믿음으로 이를 실천하는 종교라면, 불교는 귀납적(歸納的)방법론을 통하여 고행의 과정을 거쳐 종교적 목적을 찾아가는 종교이다. 이것은 종교와 정치의 관계와도 같다고 할 것이다. 기독교와 불교가 아니라 종교와 정치라는 상대적 관계를 놓고 본다면 종교는 기독교적 믿음으로부터의 출발과 같고, 정치는 불교적 구도를 향한 고행과도 같다. 이것을 다시 인간의 인격적 관계와 비교해 보면 더욱더 여실히 드러난다. 기독교는 아버지를 마냥 믿고 따라가는 어린 자식과도 같으며, 또한 상속을 받을 수 있는 선불제(先拂制)와도 같다. 그리고 불교는 시집살이라는 고행을 통하여 비로소 인정받는 며느리와도 같으며 먼저 열심히 일하고 난 뒤에 녹을 받는 후불제(後拂制)와도 같다.

"책임의식은 주인정신의 산물이다. 상속은 책임이라는 의무를 요구하는 법이다. 이것이 기독교와 불교와의 차이다."

기독교는 먼저 믿고 희생을 통한 실천(박애)을 행하면서 사랑을 깨닫자는 정적관계 우선의 종교와도 같고, 불교는 깨달음을 성취한 후 사랑(자비)이라는 자기희생을 행하자는 계약관계의 종교와도 같다. 따라서 그리스도교가 희생을 통한 사랑의 실천과 성령(聖靈)체험을 통한 타력적 구원의 종교라면, 불교(佛敎)는 고행을 통한 지혜의 추구와 깨달음을 통한 자력구원(自力救援)의 종교이다. 마틴 루터는 "십자가에 매달린 예수(Jesus Christ)만이 진정한 신학이며 인간의 하나님 인식(認識)이다."라고 말했다.

그러므로 불교는 3차원에서 출발해 4차원으로 옮아가는 종교

148

요, 기독교는 4차원에서 출발함으로 인해 3차원을 건너뛴 종교이다. 이것이 기독교에 있어서 인격적 신(神)인 예수 그리스도와의 대자적 구원과 불교의 인격적 신(神)인 석가여래와의 즉자적 깨달음과의 차이성이다. 따라서 비교하자면 기독교는 유일신의 바탕 위에서 그 뜻을 위해 자신을 희생시키자는 신 중심의 종교이다. 그런데 불교는 고행을 통하여 신(佛: 唯一)의 뜻을 지향하는 인간 중심의 종교이다. 그리고 기독교는 신학적 인격성의 비율이 큰 비중을 차지하며, 불교는 철학적, 자연성의 비율이 보다 큰 비중을 차지한다.

그래서 기독교는 종교의 궁극적 본질이라고 할 수 있는 하나님의 인격신인 그리스도의 영적 부활이 지금 여기에서 직접적으로 현현되는 타력적 종교요. 비록 그 내면은 다르지만 인도의 범아일여, 즉 브라흐만과 아트만의 합일 사상과 외피(外皮)는 같다고 하겠다. 불교는 부처의 인격신인 석가세존의 현현이 아니라 스스로의 노력에 의해 초월세계에 도달하는 자력적 종교인데 그 궁극은 무아(無我), 즉 무(無)이다. 무는 집착으로부터의 해탈에는 긍정적일 수는 있어도 한편으로는 허무주의로 귀결될 수 있다는 것에 주의를 기울이지 않으면 안 된다.

기독교와 불교 그리고 종교와 정치의 혼인

21C는 모든 수평적인 완성의 시대이다. 따라서 수평적인 만남을 통한 혼인, 즉 결혼의 시대이다. 2002년 미국에서는 이미 종교와 정치의 만남이 있었다. W. 부시 행정부와 개신교 복음주의

의 연합에서 그들은 연합의 의의(意義)를 각각 표명하였는데, 부시는 "역사는 우리가 선택하는 것이 아니라, 하나님의 뜻대로 움직이는 것이다."라고 했으며, 백악관의 정책 보좌관 마이클 거슨은 "정치에서 종교적 이상에 관한 부분이 빠진다면, 우리 역사에서 중요한 원천을 제거하는 것과 마찬가지다."라고 했다. 또한 『목적이 이끄는 삶』의 저자 릭 워렌도 "인생의 의미는 신(神)의 사명을 따름으로써 구현된다."고 역사의 목적과 방향성을 알아야 함을 역설하였다.

또한 그들의 결합에 대하여, 미국의 저명한 저널리스트 윌리엄 파프는 "종교와 세속적 메시아관념의 접합은 유래 없는 일이다."라고 하였는데, 이는 정치적 블루오션 전략(Blue Ocean Strategy)으로서 21C의 정치가보다 완성된 정책 프로그램과 목적성을 갖기 위해서 인물에 의해 주도되는 정치를 지양하고 궁극적 목적에 대한 청사진과 철학적 비전을 제시하는, 즉 종교적 정치에 대한 인격(人格)철학 '철학정치'의 새로운 모델을 요구하는 성숙한 미국의 선진의식과 민주주의의 결과이며, 한편 토니 블레어 정부에 의해 시도되었지만 결국 미완성으로 남겨진 제3의 길(The Third Way)의 퇴락에 대한, 새로운 정치적 방법론의 모색인 것이다. 이처럼 종교는 이상을 먼저 하늘에 세우고 현실을 추구하며 땅으로 내려왔고, 우리의 정치는 현실을 우선하면서 이상을 추구하여 하늘로 거꾸로 올라왔던 것이다.

이처럼 21C는 문화의 완성기를 맞이하여 21세의 성년(成年)으로 성숙한 아들(善男)과 딸(善女)과 같은 종교와 정치는 물론이요, 기독교와 불교 역시 이제 새로운 시대정신과 사회적 환경의 완성기를 맞이해야 한다. 국가제도에 있어서 서로 체계가 다른 선남·선녀가 새로운 공존을 위해 결합하지 않으면 안 되듯이, 정치와 종교, 기독교와 불교가 새로운 패러다임에 의해서 엄숙한 화촉(華燭)을 밝히는 거룩하고 성스러운 예식을 성대하게 거행해야 한다는 것이다.

결혼이 부모 곁을 떠나 새로운 가정이라는 삶의 보금자리를 꾸미는 것이듯이, 정치와 종교도 공존체제라는 새로운 제도적 정책의 이름하에서 새 역사를 일구어야 한다. 기독교와 불교도 '용화세계', '이상사회'라는 제4의 '통일왕국인 왕정 대 민주', 즉 4차원의 국가의 제도에 의한 종교를 새롭게 창도해야 한다. 문화의 합일은 오직 사랑의 합일(合一)뿐이다. 왜냐하면 H. 뮐러의 말처럼 '문화는 제로섬게임(Zero Sum Game)'이기 때문에 결국 추종하거나 지배하지 않으면 안 되는 특성을 갖기 때문이다. 사랑의 지배와 추종 그것은 인격적인 사랑의 관계일 때만 성립된다. 따라서 사랑으로 풀면 풀리지 않는 문제가 없는 법이다.

투쟁은 사랑의 화쟁(和諍)이 되게 해야

그런데 문제는 종교적 가치를 궁극적 본질에서 보지 못하고 결과론적 현상세계인 인간 중심의 현실에서 보게 되면서 각자 자기중심의 이기심이 발동하게 된다는 것이다.

"창조적 성장의 법칙에 있어서 인류의 모든 문화사는 정·교·합에 의한 사랑의 교류법에 의해 미완성에서 완성을 향하여 부단히 상호작용을 하면서 발전하는 법이다."

적당한 교류는 투쟁이 아니라 화쟁(和諍)일 수 있지만 그 정도가 지나쳐 종단의 품위를 상실하고 소중한 인명의 손실을 가져오게 된다면 교류가 아니라 투쟁이 되는 것이다. 적절하게 문제를 잘 해결하고 서로의 특성을 잘 알게 되는 교류의 계기가 되었다면 역사는 그것을 화쟁(和諍)으로 기록하게 될 것이다.

완성기는 물리적인 감성의 시대가 아니라 합리적인 이성으로 판단하고 행동하며 고급한 가치를 발휘해야 하는 성숙의 시대이다. 나보다 남을 먼저 배려하는 마음으로 상호 간의 교류에 있어서 투쟁이 아닌 사랑의 화쟁(和諍)이 되게 자기감정을 주관해야 할 중요한 때임을 서로가 하루빨리 깨달아야 한다.

1. 불교철학(佛敎哲學)

1. 공(空)과 색(色), 존재와 생성, 무극과 태극은 창조와 재창조의 법칙이요, 제2의 창조적 성장(成長)의 논리이다.

2. 불교(佛敎)는 고행을 통한 지혜의 추구와 깨달음을 통한 자력구원(自力救援)적 종교요, 기독교는 희생을 통한 사랑의 실천과 성령(聖靈)을 통한 타력적 구원의 종교이다(마틴 루터: 십자가에 매달린 예수(Jesus Christ)만이 진정한 신학이며 인간의 하나님 인식(認識)이다).

따라서 불교는 3차원 완성자의 인격적 종교요, 기독교는 4차원 미완성자의 신격적 종교이다. 그러므로 불교는 귀납적 목적 추구의 종교요, 기독교는 연역적 목적 실천의 종교이다. 불교는 깨달음을 성취한 후 사랑(자비)을 행하며, 기독교는 사랑을 먼저 믿고 실천(박애)을 행하면서 사랑을 깨닫자는 것이다. 그러므로 불교는 무신론적 바탕 위에 유일(唯一)을 지향하는 종교요, 기독교는 유일론적 바탕 위에 유일의 완성을 이루자는 종교이다. 그러므로 불교는 철학적, 비인격적 비율이 큰 비중을 차지하며, 기독교는 신학적, 인격적 비율이 큰 비중을 차지한다. 따라서 불교는 그 과정에 있어서 사회문제와 신앙(信仰)의 소극성을 갖게 되며, 기독교는 그 과정에 있어서 사회문제와 신앙의 적극성을 갖게 되는 법이다.

3. 불교(佛敎)의 제1의 명제는 무아(無我)이며, 무아는 영철학 세계의 신성적 영아(靈我)이다. 따라서 무아는 재창조적 자아의 완성이며, 부족한 자아(自我)의 타파이며, 무명(無明)의 옷을 벗어 던진 나(我)이기에 창조적 자아의 출발이며, 공(空: śūnya)의 세계로의 입성이다. 그러므로 무아는 영원의 세계로의 시작이며, 재창조적 세계에서의 졸업(卒業)이다. 따라서 무아의 본질은 모든 없음이어서 해석의 방법론에 따라 무신론적 허무주의에 빠질 위험을 다분히 안고 있는 셈이다.

4. 유식불교의 사유형식에 있어서 어떤 대상(對象)은 결정적인 상태로 존재하는 것이 아니며, 인식을 통해 비로소 존재되는 것으로 생각한다. 따라서 유식사상(唯識思想)에서의 인식은 2차적인 현상만을 존재라고 생각한다. 그런데 문제는 인식의 대상이라는 존재에 있어 절대적, 즉 초월적 존재와 상대적인 일반 사물로서의 존재가 각각 다른 존재방식으로 실재한다는 데 있다. 유식사상(唯

識思想)에서는 주체에 의한 대상적 존재의 인식이라는 단순한 일반 의식에 의한 인식만 사유의 대상일 뿐, 인격(人格)철학처럼 절대의 초월적 존재세계에 대한 인식 문제는 꿈조차 꾸지 못하고 있다. 따라서 인격(人格)철학적 인식론에서 일반 대상에 대한 인식의 방법론은 인식하기 이전에 이미 존재하고 있는 대상의 '확인' 또는 '검증 인식론'이라고 부르며, 일반의식으로 인식 불가능한 상징적 영적 존재인 초월적 대상에 대한 방법론은 '영적 능력'에 의한 '영(靈) 능력 인식론' 또는 초월적 인식론이라 칭(稱)한다.

2. 신학(神學)

성서는 종교적 신의 글(書), 즉 글의 신(神)을 상징

성서는 초월에 의한 본질적 근거의 세계인 고차원적인 섭리 법칙을 인간의 심리적 사건으로 상징화하여 매우 체계적으로 기록한 '영적 역사의 기록'이요, 신성(神性)의 '인격 소설'이다. 다시 말해 성서는 신(神)의 세계를 인간의 인격적 심리에 비추어 비유적으로 표현한 글, 즉 인격적 신화이며 성화(聖話)이다. 따라서 성서는 이성적 사유와 자연철학을 바탕으로 이루어진 여타 종교의 경전(經典)들처럼 귀납적인 방법에 의한 인간의 사유를 매개로 하여 신에게 도달하는 접근방법과는 달리, 성장하여 완성되어진 인간만이 활용할 수 있는 영성이라는 매개를 통하여 진리를 대언하게 하는 심오한 '정신의 영성심리학'이다. 그래서 성서는 신과 소통할 수 있는 높은 차원의 영성(靈性)인간을 찾는 것이며, 또한 도덕률을 위해 신의 필요를 이성(理性)적으로 요청하게 되는 그런 차원 높은 인간을 요구한다. 그것이 바로 성서의 로고스(Logos)적 첫 인간인 '아담'이다. 따라서 아담은 신화적 존재의 주인공이요, 인격(人格)철학적 인간의 상징이며, 인격적 사랑의 첫 아들이다.

성장이론에서 볼 때 성장의 완성기는 사랑의 인격기이다. 그래서 성서의 아담은 차원이 다른 인간이며, 사랑이라는 가치를 회복하여 신에게로 나아갈 수 있는 인간, 즉 인격을 갖춘 아담이다. 따라서 성서는 신과 소통할 수 있는 인간의 유형이 성경(聖經)의 거의 전부를 차지하게 되는 것이다.

"완성된 인간은 신의 거울이기 때문에, 신은 완성된 인간의 거울이다."
"신은 오직 완성된 인간과 소통한다. 왜냐하면 완성된 인간에게만 자유의지인 재(再) 창조력이 무궁무궁 샘솟기 때문이다."

그래서 완성된 인간은 재창조를 위하여 신과 교류할 수 있고, 신을 체험할 수 있는 '의식 초월의 주관성'인 '영성'과 '신성'이 발동하게 되는 것이다. 그러니까 신은 자연의 법칙과는 인격적인 대화상대로 설정되지 않았다. 그래도 억지로 대화를 시도하게 된다면 그것은 독백일 뿐이다. 따라서 자연법칙을 바탕으로 하는 경전 종교는 소극적 종교이며, 그 종교의 신은 결국 양자의 신(神) 내지는 의붓아버지의 신이요, 철학적 이성의 신(神)인 상대적 절대자일 수밖에 없다.
그래서 완전히 완성된 인간은 신과 인격적 부자관계를 이루게 된다. '나를 본 자는 아버지를 보았거늘 어찌하여 아버지를 보이라 하느냐(요한복음 14장 9절).'라고 말한 그리스도의 언명을 새겨볼 일이다. 필자는 앞에서 인간은 신의 정자(精子), 또는 신의 증손자(曾孫子)라고 했었다. 신은 인간의 영혼을 통하여 자신을 계시한다. 따라서 성서에 나오는 모든 인물은 달란트가 다르듯이 사명 또한 각각 다른 신의 메신저이다. 아담도 노아도 아브라함도, 바로왕도 모세도 여호수아와 갈렙도, 이삭도 야곱도 요셉도, 사울도 다윗도 솔로몬도 알고 보면 신의 섭리의 법칙을 인격적 인간을 통하여 사명으로 계시한 하늘의 메신저, 즉 체계적 논리성을 갖는 메신저로서의 계시의 상징이다. 따라서 성서에 등장하는 인격적 신(神)들인 성서의 중심인물들은 하나님의 뜻을 받들어 그의 사명에 합당한 이 땅의 인물을 선택하여 현세에 내려와 그를 절대적으로 주관하며, 자신이 부여받은 하늘의 뜻인 창조적 프로그램을 역사적 현실과 결합하여 끝끝내 재창조를 성취하게 되는 것이다. 그래서 나는 '성서의 창세기는 창조적 계시다.'라고 웅변한다.

그리고 우리의 역사를 한번 유심히 관찰하여 보라! 그 누구도 부정할 수 없는 성서의 창세기와 동일한 사건들이 지금 여기에서 일어나고 있다. 유독 한반도의 역사 안에서 수도 없이 나타나는 놀라운 사건의 동시성과 동일성이 과거와 현재, 미래에도 그 뜻의 완성을 이룰 때까지 끊임없이 나타나고, 또 앞으로도 어김없이 나타나게 될 것이다. 이 얼마나 경이로운 일인가?

1. 신학(神學)의 궁극 목적은 신(神)과의 영적 조우(遭遇)에 대한 희망에 있다. 따라서 신학이 완전한 신학이 되기 위해서는 시대정신에 부합하는 신의 존재에 대한 존재증명이 요구된다.

156

2. 과거의 신학의 대상으로서의 신이 지나치게 상징적 존재였다면, 미래의 신학은 보다 더 구체적인 실체로 나타나는 살아있는 생생한 신(神)이어야 한다. 암호화되고 뭉뚱그려진 애매의 개념으로서의 신을 스케치하려는 것은 무책임한 처사요, 오히려 신을 두 번 죽이는 일이다. 따라서 미래의 신은 구체적이고 세밀한 개념에 의해 우리에게 밝은 빛으로 다가와야 한다. 따라서 미래의 신은 신학적 철학, 신학적 과학의 신이어야 한다.

3. 과거의 신학은 무덤의 철학이다. 오죽했으면 불트만(R. Bultmann)은 신화적 요소를 제거해서 성서를 이해하려고 했겠는가? 그러나 영철학은 신화적 요서를 제거하지 않고도 성서를 이해할 수 있는 새로운 철학적 방법론을 창도했다.

4. 신화(神話)는 상징이요, 재창조의 계시(啓示)이다.

5. 신학(神學)은 사랑학이요 영성학이어야 한다. 영성학은 성령학(聖靈學)을 수립하여야 하며, 신령학(神靈學)까지 포함해야 한다. 신학의 본질은 영성이 그 기본이다. 왜냐하면 언어와 개념을 뛰어넘은 자리에 신학(神學)의 존재론적인 본질적 근거(根據)가 있기 때문이다.

6. 히브리적 부활(復活)에 있어 사도 바울은 육체가 아니라 몸(Mom)의 부활이라는 새로운 개념으로 그의 신비(神秘)체험을 표현하였다.

7. 유대적 육적(肉的)부활은 사유(思惟)의 빈약함이 만들어낸 또 다른 우상이요, 영적 가치의 종교적 절대성에 대한 무지(無知)의 산물이다.

8. 그리스도의 이적기사를 보고서도 절대성을 갖지 못하던 사도(師徒)들이 십자가 이후의 부활을 보았을 때 비로소 생명권을 초월할 수 있었던 근본 이유는 종교(宗敎)를 종교답게 하는 영성(靈性)의 절대적인 힘 때문이었다.

9. 칼빈주의(Calvin) 교회는 예정설에 치중한 나머지 자유의지와의 조화(造化)를 꾀하지 않는다. 그러나 실천에 있어서는 "신(神)은 스스로 돕는 자를 돕는다."는 자유의지를 강조하는 이율배반(二律背反)을 설파하였다.

10. 철학(哲學)이 사랑학이 될 수 없고 신학(神學)이 지식학이 될 수가 없다. 따라서 신학이 사랑학이 될 수 없고 사랑을 발견할 수 있는 학문이 아니면 그 신학은 사이비학이다. 사랑은 완성과 초월성 및 내세성의 산물이다. 그러므로 희생과 부활과 영성체험을 위해 노력하지 않는 신학은 신학이 아니라 그것은 철학이며 저급한 인간학이다.

11. "어찌하여 나를 버리시나이까."의 절규는 죽음에 대한 두려움과 하나님에 대한 원망(怨望)이 아니라 부모가 돌보지 않으면 안 되는 젖먹이 아이와 같은 어린 인류를 두고 운명을 달리할 수밖에

없었던, 즉 어리석고 부족한 인류를 계도(啓導)하여야 함에도 불구하고, 그들을 남겨두고 죽음을 고(告)해야 하는 것에 대한, 부모 같은 그리스도의 애절하고도 절박한 심정(心情)의 표현이다.

12. 영성은 영원성을 갖는다. 예수 그리스도(Jesus Christ AD 0~33)의 부활이 시공(時空)을 초월하여 2,000년이나 지난 지금에도 지구촌 곳곳에서 하늘의 사명자들에게 현현(顯現)하고 있음이 이를 증시한다. 김대중 전 대통령도 현해탄의 선상(船上)에서 그리스도의 영적 부활을 체험하였는데, 그의 주저 『옥중서신』에서 부활을 전제하지 않으면 사도 바울의 회심(回心)과 그리스도 사후 사도들의 행적을 설명할 길이 없음을 설파하였다. 따라서 희랍의 영적(靈的) 부활이야말로 신앙의 진정한 본질적 근원에 부합(附合)되는 완전한 개념임을 인격(人格)철학은 강조한다.

13. 해체(解體)는 창조적 성장에 있어서 궁극적 목적을 향한 과정적 부족(미완성)의 각성(覺醒)에서 비롯되며, 사유의 심원한 존재의 확실성에 의해 촉발(促發)될 수 있는 법이다. 따라서 해체신학은 절대적 완성을 지향한 기존 신학의 부족과 미숙(未熟)함이 만들어낸 결과이며, 신성을 위한 과정적 신학이다.

14. 해방신학(解放神學)은 인간의 제도 속에 매몰되어 세속화되어버린 기존 신학에 대한 인간 중심의 불완전한 반항(反抗)신학이다. 따라서 그 책임은 지나친 하나님 중심주의와 권위의식에 빠져 오히려 종교가 인간의 존엄을 핍박하게 한 기성신학의 몫이다.

15. "신(神)은 존재보다도 더 높은 어떤 것이다."라고 한 에크하르트(Meister Eckhart, 1260년경~1327)의 신(神)은 신의 존재에 대한 개념의 불철저성이 낳은 서양철학과 신학의 산물이다. 따라서 에크하르트의 언명은 철학적 존재의 개념이 비인격적 개념에 머물러 있었기에 신의 신성한 인격적 존재가치를 회복시키고자 했던 것이다.

16. 플로티누스(Plotinos, 205~270)의 형이상학(形而上學)은 창조적 창조의 존재인 '존재 너머의 일자(一者)'이다. 따라서 그는 철학적 신학자이다. 그래서 그는 존재보다 우월한 원리가 있다면 어떻게 해서든 그것을 모든 철학적 탐구의 출발점으로 만들어야 된다고 생각하였다. 그것은 존재의 본성에 대한 반성이다.

17. 프로클로스(Proklos, 410~475)는 신(神)·선(善)·일자(一者)를 동일화하였다. 인격(人格)철학은 선(善)을 신(神)과 결코 동일시하지 않는다. 아니 신(神)은 사랑일 수는 있어도 선(善)일 수는 없다. 왜냐하면 신은 원인적 존재이지만, 선은 결과적 존재, 그것도 약속에 의한 가정(假定)에 의하여 파생된 개념이기 때문이다. 그래서 마리우스 빅토리누스(Victorinus Petavinus: ?~304?)는 "신(神)은 선(善)이 아니라 선(先)존재이다."라고 하였다.

18. 신(神)은 존재의 원인이요, 하나의 최고의 비존재이다. 이것은 창조적 관점의 원리이다.

19. 신(神)의 절대정신의 자기전개는 헤겔의 철학적 반발과 자기부정·모순(矛盾)에서 터져 나온 것이 아니라 넘치는 사랑의 나누어줌(베풂)에 의한 자기전개이다. 그것은 완전자에 비하여 부족(不足)이요 모자람이요 어림이다. 자기전개가 자기보다 크거나 같으면 자기전개의 원리적 모순에 빠진다. 모순은 비원리적 개념이다. 신(神)은 결코 비(非)원리적 존재가 아니다. 그러므로 헤겔철학에 있어서의 부정과 모순은 신에 대한 모독(冒瀆)이요, 부정적 파악(把握)이다.

20. 신학(神學)은 존재의 사실, 즉 상징의 사실(事實)이다.

21. 화해(和解)의 주체자가 하나님인 이유? 하나님은 창조의 주체자요 미완성 창조의 책임자(責任者)이기 때문이다.
  - 로버트 슈라이터 -

22. 피해자가 화해(和解)의 주도권자인 이유? 피해자에게 하늘의 주관권을 주기 위해서이다. 진정한 화해는 피해자의 용서에서만 진정 가능하기 때문이다. - 앤드류 성 박 -

23. 완성기에 공존(共存)의 법(제도)을 세우지 못하면 차별성(양극성)에 의한 사회적 죄(罪)를 양산하게 되는 이유는? 완성기의 힘은 가공성을 갖기 때문이다. 트렐취는 "역사적인 것은 모두 상대적이다."라고 말한 바 있다. 따라서 공존(共存)의 신학을 위해서는 칼 바르트의 기독교 외의 타 종교는 무가치하다는 배타적 신학에서

트렐취의 종교적 상대성주의(主義)에 입각하여 무가치한 것이 아니라 차등적이라는 개념으로 전이(轉移)를 이뤄야 한다. 이것이 영철학적 영성철학이다. 이것은 상대적인 차등적 존재를 성장완성의 절대적인 것과 연결시켜, 상호 소통법(疏通法)에 의하여 대화를 유도(誘導)할 수 있으며, 수렴과정을 거쳐 궁극의 실체로 안내할 수 있는 새로운 제4의 방법론이요 절대가치의 이론이다. 그러므로 폴 틸리히(P. J. Tillich, 1886~1965)의 대화(對話)의 신학을 눈여겨보아야 한다. 그는 가장 위험한 경계선만을 찾아 다녔으며, 기독교가 있게 된 근본요인으로 개방주의, 관용주의적 태도를 꼽았다.

24. 기적(奇蹟: 이적기사)은 영원성이 아니라 일시성의 산물(産物)일 뿐이다. 따라서 기적은 상대적 가치성을 갖는다.

제6장

존재론 비판

1. 존재와 인식은 불가분의 관계이다. 왜냐하면 존재는 창조의 영역이요, 인식은 재창조의 영역이기 때문이다.

2. 종래(從來)의 존재론의 가장 큰 오류(誤謬)는 다양한 존재에 대한 개념규정의 불철저성이다. 따라서 영철학적 존재론은 종래의 모든 이성적 존재론이 간과(看過)한, 즉 존재론의 창조적 창조의 존재세계의 다양한 존재에 대한 차원별 존재론이다.

3. 기존의 존재론이 완전한 존재론이 되기 위해서는 학자(學者)마다 의견이 각각 다른, 즉 신(神)과 초월적 존재와 우주의 실체 및 이성 혹은 본래적 자기 등의 다양한 실체 개념들을 하나로 묶어야 하며, 이들의 상대적 관계에 대한 연관성을 전체적이면서도 부분적이며, 부분적이면서도 포괄성을 갖는 이론 체계로 '창조와 재창조의 법칙'에 의해 새롭게 창출(創出)하여야 한다.

4. 고대(古代)의 존재론은 재창조적(생성)존재론이며(예: 물·불·유

(有)·수·원자·이데아·형상과 질료), 중세의 존재론은 존재론 부재(不在) 상태였으며(아리스토텔레스와 신학과의 결합을 통한 스콜라철학, 신(神)만이 우주의 실체·참 존재·직관적 신비적 방법), 중세 후기의 존재론은 창조적 재창조의 존재론이며, 근세의 존재론은 인식론이 존재론을 대신했으며(실험, 관찰의 경험적 합리적), 미래의 존재론은 창조와 재창조의 합일의 존재론이 될 것이다

5. 인격(人格)철학 존재론(存在論: Ontology)은 설계도와 재료, 콘텐츠와 소프트웨어, 정신과 육체의 관계와도 같이 창조적 존재론과 재창조적 인식론(認識論: Erkenntnis theorie)을 하나로 일체화하면서도 분리하며, 분리하면서도 하나로 통합하는, 즉 창조와 재창조의 모든 부분을 포괄하는 중첩 존재론이다. 다시 말해 수직과 수평의 입체적 공존 존재론이며 동시에 인식론이다. 따라서 창조적 원인에 있어서 인격(人格)철학은 존재와 인식의 이분성(二分性)을 갖지만 재창조적 결과는 이원성(二元性)을 갖는다. 그러니까 영철학적 존재론과 인식론은 창조적·일원적 이분론이며 재창조적 이분적 일원론이다. 그래서 영철학적 존재론은 신본적 인본존재론이다. 그것은 주관(主觀)과 객관(客觀)의 일체성을 의미하기 때문에 궁극에 있어서 본질적 이분은 허락되지 않고, 완성과 미완성, 부족(不足)과 충족(充足)만 있을 뿐이다. 왜냐하면 재창조의 완성(完成)은, 곧 창조적 실체와 직결되기 때문이다.

6. 재창조에 있어서 영성존재론의 인식의 대상은 영성(靈性)이며, 신령이며, 신성(神性)이다.

7. 영철학적 존재의 개념은 창조적으로는 초월적 존재론이며, 재창조적으로는 인격적 영성과 신령, 그리고 신성존재론이다.

8. 사랑은 존재의 궁극이다. 그것도 궁극의 궁극 그 자체이다. 따라서 사랑은 모든 원인이며 존재론의 근본 핵심이며, 그러므로 존재론의 완성은 사랑의 재창조, 즉 인격 존재론이다. 그러나 그 사랑도 창조적 관념의 사랑일 뿐 재창조적 사랑인 사랑의 실천(實踐)을 행하지 않으면 진정한 진짜 존재론(存在論)이 될 수 없다. 따라서 진정한 존재는 실천하는 사랑이다.

9. 모세의 창조적 존재론 "나는 존재한다(Ego sum qui sum)."와 토마스 아퀴나스의 '신은 존재 그 자체(Esse ipsum)'에서는 존재의 작용 그 자체가 그 존재본질이 되는 것이라고 하였는데, 인격(人格)철학적 존재론은 상징(象徵)성에 머무르지 않고, 존재를 뛰어넘어, 존재 자체의 궁극적 본질 구조를 구체적으로 해명하는 재창조적 존재론을 새로운 존재론이라 명명한다. 그것은 창조와 재창조의 존재법칙을 이중으로 갖는 중첩적 존재론이다. 왜냐하면 창조적 존재는 재창조를 통해서 진정한 존재가 되기 때문이다. 따라서 인격(人格)철학적 존재론은 신본적 인본 존재론이다.

이것은 플라톤적 창조적 관점에 의한 천국이나 단순한 이데아가 아니라, 그것을 넘어 불교적 깨달음의 재창조적 관점에 의한 신본적 인본중심의 도피안(到彼岸)으로서, 인간 자신 속에 내재하면서 자신이 존재자의 차원으로까지 변화된, 즉 열반·해탈·무위·적정·감로·안온 등의 경지인 생성(生成)적인 재창조적 창조세계의 존재론인 것이다. 다시 말해 회귀(완전하게 이해·도달)된 초월적 존재론인 영성과 신성인식에 의한 인식론적 재창조 존재(재창조의 중심은 인간이다)론이다. 따라서 인격(人格)철학 존재론에서 창조적 존재론(Being)은 존재론적 존재론이며, 재창조적 존재론은 생성론(Becoming)적 존재론인 인식론(반도체)적 존재론이다.

10. 존재론적 존재론은 신(神) 중심의 창조적 원인에 의한 영성(靈性) 존재론이며, 인식론적 존재론은 인간 중심의 재창조적 결과에 의한 인격(人格) 존재론이다.

11. 창조적 존재의 초월성과 재창조적 존재의 내재성은 창조적 재창조의 산물이다.

12. 존재의 세계는 상징적 절대의 세계이다. 따라서 구체성을 갖지 않는다. 그 구체성은 재창조의 산물이다. 그러나 창조적 프로그램(Program)을 벗어나지 않는 범위(範圍) 내에서의 자유의지적 재창조일 뿐이다.

13. 존재는 정지(停止)의 세계가 아니라 인간 사유의 능력과 자유의지에 의하여 무궁(無窮)한 생성의 존재로 살아 움직이는 역동적 세계이다. 자유의지는 모든 존재론적 결정(예정)을 연장하게 할 본질적 근원이다. 그것은 마치 부족(不足)한, 즉 언제든지 빗나갈 수 있는 자녀를 둔 부모(父母)와도 같다. 따라서 자유의지는 창조의 축복(祝福)과 함께 미완성(Unvollendete)의 산물이다.

14. 생성(生成: Becoming)은 제2의 존재(存在: being)이다. 따라서 존재는 제2의 생성이요, 작용이요 운동 그 자체이다. 존재적 생성은 무차별의 공상(公相)이다. 무의식은 제2의 존재이며 존재는 제2의 무의식(無意識)이다.

15. 목적론(Teleology)도 육적(肉的: 생물학적) 상대적 목적론과 영적(靈的: 가치적) 절대적 목적론으로 대분(大分)할 수 있다. 따라서 존재론도 일반 존재론과 존재론적 존재론으로 분화(分化)시킬 때 구체화될 수가 있는 법이다.

16. 고전적(古典的) 존재론은 존재론적 생성의 존재론으로서 창조 중심적 개념 실재론이 아닌 보편 실재론이다. 왜냐하면 보편자(普遍者)가 사물을 움직이는 목적활동으로(Zweoktaty) 규정하는 원리라고 보았기 때문이요, 이신론적 진화적 사고인 시간을 창조적 존재의 행위에 비추어 유추하는 목적론적 해석(Teleologische Doutung)이기 때문이다. 따라서 고전존재론은 자유의지의 개입(介入)이 파고들 여지가 없으며, 결정론적 목적에 지배당하는 창조 중심적 사유이다. 그러므로 고전 존재론은 창조적·연역적 성격을 띠게 되는 것이며, 재창조의 귀납적 경험 지식을 홀대하게 되는 것이다. 그 결과 상대적으로 생성(生成)의 과학적 지식은 정체되지만 존재의 형이상학은 발흥될 수밖에 없었던 것이다. 그런데 고전적 존재론의 문제는 지나친 창조적·유기적 사유로 인하여 재창조인 비유기적 존재까지도 유기적으로 해석하여 목적론으로 이해되었으며, 따라서 재창조의 창조 세계로의 동참(同參)의 통로인 자유의지를

차단(遮斷)하였다는 데 있다.

17. 파르메니데스(Parmenides, BC 515~BC 445)의 존재(Being)의 세계관은 재창조적 창조의 존재관일 뿐이며, 헤라의 생성(Becoming)의 세계관은 재창조적 재창조의 생성관일 뿐이다.

18. 존재는 선(善)이 아니라 애(愛)이며 진(眞)이며 일(一)이다. 따라서 신(神)은 애(愛)의 몸(Mom)이요 인격(人格)이다.

19. 존재는 개념이 아니다. 그러나 개념의 맘으로 기능(技能)한다. 즉 개념은 존재의 몸으로 기능할 수 있는 자격을 갖는다. 따라서 존재는 창조요 개념은 재창조다. 그러므로 개념은 존재의 그릇이요, 개념을 통하여 존재를 담을 수 있는 것이다. 다만 그 개념이 구체성과 절대성을 갖는 분화(分化)적 완성의 개념이 될 때 비로소 말이다.

20. 물(物)자체는 지각(知覺)인식이 아닌 영적(靈的) 체험에 의한 영성인식 존재학적 개념이다. 따라서 물자체는 영적체험의 대상이지 지적인식의 대상이 아니다. 그러므로 물(物)자체는 실천이성을 위해서 절대적으로 요청(要請)되는 개념이며, 그것은 영혼불멸(靈魂不滅: The immortality of soul)을 전제조건으로 한다.

21. 존재가 형이상학적 인식의 맘이며 제2원리라면, 개념은 몸이요 제2원리이다. 그러므로 개념은 실제인 존재와 형이상학과는

하나(一)이며 삼위일체(三位一體: Trinitas)다.

22. 창조의 본질인 존재(Being)는 재창조인 생성(Becoming)의 존재목적이며 가치결정의 척도이다.

23. 존재방식에 있어서 창조적 성장에 의한 보호와 책임의 법칙과 영성의 3단계 3급의 변화 법칙에 대한 새로운 범주론의 창출 없는 절대가치 수립은 요원(遙遠)한 것이다.

24. 새로운 존재론이 완성되기 위해서는 인식 형이상학에 대한 인식 능력단계별 대상파악 차별의 이론 체계를 세우지 않으면 안 된다. 왜냐하면 존재층에 대한 연구만으로는(대상파악의 능력에 따라 대상이 차별성을 갖고 나타나기 때문에) 대상파악의 절대성을 가질 수 없기 때문이다.

25. 하르트만(N. Hartmann)의 존재론의 새로운 길로서의 비판적 존재학이 분명 관념적 존재론의 차원을 넘어섰다는 데 대해서는 재론(再論)의 여지가 없다. 그러나 창조적 재창조에 있어서 존재자와 존재론적 존재자와의 상대적 관계에 대한 인격적 교류법칙인 보호와 책임의 법칙체계와 물(物)자체의 인식가능성에 의한 영성의 변화 법칙 체계를 세우지 못함이 하르트만의 한계다. 다시 말해 성장법칙인 존재층(存在層)은 보았으면서도 존재층의 상관관계인 인격적 교류법칙과 교류(交流)의 방법론적 변화의 법칙은 세우지 못하였다(창조적 성장 단계별 창조적 1) CC 2) CG 3) GC 4) GG 탄생의 법

칙과 재창조적 1)GG 2)GC 3)CG 4)CC 산화(散華)의 법칙).

26. 하르트만의 『존재론의 새로운 길』은 아리스토텔레스, 플라톤 및 토미즘(Thomism)적 창조 중심 목적론이 아니라 인격(人格)철학적 재창조 중심의 목적관과 그 패턴을 같이한다. 다만 그는 역사적 정신층, 심리적 의식층, 유기적 생명층, 물리적 물질층의 존재세계의 성층구조를 중심으로 하지만, 인격(人格)철학은 현존재인 인간의 인식능력과 존재세계의 영성, 즉 신령(神靈)의 눈, 성령(聖靈)의 눈, 기(氣)철학적 눈, 생물학적 눈(目)의 능력을 중심으로 하는 차이일 뿐이다.

27. 재창조에 있어서 범주는 제2의 본질(Wesen)이다. 따라서 원리, 법칙은 재창조의 절대가치이다. 원리와 법은 제2의 존재론이다. 그러므로 범주는 포괄성을 갖는다. 따라서 모든 개체성인 논리·실사·원리·원칙·규범의 총화(總和)이며, 본질적 근거를 결정하는 절대적 원리(原理)이다.

28. 미완성 의식의 상대적 가치관은 이분법(二分法: Binary Fission)을 갖게 되며, 완성의식의 절대적 가치관은 일원성(一元性)을 갖는 법이다.

29. 존재(Being)는 창조요 사유(Thinking)는 재창조이다. 따라서 존재는 사유의 주인(主人) 자격을 갖는다. 그러나 칸트(I. Kant)의 존재는 사유에 의한 지성의 노예(奴隷)이다. 왜냐하면 그는 존재는

인식의 방식에 의해 재구성된 것에 불과하며, 인식작용이 존재를 바로 그렇게 하게 만든다고 주장하기 때문이다. 그러므로 그의 존재는 지나친 자유의지적 존재이며, 재창조 중심존재이기 때문에 창조의 결정론적 존재론을 짓밟고 있으며, 결국 신(神)의 부정에 이른다. 따라서 불가지론(不可知論: Agnosticism)은 존재의 간접적 부정이며, 신종(新種) 사이비(似而非)적 존재에 대한 개념이다.

30. 형이상학(形而上學: Metaphysics)은 존재론적 재창조의 산물(産物)이다. 따라서 전체적 보편적 지식을 추구하며 궁극적 실재근거의 지식이요, 특수영역과 일반적 시야를 넘나드는 시야에서 얻어지는 초월적 지식이다. 그러므로 형이상학은 영의 몸의 지식이며, 존재근거의 환기의 길에서 마주치는 신령한 안목(眼目)에서 획득된다. 그것이 바로 신(神)의 지식 지혜(Sophia)이며, 이것은 보편적인 상식(常識)을 뛰어넘는 다른 세계에 대한 종교적 체험이 아니면 인식할 수 없는 특수성을 갖는 지식이다.

31. 근세철학(近世哲學: Modern Philosophy)의 존재론은 학자들의 인식론의 입장에 따라서 달라지게 되었는데, 이것은 인식론과 존재론을 2원적으로 보았기 때문이다. 2원은 2분(二分)일 뿐이며 그것도 재창조적 관점의 2분이다(예: 존 로크(John-Locke)의 객관적 사물, 버클리(G. Berkeley)의 지각된 관념, 데카르트의 정신과 물질, 라이프니츠의 단자, 헤겔의 절대정신과 이성).

32. 존재개념의 다양성은 재창조적 관점의 상대적 관계의 산물

이다.

33. 신(神)은 창조적 절대의 단독자요, 그 출발은 법칙의 완성이며 인간은 재창조적 상대의 단독자요, 그 출발은 미완성에서부터이다. 따라서 보호받는 상대적 단독자이지 외로운 단독자가 아니다. 완전한 완전의 경지가 아닌 단독은 독립의 단독(單獨)이 아니라 주체자가 지켜보는 단독이다. 그러므로 키에르케고르(S. A. Kierkegaard)의 단독에는 창조적 성장의 메커니즘(機械論: Mechanism)이 빠져있다.

34. 논리학(論理學)은 인식의 도구인 몸(Mom)이다.

35. 철학(哲學)은 진짜 있음이 무엇인가를 탐구할 수는 있어도 그것을 증명할 수는 없다. 왜냐하면 진짜 존재는 모든 학문적 접근이 불가능한, 즉 일반 신학(神學)을 넘어선 존재이며, 그것도 인격적 영성신학의 궁극에서나 이해할 수 있는 인격(人格)철학적 체험을 통해서 비로소 느낄 수 있는 성질(性質)의 것이기 때문이다.

36. 오캄(William Of Ockam, 1285~1349)은 "이전의 신(神) 존재 증명은 모두 다 증명이 아니라 믿음에 의한 설득"이라 하였는데, 이것은 완전한 앎에 대한 과정적 미완성의 존재론적 산물(産物)임을 증시(證示)하는 것이다

37. 존재하는 모든 질료(質料)성을 갖는 것은 영원할 수 없는 법

이다. 왜냐하면 존재의 법칙이 창조와 재창조성을 갖기 때문이다. 따라서 "전혀 변하지 않는 것이 진짜 존재하는 것이다."라는 파르메니데스의 말은 참이다. 단지 그것이 무엇이냐에 대한 의문을 그는 갖지 않았다. 그것은 바로 사랑·희생·자유이다. 그리고 "가장 좋은 것이 진짜 존재하는 것"이라고 하는 플라톤적 존재론도 예외(例外)는 아니다.

38. 실존이 본질에 앞선다는 하이데거(Martin Heidegger, 1889~1976)의 인간 삶의 본질론은 재창조적 자유의지적 관점일 뿐이다. 창조적 결정과 재창조적 자유의지와 조화(調和), 이것이 창조적 재창조 이론인 인격(人格)철학 존재론이다.

39. 존재는 절대성과 전체성을 갖고, 생성은 상대성과 개체성을 갖는 법이다.

제7장
인식론 비판

1. 인식론은 제2의 존재론이다. 다시 말해 인식은 창조적 존재의 실체(Substance)에 대한 재창조의 존재, 과정적 존재, 일시적 존재이다. 따라서 인식의 재창조의 주체인 인간인 '나'는 궁극에 있어서 영원할 수 없다. 왜냐하면 재창조적 존재인 '나'는 다시 창조적 존재인 실체로 회귀(回歸)하기 때문이다. 그러나 재창조의 과정에 있어서만큼은 '나'는 존재의 제2의 실체(Substance)이다. 역사의 재창조의 주체로서 말이다. 그러므로 신(神)은 재창조의 객체이다. 다만 인간의 주체성은 완성자로서의 지위를 획득할 때에만 부여되는 특권임을 간과해서는 안 된다.

2. 인격(人格)철학적 인식론은 재창조에 의한 창조적 존재, 즉 성층적 존재세계에 대한 차원별 영능력 인식 존재론이다. 따라서 인격(人格)철학 인식은 영성과 신령(神靈), 신성에 의한 인식론이다. 하르트만의 성층법칙의 존재론적 존재론에 대한 영철학적 인식론인 셈이다.

3. 인식론(認識論: Erkenntnistheorie)은 인식 능력 인식이다. 칸트의 구성설은 이성의 범주를 벗어날 수 없는 인식론이다. 따라서 영철학 인식론은 그 차원에 따라 천차만별성을 갖는다(감각, 오성, 이성, 직관, 영성, 신령, 신성 등).

4. 인식(認識: Cognition)은 창조적 재창조의 성장론에 있어서 재창조의 산물(産物)이며 의식작용이다. 따라서 인식 주체와 인식 대상 간의 차원별 교류관계에 의한 존재세계의 파악이다. 따라서 인식은 과정적 도구요 기능성이기에 영철학 인식은 궁극의 존재세계를 지향한다. 그러므로 감성과 오성의 인식은 재창조적 창조의 미완성기의 인식론이요, 이성과 직관의 인식은 과정적 중간기의 인식론이요, 영성과 신성에 의한 인식은 완성기의 제3의 인식론이다.

5. 인격(人格)철학적 영성과 신성 인식론은 칸트의 물자체(物自體) 인식에 대한 불가지론을 과정적 인식론으로 판결한다. 따라서 인격(人格)철학 인식론은 칸트가 시도했다가 실패했던, 즉 기계적 자연법칙이 지배하고 있는 이 현상계를 직관이나 오성이 미칠 수 없는 예지계(睿智界)의 물자체와 대치시켜서 선행하는 경험론과 이성론의 종합적 시도에 대한 새로운 인식론이다.

6. 칸트의 종합적 시도가 실패했던 근본원인은 경험능력의 저차원성과 고차원적 영성세계에 대한 영성의 부족이다. 왜냐하면 이성의 차원은 3차원 이상의 세계에 대한 인식이 불가능한 법이기 때문이다.

7. 인격(人格)철학 인식론은 창조적 일원론적 이분 실재론과 재창조의 이분론적 일원 실재론의 다층적 중첩 일원론적 초월인식론이다.

8. 본질(本質)은 지적 지각이 아니라, 영적 지각에 의하여 파악되는 것이다. 이성은 일반철학, 즉 인격(人格)철학 이하 의식의 산물이다.

9. 인식론(認識論)은 형이상학의 몸이다. 따라서 창조는 형이상학적 인식이 선차성을 갖고, 재창조는 형이하학적인 인식이 선차성(先次性)을 갖는다(형이상학 선차성—스피노자(B. Spinoza).

10. 영성(靈性)인식론은 철학 탐구가 도달할 수 없는 근본문제들의 완전한 해결을 그 목적으로 하며, 일반철학이 남겨놓은 인식 기능의 한계의 존재론적인 근거에 관한 인식 형이상학의 문제, 세계 속에서의 인간존재의 위상에 관한 인간학의 문제, 정신과 물질 또는 생명 간의 상호연관성에 관한 문제 등의 모든 불가해(不可解)한 근본난제를 해결하기 위한 4차원적 새로운 인식을 지향한다. 따라서 인격(人格)철학 인식은 무의식의 지성이며 절대적 절대의 이성이며 주관과 객관의 무차별의 인식이다.

11. 인격(人格), 즉 영성 인식론은 반도체(半導體)인식론이다. 영성인식론은 내적 창조 가치의 풍요로움 속으로 유영(遊泳)하면서 피상적이고, 암호(暗號: A cipher)적이며, 어설픈 관찰에 머물지 않

고 그것을 재창조하여 구체적이고, 명확하며 칼날처럼 예리하게 축출(逐出)해내는 고차원의 컴퓨터의 핵(核)인 콘텐츠, 즉 프로그램 인식론이다.

12. 참된 능력에 의한 완전한 인식만이 참된 존재세계와 교류할 수 있으며 진정한 사고로 이끌 수 있다. 따라서 인격(人格) 인식론은 영(靈)능력에 의한 사유내용과 사유대상 사이의 관계를 중시하는 재창조적 인식론이다. 따라서 복잡계 인식론은 주관(主觀)과 객관(客觀)의 상호작용에 의한 "재창조적 인식주체의 능력에 의한 창조적 존재세계에 대한 대상파악설"이다.

13. 인식(認識: Cognition)은 상대성의 산물(産物)이다. 즉 인식능력의 차이에 따라서 존재의 규명이 차등적으로 밝혀지는 것이다. 따라서 인식의 목적은 존재세계에 대한 올바른 가치의 규명(糾明)을 위한 방법론일 뿐이다. 왜냐하면 인식행위가 존재의 절대가치를 창출하기 위한 철학적 중요성을 갖기 때문에 인식의 결과적 목적은 궁극적 진리와의 조우와 분리될 수 없기 때문이다.

14. 상(像)은 간접성을 갖기 때문에 특수한 방식의 인식 본질에 속한다. 절대자에 대한 인식의 대상자는 완성자이다. 따라서 미완성자는 의식(意識)의 범주(範疇) 내에서 상징적 인식의 대상자일 뿐이다.

15. 인식론은 존재론에 대한 인간규정이다. 따라서 존재론적 존

재에 대한 궁극의 경지가 아닌 모든 인식론은 과정적이며, 창조적 존재론의 상징적 인식일 뿐이다.

16. 인식론(認識論)은 존재론의 몸이요 제2의 존재론이며, 존재론은 인식론의 맘이요 제2의 인식론이다. 그러므로 재창조에 있어서 모든 인식론의 주체(主體)는 인간이요, 신은 인식의 대상이다.

17. 창조적 인식은 수직성을 갖고 재창조적 인식은 수평성을 갖는다. 따라서 미완성기 인식은 수직적 차등성을 갖고, 중간기 인식은 완경사적 기우뚱함을 가지며, 완성기 인식은 대등성을 갖는 법이다.

18. 인격(人格)철학 인식은 내면의 영성 능력과 존재세계인 존재론적 존재와의 완벽한 합일(合一) 인식론이다.

19. '인식(認識) 가능한 영역에서 현상하는 실재(實在)로 보자.'는 물자체(物自體: Ding an sich)는 인식주체의 능력에 따라 인식여부에 대한 변화가 차별적으로 존재함을 내포하는 상대적 개념이다. 즉 인식주체의 관점(上·中·下)에 따라 물자체에 대한 인식의 가능성과 불가능성이 결정된다는 의미를 함축(含蓄)하고 있는 것이다.(I. Kant-불가능, N. Hartmann-가능) 그러므로 재창조에 있어서의 물자체의 인식의 유(有)·무(無)는 영성(靈性)과 신성(神性)의 체험 여부에 있다.

20. 인식의 차원은 감성·오성·이성·기·영성과 신령 그리고 신성(神性)이 있는데 철학적 차원의 인식은 이성(理性)을 뛰어 넘어설 수가 없다는 점이다. 기(氣)철학의 기는 이성과 영성의 매개기능의 역할일 뿐이다. 따라서 기는 이성의 주체적 맘이요 영성의 대상적 몸과 같다. 그러므로 절대적 경지인 신성(神性) 인식에 의하지 않는 모든 진리의 판결은 과정적 참일 뿐이다. 따라서 절대가치 부재의 심판(審判)은 결국 불완전한 심판이요, 본질을 벗어난 부당(不當)한 심판이다.

21. 인식론(認識論)에 있어서 인식주체의 능력, 즉 사유의 내용과 사유대상이 함께 설정되지 않은 인식론은 막연하고 어설픈 인식론이다. 왜냐하면 인식대상인 존재세계를 어떠한 고차원적 논리학의 인식능력을 갖고 관조하느냐에 따라 인식의 관계와 내용이 다르게 나타나기 때문이다.

22. 사유(思惟)는 인식의 1차적 도구이며 존재의 차원을 결정하는 하나의 방법론이다. 그러니까 사유는 재창조적 인식의 방편이다. 이에 비해 영성은 2차적 도구로서 영적 체험을 바탕으로 초월적 존재세계를 인식할 수 있는 하나의 방법론으로서 창조적 인식의 방편이다. 그런데 사유도 어떤 능력에 의한 사유냐에 따라서 차등성을 갖는다, 그것은 초등·중등·고등·대학의 능력별 차별성과 같다.

23. 감정(感情) 인식은 상징인식일 뿐이다. 따라서 오관(五官)에

잠시 스쳐갈 뿐 오래도록 각인(刻印)되지 않는다. 그러나 영적(靈的) 인식은 영원성을 갖고 사물 그 자체로 자리하기 때문에 물자체는 깊이 인식되며, 실체행동·적극적이라는 인센티브(Incentive)를 이끌어 내게 된다. 그것이 성령(聖靈)인식이요 부활체험이다. 그러므로 영적 인식은 보편적 상식을 뛰어넘는 초월성을 갖는다. 따라서 영적 인식은 인간적인 지식의 의식으로 도달할 수 없는 다른 세계에 대한 경험이다. 그러므로 영적 인식은 인간에 의해서 전수불가능(傳受不可能)의 영역으로서 그것은 찾아옴의 과정을 통하여서만 인식할 수 있는 독단적 특수성으로 기능한다.

24. 생성(生成)적 인식만으로는 자연 이외의 초월적 존재에 대한 절대적 해명은 불가능하다.

25. 대상은 일반 인식행위에 대하여 언제나 초월적이지만, 인식 능력에 따라 상대적 초월성(超越性)을 갖는다.

26. 절대자에 대한 인식의 가치와 두려움, 즉 책임은 비례하는 법이다. 따라서 상대적 대립관계를 넘어설 수 있는 유일한 방법은 초월성(超越性)에 대한 인식이다.

27. 칸트(I. Kant)는 물(物)자체에 대한 인식을 부정하였으며, 피히테는 물자체를 절대적 자아에서 찾았는데 그러나 그것은 절대적 상대자이다. 셸링의 주관과 객관의 배후에 있는 절대자는 양비론적 절대자이다. 그리고 헤겔(G. W. F. Hegel)의 역사 발전을 통해

서 자기를 드러내는 절대정신은 대리자(代理者)이다. 그러나 창조적 성장체계를 통해서 자기를 완성시키는 인격(人格)철학적 자아는 역동적 상대적 절대자이기 때문에 스스로의 책임을 통하여 궁극의 절대적 '절대자아'로 성장시켜 완성으로 이끌 수 있는 '인격적 자아'(自我)이다.

28. 칸트는 물자체(物自體: Ding an Sich)에 대한 인식의 가능성이 신성과 영성에 의하여 가능할 수 있음에 대하여 무지(無知)하였기 때문에 그것을 이성과 지성의 대상으로만 파악했던 것이다. 이에 대해 영철학 인식론은 미완성기의 인간 내부(內部)에서 잠자고 있는 영성은 성장단계를 통하여 궁극적 존재인 물자체에 대한 인식이 가능함을 창조적 성장이론에 의한 인격(人格)철학으로 체계화하였다.

29. 칸트의 인식형식은 사유하는 도구를 통한 반영(反映)이다. 따라서 이것은 재창조적 창조 인식론이다. 선험적(先驗的: Transcendental) 관념론이다. 그러므로 가교적 매개 인식론이라고 할 수 있다. 선험론은 궁극에 있어서 과정적이고 인위적이며 상대적 가상인식론일 뿐, 영성(靈性)에 의한 절대적 인식론이 아니다.

30. 칸트의 경험론(經驗論: Empiricism)과 이성론(理性論)의 종합은 창조와 재창조의 일원화의 시도이나 실재론과 관념론의 대립은 창조와 재창조의 이원화(二元化)의 결과이다.

31. 칸트의 인식론은 경험내용과 이성의 형식이 인식의 대상을 구성한다는 재창조적 관점의 통합이론이다.

32. 헤겔 철학의 궁극목표가 "절대자를 표상으로서가 아니라 개념으로 인식하는 데 있다."라고 주장하였는데 이는 절대자와의 영적 교류, 즉 영철학적 주의주의(主意主義)적 관계에 대한 무지(無知)의 산물이다. 따라서 헤겔의 신(神)은 주지주의(主知主義)적 일반철학의 절대자를 벗어나지 못하고 있다. 다시 말해 헤겔의 신은 영철학적 신(神)이 아니라 불교적 비인격의 신이요, 인격(人格)철학적 신(神)의 시녀(侍女)이다.

33. 외공(外空)의 사물을 내공(內空)인 Mind가 반영함으로써 인식이 일어나게 된다는 데카르트(Rene. Descartes)의 인식론은 유물론적 기초로서 재창조에 의한 생성 인식론일 뿐이다. 따라서 Gogito ergo sum은 자유로운 무책임한 절대 개인주의적 존재론이며 불완전한 완성주의이다. 그러므로 데카르트의 인간이성은 그 계보(系譜)에 있어 신본적 인본에까지 미치지 못하고 신적 이상과 인간적 이성을 갈라진 이원적 실체로 만들어 정신과 물질의 상호관련성조차 부정하는 존재로 설정하는 오류를 범하였던 것이다. 따라서 존재의 근원을 영철학의 창조적 일원적 이분론, 재창조적 이분적 일원론과 대립되는 이원론으로 파악하여 정신과 물질이 상호 교류할 수 없는 존재로 만들어버린 엄청난 오류(誤謬)를 범하였던 것이다. 이것은 근세사를 갈라놓은 모든 양분에 대한 역사적 죄(罪)인 사유의 원죄(原罪)로 지금까지 기능하고 있는 것이다.

34. 플라톤(Platon, BC 427~BC 347)의 인식론은 영(靈)인식론의 몸(내면의 세계·정신과 이념)이며, 아리스토텔레스의 인식론은 플라톤 인식론의 몸(외계에로 방향이 정해짐) 인식론이다.

35. 경험론(Empiricism)은 재창조적 생성론으로서 귀납적 방법론이며, 합리론(Rationalism)은 창조적 존재론으로서 연역적 방법론이다.

36. 존 로크(John Locke, 1632~1704)는 연장(延長)을 재창조적 창조성인(1차 성질), 즉 이성으로 파악되는 물체의 공간적 형상성으로 절대화시켜 근세철학의 인식론의 기초로 삼았는데 이것은 재창조적 재창조에 해당되는 사유의 상대적 물질개념일 뿐이며, 영철학적 창조적 영성의 존재성과는 비교할 수 없는 낮은 차원의 일반철학적 인식론이다.

37. 기철학 인식론은 제2의 차원이 다른 직관(直觀: Intuition)인식이다.

38. 마르크스(K. Marx,)의 반영론(反映論)은 주관으로부터 독립된 객관적 존재의 반영의 인식이기 때문에 재창조적 재창조인식론이다.

39. "사태 자체로!"를 외치며 세계가 어떻게 마음에 드러나는지, 즉 현상하는지를 기술하자고 제안했던 현상학(現象學:

Phenomenology)은 창조적 재(再)창조로 본 사유방식으로서 본질(本質)의 껍질 밖이 아닌 껍질 속에서 존재의 본질을 파악해야 한다는 단순이론일 뿐, 존재세계의 심오하고 진정한 본질인 영성적 존재의 세계에는 턱없이 부족한 이론이다. 그러나 철학하는 자세의 양비론적 사유에 대한 중대한 도전이었다는 점에 대해서는 그 가치를 높게 사야 할 것이다.

40. 훗설의 현상학(現象學)은 창조적 재창조와 재창조적 창조 사이를 잇는 양비론적 중도 인식론이다.

41. 마르크스의 모사설(模寫說: Copy Theory)적 인식론은 창조적 실체에 대한 부정을 전제한 재창조 중심의 인식론일 뿐이다. 왜냐하면 유물론은 재창조의 한 부분에 불과하기 때문이다.

42. 기(氣)철학과 통일인식론은 신학적 철학성과 종교적 정치성을 갖는 범위에 한해서 영성(靈性)인식론적 요소를 갖는다. 다만 상징적 스케치에 그칠 뿐 존재론적 존재론의 신성(神性) 인식의 실체적 이론체계와 방법론은 모든 부분(部分)에 있어서 빠져 있다.

43. 외계(外界)가 나의 투사(透寫)인 Acosnism은 재창조적 생성(生成)의 인식론일 뿐이며, 창조적 내계(內界)의 영성 존재론적 인식과는 대칭성을 갖는다.

44. 공(空)은 공(空)이다. 따라서 일반적인 인식의 대상이 아니며

깨달음의 산물이요, 제3의 영적 인식(認識)의 대상이다.

45. 상징의 언어(言語)는 상징적 존재인 신(神)의 몸인 영과 소통할 수 있는 유일한 방법론이다.

46. 상징의 언어는 언어의 소립자(素粒子: Elementary Particle)이다. 상징의 언어는 제3의 인식의 방법론이다.

47. 경험은 인식 발생과 성립의 재창조적 근거이며, 직관(直觀)과 오성(悟性)은 경험 이전의 창조적 존재론적 본질(本質)이다.

제8장

논리학 비판

1. 논리학(論理學: Logic)은 사고의 법칙과 형식 및 내용을 연구하는 철학의 중요한 분과(分科)이다. 따라서 사고의 형식과 내용의 중요성은 지대하다. 그런데 사고의 형식과 내용에 있어서 영(靈)철학은 새로운 세계에 대한 형식과 내용을 추구한다. 그것은 종래의 일반적 논리학이 접할 수 없었다. 다른 세계에 대한, 즉 영(靈)철학 존재론과 인식론에서 사고의 대전환을 요구하는 것과 같이, 수준의 차원이 전혀 다른 형식과 내용의 제4의 논리인 인격적 종적(縱的) 관계에 의한 영성교류법적 논리학이다.

2. 교류(交流)법적 논리학에 있어서 교류의 본질적 근본은 사랑이며 그 방법은 보호에 대한 인격적 영성의 보호와 책임에 대한 요구조건이요, 그 법칙은 각각 3단계 3급의 상대적 곱셈인 승수(乘數) 즉 $9 \times 9 = 81$의 수리법칙이다. 성장단계별 보호의 영적 법칙은 직·간·무/직·간·무이며, 책임의 요구조건은 무·간·직/무·간·직이다. 따라서 수직적 영적 교류법적 논리학의 정(正)·교(交)·합(合)에 있어서 헤겔의 변증법적 논리학의 정(正)·반(反)·합

(合)의 상징인 대립과 논쟁은 끼어들 여지가 없으며, 대상적 세계와의 사이에서 관계에 있어 통일사상의 수수법적(授受法的) 논리학의 수평적 정(正)·분(分)·합(合)과는 그 차원이 다르다.

3. 인격(人格)철학은 논리적 사고의 과정을 오성적(悟性的) 단계와 이성적 단계의 위, 즉 차원이 다른 영적단계(靈的段階)를 다룬다.

4. 일원론(一元論)은 창조론이요, 이분론(二分論)은 재창조론이다. 그러므로 이원론의 이원(二元)은 이원이 아니라 이분(二分)이며, 이는 다시 4, 8, 16, 32, 64 등으로 미분(微分)되어진다.

5. 인격(人格) 논리학은 재창조에 있어서의 영성의 범주론과 보호와 책임의 변화에 대한 관여의 법칙(法則)을 다룬다.

6. 정(正)·반(反)·합(合)의 부정(否定)은 부정이 아니라 상대성(相對性)이요, 모순(矛盾)이 아니라 부족(不足)이다.

7. 헤겔(G. W .F. Hegel)의 논리학(論理學)은 사유의 빈곤(개념의 본질에 대한)이 만들어낸 희극이다. 헤겔의 이론은 아리스토텔레스의 생물학적 목적론적 우주관과 생성론적 사유(思惟)체계를 벗어나지 못하며, 그 사유의 깊이는 인격(人格)철학에 비해 매우 천박(淺薄)하다. 왜냐하면 역사의 이념이 발전하는 데 있어 주체와 대상에 의한 보호와 책임의 변화법칙을 알지 못했으며, 발전의 시초가 넘침과 사랑의 베풂이라는 영철학적 교류법이 아니라 모순과 부정의

변증법적 발전에 의한다고 보았기 때문이다.

8. 헤겔은 창조적 재창조에 있어서 존재의 근본이 미완성(未完成), 즉 부족·어림·결핍임을 알지 못하고 모순·부정이라는 개념을 사용하는 결정적인 오류를 범하였다(예: 현실의 근원인 이념 자체가 발전하는데 그 이념은 일련의 자기모순(自己矛盾)에 의하여 긍정·부정·종합으로 나타난다).

9. 창조적 성장론은 세계에 대한 의미론의 논리적 이론체계이다. 이것은 세계에 의한 인간의 창조와 인간에 의한 세계의 재창조의 합리적 교류(交流)인 연역과 귀납의 호혜적(互惠的) 통합성이다.

10. 상호교류(相互交流)에 의한 주(主)·객(客)의 호혜관계는 미완성의 산물이다. 따라서 정(正)·반(反)·합(合)의 변증법적 부정과 모순은 존재의 본질개념의 설정에 대한 지극한 오류이며 개념의 이방인(異邦人)이다.

11. 헤겔의 철학은 중세철학의 무지(無知)가 만들어낸 장애철학(障碍哲學)이다.

12. 헤겔철학의 정(正)·반(反)·합(合)은 불필요한 것에 대한 투쟁으로 비춰질 뿐 발전적 필요성에 대한 부족(不足)한 교류(交流: 정(正)·교(交)·합(合))의 법칙성을 밝혀내지 못하였다.

13. 헤겔의 모순(矛盾)과 부정(否定)의 개념은 조화를 창출할 수 없다. 왜냐하면 헤겔 논리학의 모순개념은 형식논리와 물리법칙의 혼돈(混沌)의 산물일 뿐이기 때문이다.

14. 헤겔의 신(神)의 개념은 아리스토텔레스의 형상(形相), 즉 절대정신·이성·절대지(絕對知), 로고스(Logos)·유(有)·정(正)이며 이것은 재창조의 창조의 개념인 주지주의(主知主義)적 신(神), 즉 철학적 절대자일 뿐 영철학적 창조의 신(神)인 주의주의(主意主義)적 종교의 신(神)이 아니다.

15. 헤겔논리학에 있어서의 가장 큰 오류는 3단계 성장 발전법인 영철학적 상호보완적 교류법인 유(有)−미(未)−성(成)을 유(有)−무(無)−성(成)이라는 변증법적 모순과 부정이라는 논쟁법으로 보았다는 데 있다. 다시 말해 헤겔은 영철학적 정(正)−교(交)−합(合)/정립−미정립−종합/긍정−부족−완전으로 보지 않고, 정(正)−반(反)−합(合)/정립−반정립−종합/긍정−부정−부정의 부정으로 잘못 보았던 것이다.

16. 독일관념론(觀念論: Idealism)은 사변적(思辨的)·현상학적·직관적·형이상학적 방법론을 이뤄냈지만 초월적 신에 의한 영철학적 절대가치 대신 대립적이며 오직 사유만을 통한 절대가치를 추구하였기에 독단적 형이상학이다. 역사철학적 개념으로서 절대이성, 논리학적 개념으로서 절대이념, 정신현상학적 개념으로서 절대자로 혼용(混用)되는 개념으로 절대정신을 사용한 것에서 주의

주의(主意主義 : Voluntarism)적 개념을 뛰어넘지 못하고 있음이 이를 증시(證示)하고 있는 것이다.

17. 형이상학적 관념론은 영철학적 영성론의 몸(Mom)철학이다. 따라서 관념론은 상대적 사상(思想)이며, 영철학적 절대가치 부재(不在)의 산물이다.

18. 형이상학(形而上學)은 존재론적 존재론에 대한 생성론적 존재론이다. 왜냐하면 형이상학은 재창조인 인간적 존재론이기 때문이다. 모든 비약(飛躍)은 암호(暗號)적 상징성이 만들어낸 언어개념 미분화의 산물이다. 따라서 일반 언어는 과정언어요, 중간언어요, 매개 언어이다. 그러므로 개념분화는 비약을 비약이 아닌 것으로, 즉 비약이 되지 않게 한다. 또한 존재의 궁극세계의 인도자로서 언어 표현의 한계에 대한 새로운 논리(論理)의 언어이며 방법론이다.

19. 객관적 관념론은 주관적 관념론의 자아철학 위에 객관성의 껍질을 씌워 자연철학을 확립하였으며(선험적(先驗的) 관념론의 체계를 통하여 동일철학에까지 도달하였지만) 영철학적 절대 가치 수립에는 턱없이 부족한 쭉정이 관념론이라 하겠다. 또한 그 발전의 근본을 모순과 부정에 의한 것으로 보았다. 그런데 영철학인 창조적 성장론의 미완성(未完成), 즉 부족(不足)한 존재의 상호교류법칙 관계에 의한 성장발전의 입장에서 볼 때 헤겔철학의 전반에 깔려있는 모순과 부정에 의한 정(正)·반(反)·합(合)의 변증법적 발전개념은 위험

한 개념이며, 심각한 개념설정의 오류에 의한 장애관념(障碍觀念)인
것이다.

20. 창조(創造)는 이분화(二分化)로 진행되며, 재창조는 일원화(一元化)로 귀결된다.

21. 변증법(辨證法: Dialectic)적 논리학은 개념설정의 오류의 학(學)이다.

22. 연역법(演繹法: Deductive Method)과 귀납법(歸納法: Inductive Method)은 창조적 재창조인 창조적 성장의 산물이다.

23. 기호논리학(記號論理學)은 존재론적 상징개념 논리학이다.

24. 통일논리학의 수수법적 논리학은 이분적(二分的) 논리학이다
(일원적 이분론의 근본법칙을 세우지 않음).

25. 교류법적 논리학은 창조적 일원적 이분이요, 재창조적 이분
적 일원의 논리학(論理學: Logic)이다.

26. 인격(人格) 논리학의 범주(範疇)는 종래철학의 존재형식에 창
조와 재창조·보호와 책임을 특별범주로 다루며, 사유형식에 영성
법칙인 창조적 완성과 재창조적 미완성 그리고 미완성·중간·완
성 및 외적(外的)역사·종교역사·내적(內的)역사(직 · 간 · 무/무 · 간 · 직)

를 다룬다.

27. 형식논리학은 존재의 고정적인 면(面), 즉 초시간적 형식과 법칙을 다룬다는 점에서 재창조적 창조의 논리학이다. 영성논리학은 시간(時間)과 함께 변화하고 있는 창조적 관여의 보호(保護)와 책임(責任)의 법칙을 다룬다는 점에서 창조적 재창조의 논리학(論理學)이다.

28. 형식논리학(形式論理學: Formal Logic)에서는 사고 형식의 법칙만을 다루고 있는데, 그 법칙의 최고의 원리로서 동일률(同一 律), 모순율(矛盾律), 배중률(排中律), 부족이신률(不足理申律)을 들고 있다. 그런데 여기에서 모순율(矛盾律)은 부족률(不足律)로 배중률(排中律)은 분별률(分別律)로 그 개념을 바꿔야 한다.

제9장

정치와 사회제도

서론: 시스템(System)철학

1. 시스템(System)철학과 정치

1) 시스템(가치)철학

라츨로(Ervin Laszlo)는 그의 저서 『시스템 철학론(The Systems View of the World)』에서 "목적을 추구하는 것치고 가치로부터 자유로운 것은 아무것도 없으며, 지금까지의 지식은 상대적으로 고립된 채 깊게만 추구되면서도 한편 폭넓게 통합이 되지 못하는 불행한 결과를 낳고 있다. 또한 제 과학의 새로운 발전에서 나온 철학이 시스템 철학이며, 제대로 전체적인 틀을 갖추게 될 때 시스템 철학은 우리에게 사실적 규범적 지식을 함께 줄 수 있을 것이다."라고 역설한 바 있다. 또한 시스템 조직의 공통성 발견의 방법으로 가설적 연역법(Hypothetico-Deductive Method), 즉 기초적인 도구로 하나의 가설(假說)을 설정하고, 그것이 실제 경험에 합치되는가를 추적해 나가는 그런 방법으로 시스템론적 견해들을 다음과 같이 열거하였다.

(1) 현실을 제대로 파악하기 위해선 사물을 고유한 특성과 구조를 가지고 있는 시스템으로 봐야 할 것이다.

(2) 모든 것을 복합적 조직으로 봄.

(3) 다른 사물을 고려하지 않고도 연구될 수 있는 독자적인 현상은 아니다.

(4) 세계를 통합된 관계의 집합이라는 견지에서 보는 것.

(5) 조직이라는 공통적 측면에서 공통점을 찾으려고 함.

(6) 단순한 건축물이 아니라 각각의 건축물에 나름대로의 독특한 성격을 부여하는 재료들이 조직화되어 있다는 측면에서 이들을 봄.

(7) 시스템들 사이에는 상호의존성이 존재하게 된다.(例 그물코)

(8) 시스템들 행동에는 정연한 질서와 한계가 있다.

(9) 섬세한 조직체의 세계이며, 조화와 역동적 균형으로 봄.

(10) 진보는 상부로부터 결정 없이 하부(새로움)로부터 촉발됨.

(11) 진보와 함께하려면 적응을 하여야 한다.

(12) 정치에 있어선 국내외 정책은 융통성과 함께 혁신적이어야 하며 하위직과 고위직 대표자 간의 위계적 균형이라는 일반적 정책의 보완적 모습을 이해해야 함.

2) 시스템철학정치

역사는 종적 상대적 관계(전제군주제: 父·子관계)에서 횡적 상대적 관계(입헌군주제: 夫·婦관계)로 변화 발전하는 시스템 체계론적 성장의 원리를 갖게 되는 법이라고 상술하였다. 따라서 행위의 주체와 객체 간의 횡적 상대적 관계를 상징하는 민주화(民主化)는 21C

선진정치의 화두이며, 대의정치 및 참여행정이 실현하여야 할 이상이요 희망이며 꿈이다. 다시 말해 인류의 정치역사에 있어서 민주주의를 왜? 우리의 국가 제도로 세워야 하며, 민주주의란 무엇인가?에 대한 본질적인 물음에 있어서, 성장역사(成長歷史)의 원리와 시스템(System)철학체계는 그 궁극적 근거를 제시(提示)하는 것이다.

3) 완성의 정책정치

기존의 정책이 특출하게 뛰어난 특정 정치인의 정치적 지식이나, 정치적 전략과 전술을 믿고 추종하는 기술적 신념의 정치였다면, 완성의 시스템 정치는 다수가 공감(共感)할 수 있는 목적적 프로그램, 즉 이상사회가 갖추어야 할 완전한 정책모델(청사진)을 먼저 제시(提示)한 후에, 정치지도자와 주인인 국민이 그 목적을 이루기 위해 법과 제도에 의해서 서로 협력하여, 공동으로 이행하는 새로운 '제4의 정치 모델(Model)'을 뜻한다.

부연하면 완성의 정책정치란? '인격적인 사랑에 의한 상생정치(相生政治)'를 말함이며, 국민도 그 정치적 책임으로부터 자유로울 수 없는 정치체제를 뜻한다. 따라서 기존 정치는 인물(人物)중심의 정치기술자(목수)였으며, 구체적인 설계도가 부재했기 때문에 국민은 정치가의 정치 행위에 대하여 절대적인 관리(管理)와 견제(牽制)가 불가능하였으며, 오로지 힘과 권모술수에 의한 일방적인 이끌림의 수직적인 지배 정치의 악순환을 되풀이할 수밖에 없었던 것이다. 그러므로 시스템에 의한 공존(共存)정치를 통하여 완성된 정책(政策)정치를 창출해야 할 것이다.

4) 정책정당(政策政黨)

인물정치(정당)는 미완성기의 정치지도력(Actor)의 상징이요, 정책정치(정당)는 우리나라 정치에 있어서의 새로운 블루오션 전략인 완성기의 정치지도력(Agent)의 표본이다. 따라서 기존의 정당이 당(黨)의 뜻을 같이하는 인물들의 모임으로서 숫자와 양(量)에 의해 정책을 결정하는 무리(인물중심)에 의한 지역주의(地域主義) 중심 정당(政黨)이었다면, 시스템적 철학(Systematic Philosophy)의 교류에 의한 정책(政策)정당은 정치적 목표를 완벽(完璧)하게 먼저 수립(樹立)하여 새 가치관에 의한 이상사회의 설계도를 제시하는 정치이다. 이는 국민의 단순한 참여(參與)가 아니라 국민과 함께하는 공존(共存)의 정치이며, 국민의 높은 수준(水準)의 질(質: 국민교육이 병행되어야 함)에 의한 제도적(制度的) 정책 중심의 정당(政黨)을 뜻한다.

5) 제4의 이념 정치

기존의 정치가 입법(立法)의 필요성을 뒤따라가면서 의미적으로 맞춰가는 땜질식 사안별(事案別)정치요, 문제의 발생에 대응(對應)하는 임기응변의 정치였다면, 제4의 이념 정치는 시스템(System)철학에 기반한 정치이다. 따라서 문제 발생 가능성을 미리 예견(豫見: 영국의 노동당은 Forethought Program을 개발하고 있음)하여, 입법·사법·행정과 경제·정치·종교 등등의 전 방위적 분야를 총체적으로 집대성한 제3의 공존적·제도적 모델(조감도)을 먼저 세운 다음, 실행(實行)의 완전성을 찾아가기 위한 예방 위주의 정치이다. 이는 선법정치(先法政治)이며, 상생의 원활한 교류정치이자 쌍방의 정치적 수준이 높아야 하므로 '제4의 이념'교육(理念敎育)에 의한 새로운 철학적 가치적 비전 정치인 것이다.

6) 공존(共存)의 정치

기존의 정치가 정치(政治)적 절대성에 의한 입법·사법·행정 중심의 권력(관료: 뷰로크라시)정치였다면, 시스템 정치는 정치적 절대성(Political Absolute)을 상대화시켜서 경제·종교·사회·문화와의 관계를 기우뚱한 수평적 균형의 관계로 지향해가는 공존(共存)의 정치체계를 뜻하는 것이기에, 경제의 정치·종교의 정치·문화사회의 정치라고도 할 수 있는 공동체정치이며 진정한 조직적 협력의 새 가치정치를 의미한다.

* 예시

(1) 제3의 경제학과 경영원리의 창출을 통한 소유권의 창조적 상(上)·하(下)한제 실현. 양극화문제 해결.

(2) 정치권력의 분권화와 지방 행정의 활성화 추구. 지역별 특화 사업, 기관의 분산 배치

(3) 절대가치 창출로 종교적 배타성 척결과 제도적 공존체제 완성 등. 문명의 충돌 방지

2. 시스템(System)정치의 해제(解題)

1) 철학적 의미(意味)

(1) 존재(存在: Being)와 생성(生成: Becoming)의 원활한 교류 정치이다.

(2) 사회적 약자를 중시하는 정책에 의한 정치이며, 참여행정정치이다.

(3) 블루오션정책 정치이며 진정한 열린 정치이다.

(4) 공존주의정치로서 국민과 정치인 쌍방에게 책임(責任)을 요구하는 정치이다.

(5) 냉전적 이데올로기의 파벌 정치가 아니라, 양미론적 제4의 이념에 의한 새 가치관 정치이다(철학적 정치).

(6) 신바람 나는 정치이다(용서와 화해를 통한 베풂의 정책 정치).

(7) 지혜(智慧)의 정치이다(꿈의 정치·도덕정치·사랑정치).

(8) 중성성(中性性)정치요, 협력의 정치요, 화합의 정치이다.

(9) 미래정치, 예방(豫防)정치이다(Forethought Program에 의한 예견 정치).

(10) 큰 정치·군자정치·성인(聖人)의 정치 시대를 열기 위한 나눔, 용서의 정치이다.

(11) Lotto정치이다(번호의 선택을 소비자가 결정하는 진정한 참여 정치).

(12) 혈연·학연·지연에 절대성을 갖지 않는 초월적 새 가치관 정치이다.

(13) 신본적 인본주의(神本的 人本主義) 정치이다(종교적 정치).

(14) 주인정신을 심어주는 새로운 제4의 모델을 지향하는 주인 정치이다.

2) 사회 제도적(社會 制度的) 의미

(1) 제4의 정치모델이며, 행정참여제도이다.

(2) 공존체제를 위한 창조적 중립(中立)정부 정치이다.

(3) 형제정치(兄弟政治)이다(보호와 함께 책임을 갖게 됨).

(4) 공존적 협력의 정치이다(종교·정치·경제의 유기적 협력정치).

(5) 정치 권한의 축소(縮小)와 국민 참여의 확대(擴大)를 지향하는 정치이다.

(6) 이원집정부제와 내각제적 요소를 내포하는 정치이다.

(7) 선진(先進)정치요, 국제적 정치제도를 선도해 나갈 미래정치 이다.

(8) 기회의 평등을 지향해 가는 정치이다(분배의 정의를 조율하는 정 치이다).

(9) 제3의 길(The Third Way)에 대한 대안의 새로운 방법론이다.

(10) 사회제도와 정치제도 개혁의 병행정치이다(새 가치관에 의한 선진의식 고양).

(11) 범인류사적 숙원인 남북통일의 공존주의 모델을 제시하게 될 큰 정치이다.

3) 정보적(情報的) 의미

(1) 콘텐츠(Contents) 정치이다(내용(가치)이 풍성한 '완전'의 정책정치이다).

(2) 사이버(Cyber) 정치이다(가설적 연역에 의한 청사진 제시정치).

(3) 매스미디어 정치이다.

(4) 디지털 정치이다.

(5) 유비쿼터스(Ubiquitous)의 정치이다(시·공을 초월한 대통합 정치).

(6) 정보교류에 의한 의사소통 정치이다.

(7) 공개(公開)정치를 실천하는 정치이다.

(8) 존재의 궁극 목적으로 안내(I.T.)하는 정치이다(이상사회를 위한 생활공동체 정치).

제1절 정치

1. 완성기는 절대가치의 시대이기 때문에 이데올로기의 투쟁(鬪爭)이 아니라 지성을 위한 지적·문화적 화쟁(和爭)의 때이다.

2. 완성의 정치는 사랑과 희생에 의한 가치정치이며, 자발적 참여(參與)에 의한 행정(行政: Public Administration) 중심의 정치이다. 따라서 대의정치는 새로운 창조적 변화를 요구하게 된다.

3. 정치(政治)는 올곧음이요 존재론적 목적의 성취를 위해서 존재한다. 따라서 그것은 그 시대정신의 반영(反映)이요, 성장단계별 3단계 법칙인 검(劍: 힘)·법전(지식)·거울(인격)의 변화 발전의 과정을 거치면서 궁극에로 도달(到達)하게 되는 것이다.

4. 정치의 정(政)은 올바름에 대한 어버이의 다스림을 뜻한다. 그러나 이것은 미완성기의 방법론(方法論: Methodology)일 뿐이다. 왜냐하면 성장(成長) 완성기는 결혼기이기 때문에 남편이 아내를 대하듯이 국민(國民)을 대해야 하기 때문이다.

5. 민심(民心)은 시대정신의 천심(天心)과 목적추구를 위한 여론(輿論: Public Opinion)의 두 형태가 서로 공존하면서 존재한다.

6. 중도론(中道論)의 위험은 양극(兩極)의 극단의 존재에 대한 배척(排斥)에 있으며, 결국 또 다른 삼분론이다.

7. 중도는 양극의 배제, 공익(共益)은 모든 융화(融和), 즉 Chaosmos 이다.

8. 인물중심의 책임은 주체에 있고 타율성을 갖으며, 정책중심의 책임은 대상에 있고 자율성을 갖는다.

9. 입법(立法)은 아버지 법이요 중심법이며 가치의 법이요 기능성을 갖고, 행정법(行政法)은 어머니 법이요 주변법이며 현실(現實)의 법이요 집행성을 갖는다.

10. 입법(立法)은 하늘의 법이요 영성의 법이며, 행정법은 땅의 법이요 육신(肉身)의 법이다.

11. 완성기는 국가종교에 의한 선(善)의 강제성이 아니면 성장완성에 도달한 인류의 영성을 규제할 수 없는 법이다.

12. 지방분권은 상속권(相續權)인 완성(完成)의 산물이다. 따라서 자립을 위한 철학적 가치의 확립과 법질서 준수 및 헌신적 책임민주주의의 가치관 교육 부재(不在)하에서는 결코 성공할 수 없는 법이다. 따라서 지방자치의 완성은 제도의 철학적 가치분권의 여부(與否)에 있다.

13. 집단주의(集團主義)는 특별한 능력을 소유한 인물 중심의 산물(産物)이요, 공동체주의는 절대가치에 의한 목적적 프로그램

(Program)에 의한 정책의 산물이다. 따라서 집단주의는 상대적 절대성을 갖는 과정주의이기 때문에 모든 존재에게까지 완전할 수 없으며, 결국 공동체주의에 의하여 잠식당할 수밖에 없는 법이다.

14. 사회주의(社會主義: Socialism)는 유물론(唯物論)의 외피를 입고 종교적 이상사회를 지향하였고(전체주의화), 자본주의(資本主義: Capitalism)는 유일론(唯一論)의 외피를 입고 물질추구라는 경제적 목적을 추구하였다.

15. 완성기는 개인이나 단체가 아니라 국가의 사회체제를 통하여 정치적 가치(價値)를 실현하는 시기(時期)이다.

16. 아나키즘(Anarchism)의 존재론적 본질은 영성(靈性)의 정부(政府)이다.

17. 종교는 하늘 편의 사람과 방법론인 이상사회의 창조적 프로그램을 설정한 후 연역적으로 이 땅에 내려와 현실화를 위하여 진력해온 역사였고, 정치는 땅 편의 사람과 방법론으로 이상사회를 찾아서 귀납적으로 하늘로 부단히 올라온 역사이다. 따라서 이 둘이 만나서 어우러지게 되는 극점(Omega Point)을 맞이하게 될 때 비로소 이상사회는 탄생되게 되는 것이다. 따라서 이 극점은 종교국가가 아닌 국가종교를 의미하는 종교정치 또는 신정정치 시대를 창출하게 되어 지금까지 볼 수 없었던 새로운 정치문화와 새로운 종교문화를 잉태하게 되는 것이다. 이것은 정치만의 정치

와 종교만의 종교가 아니라 정치와 종교의 합일을 뜻하기 때문에 정치와 종교의 모든 부분에 있어서 대 변혁을 불러일으키게 된다는 점이다.

18. 종교는 완성을 뜻하기에 이타성이 중심이지만, 정치는 미완성을 뜻하기에 이기성이 그 중심이다. 이것은 마치 인간에게 있어서 마음의 법은 끊임없이 하늘의 뜻을 따르고자 하지만 육신의 법은 하늘의 뜻과 상반되는 땅의 물욕을 끊임없이 요구할 수밖에 없는 것과도 같다. 따라서 종교성 부재와 정치성 부재의 사회체제는 절름발이일 뿐이다.

제2절 사회제도

1. 이상사회는 인간 개개의 구성원들의 깨달음과 정치형태와 집권자의 덕(德)이 삼위일체(三位一體: Trinitas)가 되어 조화되지 않으면 불가능한 것이다.

2. 사회주의는 종교주의체제요 자본주의는 정치주의체제이다. 왜냐하면 전자는 종교적 이상을 먼저 수립한 후 땅으로 내려오는 창조적 존재의 방법을 취했고, 후자는 현실을 중심으로 종교적 이상사회를 찾아서 올라가는 재창조적 생성의 방법을 취했기 때문이다. 따라서 사회주의는 종교적 이상주의의 산물이요, 자본주의는 정치적 현실주의의 산물이다. 그러므로 이 둘은 적절히 조화되지 않으면 안 된다.

3. 이상사회에 있어서의 제도(制度)와 사랑은 불가분(不可分)의 관계에 있는 법이다.

4. 미완성기는 인간의 무지로 인해 인본적 신본주의(神本主義)의 시대로 기능하지만, 완성기는 인간 영성의 성장으로 인해 신본적 인본주의 시대를 구가하게 된다.

5. 사회주의(社會主義)와 자본주의는 미완성주의요 공존주의(共存主義)는 완성주의이다.

6. 공존주의는 기회의 평등을 추구할 뿐, 결과의 평등까지 요구하는 것이 아니다.

7. 절대가치 부재(不在)의 미완성기는 종교·정치·경제가 분리성을 갖지만, 절대가치 수립의 완성기는 종교·정치(政治)·경제(經濟)가 일치성을 갖는다.

8. 재창조의 성장에 있어서 종교와 정치는 1/3로 일치하는 법이요, 정치와 경제는 2/3로 일치하는 법이다.

9. 제도의 변화성은 성장(成長) 발전의 산물(産物)이다.

10. 종교(宗敎)는 사랑의 권위의 상징이요, 머리이며 정치는 사랑의 권력의 상징이요, 몸통이며 경제(經濟)는 사랑의 권능의 상징

이요, 다리와 같다.

11. 완성주의는 재창조주의이므로 열매주의요 확대주의이며 축복주의이다.

12. 미완성기는 소유권(所有權)의 시대이기 때문에 사유재산 제도가 주체성을 갖지만, 완성기는 상속권의 시대이기 때문에 사랑의 분배(分配)가 주체성을 갖게 되는 법이다.

13. 미완성기는 주체자로부터 소유물(所有物)을 지급받지만, 완성기는 상속물(相續物)을 지급받는 법이다.

14. 공존주의(共存主義), 즉 신본주의란? 곧 한 가정(家庭)의 확대주의이다.

15. 공존주의란? 지나친 이기적 사유재산제의 폐지이므로 이는 곧 이타적 공유재산제의 비율을 늘리는 주의를 의미하는 것이다.

16. 자본주의는 절대적 자유주의이며, 공산주의는 상대적 자유주의이지만, 공존주의는 상대적 절대의 자유와 평등, 즉 협동주의이다.

17. 공존주의란? 완성주의이므로 책임주의이다. 따라서 사랑 없는 공존주의는 더 큰 파멸을 초래하게 될 뿐이기 때문에 차라리

공존하지 않는 것이 더 나은 법이다.

18. 미완성된 모든 사회제도(社會制度)는 공존의 형태를 새롭게 재창조하지 않으면 안 된다.

19. 공존주의는 전체와 개체가 상호보완성을 갖는 복잡계일원 체제이다.

20. 존재론적 사유(思惟)의 공존에 있어서 종교·정치·경제의 삼위가 일치된 제도의 완전함은 존재할 수 있으나, 분리 독립하여 존재하는 제도의 완전함은 존재할 수가 없는 법이다.

21. 완성(完成)의 사회는 공존의 세계이므로 공존체제를 창조하지 못하면 재창조의 완성이 불가능한 법이다.

22. 과정주의적 제도의 모순은 불일치, 즉 부족(不足)과 미완성(未完成)의 산물이다.

23. 정당한 이유 없는 휴식(休息)은 죄(罪)의 근원이다. 따라서 자본주의의 실업(失業)은 이기심의 온상(溫床)이다.

24. 절대가치 부재 상태에는 결국 정(政)·교(敎)가 분리될 수밖에 없으며, 힘에 의한 통치에서 오는 갈등을 완전하게는 치유할 수가 없는 법이다. 따라서 정치든 종교든 인격(人格)과 사랑의 양심

(Conscience)을 다시 찾아 세워야 하는 과제를 갖게 되는 법이다.

25. 절대가치 부재상태에서의 과분한 상속(相續)은 오히려 재창조를 불가능하게 하는 근본원인으로 작용하게 되는 법이다. 왜냐하면 완성은 소멸이기 때문이다.

26. 신본적 인본주의에 의한 천주주의란? 결정과 자유의지(自由意志)에 의한 평등과 자유의 조화주의(造化主義)이다.

27. 창조기와 재창조기에 있어서의 종교와 정치와 경제의 역할과 비중은 상반성(相反性)을 갖는다.

28. 검찰(檢察)은 인간 행위에 대한 횡적(橫的) 외형의 간접적 파수꾼이요, 양심은 종적(縱的) 내면의 직접적 파수꾼이므로, 시민의 양심이 살아있지 않는 국가의 질서는 요원한 것이다.

29. 창조 이상 완성자로서의 인간의 궁극의 목적과 그 책임(責任)은 종교와 정치와 경제를 하나로 일치시켜 성장(成長)단계에 맞게 시스템화, 즉 재창조하는 것이다.

30. 사회주의(社會主義: Socialism)는 전체주의(全體主義)요, 민주주의는 개체주의이며, 천주주의(天主主義)는 공생주의이다.

31. 절대가치 부재 상태에서는 공존적 이상사회의 모델(Model)

을 결코 창출할 수 없는 법이다. 왜냐하면 모든 상대적 가치는 혼란을 불러일으켜 결국 패당을 지을 수밖에 없는 법이기 때문이다.

32. 공존주의란 인격(人格)과 사랑에 의한 박애·자비·덕치(德治)주의의 다른 이름이다.

33. 공존주의는 완성기의 절대가치에 의한 이념(Ideal)이 주체성을 갖고, 경제의 소유권(所有權)과 정치의 선출권은 객체성을 갖는다.

34. 공존체제의 제3의 경제학과 경영이론은 인격적 영성(靈性)에 의한 기회의 평등과 나눔이라는 사랑의 공정성을 인격적 법칙으로 하는 협동이라는 새로운 방법론을 찾지 않으면 안 된다.

35. 민주적 왕정사(王政史)는 공존적 완성주의(完成主義)의 제도사이다.

36. 공존체제는 소유권(所有權)의 상·하한제(上·下限制)를 필요로 하는 제도이다.

37. 이상사회는 사랑의 가치(價値)를 보다 더 중시하는 사회제도와 법과 정책에 의하여 인격적인 방법으로 이루어지게 되는 것이지, 특정한 인물 중심의 권위주의와 패거리에 의한 이기적 독재(獨裁)로 세워지는 것이 아니다.

38. 혁명(革命: Revolution)은 종적 변화성을 갖고, 개혁(改革: Reform)은 횡적 변화성을 갖는다.

39. 미완성기는 보호와 추종에 의한 종적(縱的) 체제기이지만, 완성기는 책임과 협력에 의한 횡적(橫的) 체제기이다.

40. 중세시대의 국가 권력은 신을 빙자한 권력으로서 일인 주권 자와 그를 따르는 특정한 무리들의 호의호식을 위한 인물 중심의 정치였으며, 종교는 단지 권력의 시녀로서 음흉한 이중의 가면에 의해 이용당한 것에 지나지 않는다. 따라서 진정한 종교적 가르침 에 의한 권력이란? 개개인을 억압하고 자유를 침해하는 것이 아 니라 제자의 발을 씻기는 예수의 상징과도 같이 사회적 약자를 보 호할 수 있는 치밀한 정책과 창조적 제도를 창출하기 위해 진력을 다하는 사랑의 권력이어야 한다.

제10장

공존주의 · 공생경제론

제1절 공존주의 · 공생(혼합 · 통일)경제론의 정의 & 신자유주의의 종언(終焉)

1. 공존주의 · 공생경제론의 정의

· 자유 시장 경제학의 근저를 이루는 이론적, 경험적 가정은 의문의 여지가 많다. 따라서 우리가 그동안 경제와 사회를 조직해 온 방식을 그냥 수정하는 정도가 아니라 완전히 새롭게 재구성하지 않으면 안 된다(장하준).

· 미완성에서 완성을 지향한 '창조(父)와 재창조(母)를 통한 성장(子女: 진화)'의 인류 역사에 있어서 사회주의와 자본주의는 과정주의이다. 따라서 사회주의와 자본주의라는 반쪽의 제도하에서 창출된 모든 경제 이론과 정책은 결국 "종교 없는 과학, 과학 없는 종교는 절름발이"라고 말한 아인슈타인의 명언처럼 절름발이 신세를 면치 못한다. 왜냐하면 자본 소유, 즉 생산양식의 국유화와 사유화, 자원 배분 방식, 즉 시장 경제와 계획 경제의 적절한 조화를 바탕으로 구축된 이론

이나 제도가 아니라 편향된 양 체제가 잉태한 부분적 사유의 산물이기 때문이다. 이는 밤과 낮을 분리해서 연구한 것과도 같고, 동양 철학과 서양 철학의 수많은 철학적 파편들이 다양하게 창출되었지만 결국 양비론적 사유의 카테고리를 벗어나지 못한 것과도 같은 것이다.

· 시대에 따라 경제의 패러다임이 단계별로 가변성을 갖게 되는 이유는 역사가 3단계 3급으로 발전하는 성장 변화의 법칙을 갖기 때문이다. 따라서 경제의 형태도 원시공동체 경제시대와 수많은 학파주의 경제이론 시대를 거쳐 인격과 영성공동체 경제법칙 시대로 변화하게 되는 법이다(권추호).

· 자본주의와 시장경제는 같은 것이 아니다(페르낭 브로델, Fernand Braudel).

· 자본주의/사회주의: 생산양식(수단)의 소유의 사유화와 국유화의 여부에 따름.

· 시장경제/계획경제/전통경제: 자원 배분 방식의 차이에 따름.

· 공존주의는 사회주의와 자본주의의 장점을 창조적으로 결합한 체제이며, 공생경제는 시장과 정부, 국유와 사유의 비율(50% : 50%)을 균형 있게 조화시킨 제도를 뜻한다(권추호).

· 전문가란 새로운 것은 아무것도 더 배우려 하지 않는 사람을 말한다. 뭘 더 배워야 한다면 그것은 자신이 전문가가 아니라는 걸 인정하는 것이기 때문이다.(해리 S. 트루먼, Harry S. Truman)

세계경제 위기의 근본 원인은 완성된 국가체제 및 절대가치에 의한 시대정신의 부재의 산물이다. 왜냐하면 경제는 궁극적 목적이 아니라 종교적·정치적 목적 달성을 위한 과정적 수단이기 때문이다. 따라서 공존주의는 생산수단의 제4의 체제론(사용권과 사유재산의 공유), 즉 사회주의와 자본주의의 장점을 결합해 만든 새로운 창조적 체제의 모델이며, 또한 공생 경제론(Symbiosis Economics)은 시장과 국가개입의 미묘한 경계선을 조화시킨 새 경제론으로서 아나톨 칼레츠키(Anatole Kaletsky, 1950. 6. 1~)의 주저 『자본주의 4.0』에서 밝힌 '혼합경제론'과 『시장의 착각, 경제의 방향』의 저자 한배선 한국개발연구원(KDI) 주임연구원이 설파한 '공동체 자본주의', 즉 '맞춤형 자본주의'를 지향하는 경제론에 가까운 경제 모델이다.

미국의 빌 게이츠에 의해 언급된 '창조적 자본주의'가 시장경제의 비중이 높고, 중국의 '국가자본주의'가 계획경제의 비중이 아직도 여전히 높다면, 영(靈)철학, 즉 창조적 성장 경제론에 의한 '공생경제론'은 시장과 국가개입의 비중이 절묘하게 조화를 이룸과 동시에 정책과 제도만으로도 완전할 수 없는 사회적 최약자 보호를 위한 창조적 기부(보호)제도의 도입을 전제한 '창조적 영성 경제

212

론'으로서의 성격을 갖는다. 시장만능주의도 정책만능주의도 결국 보수와 진보, 좌파와 우파라는 양비론적 사유가 잉태한 괴물 이상 이하도 아니다. 시장과 정책의 적절한 조화, 즉 시장과 국가의 조화로운 경계선을 선택하기 위한 양미론적 사유의 새 가치관(영철학) 창출이 그 대안일 것이다.

자본주의의 위기는 신자유주의가 추종했던 시장 우상화에 대한 실패 때문만이 아니라 생산과 유통의 역할 분담에 대한 무지, 그리고 실물에 대한 지원과 보조의 기능을 수행해야 할 금융의 지나친 이윤 추구행위가 빚어낸 인간의 이기적인 탐욕 때문이며, 또한 결국 철학의 부재에 의한 체제불안정과 시장경제를 자본주의의 전부로 잘못 인식한 신자유주의의 시장 만능주의가 그 근본 원인이다.

대니 로드릭 교수는 "세계경제의 문제는 국제협력 부족이 아니라 세계시장의 확대가 거버넌스 범위에 의해 제한되어야 함을 깨닫지 못하는 사실에서 온다. 국제규범을 축소하고 개별 국가에 자율성을 더 많이 부여하면 더 나은 세계화를 맞이할 수 있다."고 했다. 그러므로 제4의 경제학으로서의 공생경제론은 지극한 인간학적 '인격 경제론'이며 전체성과 개체성을 적절히 조화시킴으로써 기존의 경제 제도에 대한 혁신적 전환을 요구한다. 따라서 공생경제학은 기존의 일반 경제론과는 그 차원이 다른 경제학이며, 이는 기존의 경제 이론을 초월한 '제4의 길'에 의한 새 경제론이다.

다시 말해 이것은 '혼합경제'와 '공동체 자본주의'에서도 구체적으로 밝히지 못한 생산과 유통부분의 각각 50% 사유화와 공영화를 위한 역할분담과 비율 배분에 의한 공생경제론이다. 또한 이것은 남북으로 분단된 한반도의 대한민국이라는 특수한 경제제도와 정치제도의 체제 하에서 평화통일을 위해 실행하지 않으면 안 된 '창조적 통일 경제학'이다.

남한은 생산부분에 있어서는 각종 공기업의 공사(公社)에 의해 이미 50% 공영화가 되어 있다. 이제 유통부분에 대한 제도적 혁신(50% 공영화)만 성취하면 우리의 경제체제는 다른 선진국들에 비해 혼합경제인 공생경제의 새로운 모델을 앞질러 선보일 수 있게 될 것이다. 이것이 자본주의와 사회주의의 장점을 창조적으로 계승·발전시킨 공존주의 공생경제의 진면목이요, 미래 비전이다. 사회주의도 자본주의도 단독으로서는 결코 완전하지 않다.

2009년 세계의 경제학계는 노벨경제학상 수상자인 조지프 스티글리츠를 주축으로 새 경제학의 틀을 모색하고자 영국 런던에서 '새로운 경제적 사고를 위한 연구소(The Institue for New Economic Thinking)'를 출범시켰다. 영(靈)철학, 즉 창조적 성장론에 의한 성장의 역사는 성장 단계별 다양한 형태를 갖게 되는 존재 법칙을 다룬다. 시장과 국가의 일과 역할 또한 시대마다 처한 환경마다 달라야 하는 법이다. 분명한 것은 금융과 국가재정 위기 이후 지금 세계는 국가의 역할에 대한 필요성을 절대적으로 요청하고 있다는 것이다.

2. 신자유주의의 종언(終焉)

1. 로버트 하일브로너와 윌리엄 밀버그의 공저 『자본주의 어디

서 와서 어디로 가는가』에서 "대부분의 경제학자는 시장체제와 자본주의를 동의어로 사용한다. 특히 신자유주의 사고에서는 자본주의가 곧 시장경제체제다. 하지만 자본주의와 시장경제는 결코 같은 의미가 아니다. 자본주의는 생산양식의 특징을 나타내는 것이라면 시장경제는 자원배분의 특징을 표현하는 용어다. 경제사의 구분에 따르면 생산양식의 차이를 결정하는 생산수단의 사적 소유 여부에 의해 자본주의와 사회주의가 나뉘고, 자원 배분 방식에 의해서 시장경제체제와 계획경제체제, 그리고 명령에 의한 전통 경제체제로 나뉜다."라고 했다.

2. 『시장의 착각, 경제의 방향』의 저자 한배선 KDI 주임 연구원은 "자본주의는 자본을 축적하기 위해 시장을 하나의 제도와 수단으로 채택해 왔다. 이 과정에서 자본주의는 끊임없이 궤도 수정을 거듭해왔고 시장은 그때마다 국가설계의 대상이었다. 시장이 시대와 여건에 따라 설계를 달리해야 했던 까닭은 자본 축적을 위한 수단으로서 불완전했을 뿐 아니라 시장의 역할로 기대했던 효율, 정의, 분배 등 다양한 기능의 작동을 위해 시장 외적인 힘이 필요했기 때문이다. 시장의 한계점은 두 가지로 요약된다. 첫째 시장은 스스로 존재하기 힘들고 안정성을 확보하기 힘든 제도라는 점이다. 둘째 시장이 완전한 모습으로 존재한다 해도 성장·분배·윤리·공동체·가격 신호등에서의 역할은 충분하지 못하다는 점이다. 이러한 시장의 한계점 때문에 시장은 또 다른 제도와 힘이 필요하다. 시장경제는 자본주의의 형식이자 필요조건이지, 충분조건이 아니다. 자본주의의 위기는 시장과 국가를 대립관계 내지는

대체관계로 보는 시장만능주의에 뿌리를 두고 있다. 시장과 국가
는 결코 대체 관계가 아니라 보완 관계다."라고 했다.

   3. 장하준 교수는 그의 저서 『국가의 역할』에서 '제도주의'를 강
조하며, "자본주의 체제가 교환 제도로서의 시장과 생산 제도로
서의 기업, 그리고 이 관계를 지배하는 제도를 창출하고 조정하는
국가까지 포함된 일련의 제도(制度)로 구성된다고 본다."고 했다.
그래서 그는 시장을 국가나 권력의 산물로 여긴다. 규제가 없으면
시장이 존재하기 힘들다고 보기 때문이다. 이것은 스미스가 『도덕
감정론』에서 동정심을 중요하게 여기는 이유이기도 하다.

   4. 앨런 그린스펀(Alan Greenspan) 전 연방준비제도이사회(FRB)
의장은 "믿었던 자유 시장 모델에 회의를 느낀다."며 신자유주의
자로서 금융의 탈규제를 주도했던 자신의 행적에 대해 심각한 착
오가 있었음을 미국 의회 청문회에 참석해 공식적으로 시인했다.
잭 웰치(Jack Weich) 전 제너럴일렉트릭(GE)의 회장도 "주주 가치
극대화가 세상에서 가장 멍청한 생각이었다."며 시장을 절대적으
로 신뢰했던 자신의 경영 철학에 회의를 드러냈다. 컬럼비아대 교
수이자 미 연방준비제도이사회 임원이었으며 금융세계화이론을
주장했던 프레드릭 미쉬킨(Frederick Mishkin) 또한 시장경제 시스템
에 대한 패러다임의 대전환을 요구하며 "우리는 지금 경제학 패러
다임의 변동기를 목도하고 있다."고 설파했다.

   5. 크라우스 슈밥(Klaus Schwab) 교수는 다보스 포럼의 창시자로

서 2012년 다보스 포럼에서 "나는 시장경제 신봉자이지만 낙오자를 껴안지 못한 자본주의는 사회통합이 빠져 문제가 생겼다."며 "자신이 죄를 지었다."고 고백했다. 존 맥밀란은 "시장은 결코 마법이 아니며, 만병통치약이 아니다. 시장 시스템은 목적 그 자체가 아니며 다만 생활수단을 끌어올릴 수 있는 불완전한 수단일 뿐이다."라고 했다.

6. 현대 경제학은 시장 논리의 범위를 전통적 비시장 영역, 즉 가정, 교육, 국방, 외교, 의료, 관광으로까지 확장시켜 나가고 있다. 전 시카고대 교수였으며, 1992년 노벨경제학상을 수상한 게리 베커(Gary S. Becker)는 과거의 경제학이 배제했던 주제인 결혼, 출산, 교육, 범죄 등에도 경제학적 접근법을 활용함으로써 이 문제들을 비용-편익 분석을 통해 해결하는 방법을 제시했다. 실로 시장 경제의 확장성의 무서움을 본다고 하겠다. 비용을 계산해 이익이 되면 범죄도 저지르고 편익이 나지 않으면 교육도 자식도 안 가르치고 안 낳겠다는 뜻의 섬뜩한 논리다. 이것은 결국 돈으로 윤리와 사랑의 가치까지 사고파는 금전 지상주의의 단면을 말하는 것이다.

7. 마이클 샌델 교수는 "2008년 미국의 금융 위기는 무모하게 시장을 확대한 결과이며, 금융 위기로 시장이 무너진 것은 지나친 인간의 탐욕은 물론 더 근본적인 요인으로 시장과 시장 가치가 원래는 속하지 않았던 삶의 영역으로 팽창한 데 있다."고 주장했다. 막스 베버와 위르겐 하버마스도 현대사회의 위기로 "부단한 경제

영역의 확대"를 꼽았다. 또한 샌델 교수는 "시장경제가 시장 사회로 진행함에 따라 기존의 비시장 영역에 존재하던 전통적 가치, 예컨대 시민정신, 효, 우정 등이 모두 물질 가치로 획일화되고 있다는 점에서 시장 경제학은 결코 가치중립적일 수 없다."고 주장한다.

8. 낸시 폴브레(Nancy Folbre) 메사추세츠대 경제학 교수는 사랑, 의무, 호혜에 바탕을 둔 의료, 보육, 교육, 노후 대책 등은 개개의 사적 단위보다 집단적으로 대비할 때 더 효율적이라고 주장한다.

9. 한배선 KDI 주임 연구원은 그의 저서 『시장의 착각, 경제의 방향』에서 "경제학의 궁극적 목적은 물질을 둘러싼 인간의 사회적 관계를 조화시킴으로써 인간의 행복을 극대화하려는 데 있다. 따라서 자원 확보, 생산, 분배, 소비는 목적이 아니고 인간의 행복을 위한 수단이다. 그러나 현실적으로는 소득, 이윤, 생산량의 증가가 삶의 목적이 되고 삶의 목적인 인간의 행복이 수단으로 전락하는 가치관의 전도 속에 살도록 현대 경제학이 인간을 밀어 넣고 있다."라고 이야기했다. 또한 "시장 시스템은 목적 그 자체가 아니다. 시장은 다만 생활수준을 끌어올릴 수 있는 불완전한 수단일 뿐이다. 자유주의 시장경제론의 가장 취약한 분야 중 하나가 분배론이다."라는 말도 덧붙였다. 인구 70억 중 30억은 하루 2$로 연명하고 있는데 부자 나라에서는 하루 100억을 버는 이도 있고, 30억짜리 손목시계가 불티나게 팔리는 곳도 있는 것이다.

10. 『비즈니스 위크』에서는 시장경제는 결코 그 자체로는 공정하지 않다고 했다. "냉전시대의 자본의 승리는 노동으로 삶을 꾸려가는 노동자에게 불리하도록 경기장을 경사지게 만들었다."고 했으며, 워렌 버핏도 "가난한 자의 입장에서 보면 시장경제는 제대로 굴러가지 않는다."고 했다. 시장에는 선택의 자유가 없다는 뜻이다. 왜냐하면 시장에서 선택할 자유는 구매할 능력을 가진 자에게만 허용되기 때문이다. 롤스는 "우연한 힘이 작용하고 있다면 결코 공정한 게임이 아니다." 라고 말했다. 실제로 아프리카에서는 하루 5,500명이 굶어 죽어가고 있다.

11. 자유 시장경제학자는 시장의 투명성을 장점으로 내세운다. 하지만 한배선 KDI 주임 연구원은 분배를 시장에 맡기기 어려운 이유의 또 하나를 부동산으로 봤다. "부동산에는 투기성 가수요가 따라다닌다. 투기성 가수요란? 생산재나 소비재로 사용하기 위한 수요가 아니라 단순히 시세차익을 노리는 수요다. 그래서 가격에 거품이 끼었다가 꺼지는 과정에서 패닉이 발생해 시장기능을 마비시킨다. 이러한 악순환이 부동산 시장에서 매번 반복된다. 가수요투기 · 부동산 가격 상승 · 버블 형성 · 버블 붕괴 · 시장 마비의 메커니즘이 반복되고 있지만, 자유주의 경제학자의 수요공급 이론으로는 이런 메커니즘을 설명할 수 없다."

12. 또한 한배선 연구원은 다음과 같은 말을 했다. "2008년 미국발 세계경제 위기가 터지기 전까지도 이들은 이 사실을 몰랐다. 이들은 1990년대 초반 일본의 부동산 버블 붕괴로 인해 일본이

20년간 장기 침체에 빠지는 것을 목격하고서도 교훈을 얻지 못했다. 스미스나 리카도는 이러한 자본주의 시장의 한계 때문에 이미 자본주의사회의 미래를 어둡게 내다보았다. 그리고 또한 시장은 자본의 지배력이 나타난다는 점도 시장이 공정한 배분자로서의 기능에 한계가 있는 또 다른 이유이며, 비자금과 정경 유착, 각종 투기, 가격 조작, 회계 부정, 내부자 거래 등 온갖 부정부패와 비리가 자본소득과 연루되어 있다. 아담 스미스도 『국부론』에서 정경 유착과 담합을 통한 상공업자의 이윤 추구를 혹독하게 비난했다."

13. 레이먼드 W. 베이커(Raymond W. Baker)는 자신의 저서 『자본주의의 아킬레스건』에서 "자본주의의 공정성을 해치는 1순위는 검은 돈의 불법 거래와 이로 인한 불평등의 확산으로 100만 개는 족히 넘을 유령회사가 각종 속임수와 탈세를 위해 존재하고 있다."고 했다. 투명하다는 이유로 시장을 전적으로 신뢰할 수는 없으며, 이는 자본시장이 자유주의 경제학자의 주장처럼 합리적 행동에 좌우되지 않다는 사실을 증명해준다는 것이다.

14. 에일리오 오캄포 교수는 "아르헨티나의 추락은 경제 양극화 해소 실패, 정치권의 무능력과 부패 때문이다."라고 했다. 그는 "단순한 부의 이전에 의존하는 포퓰리즘적 접근법이 계층 간 갈등을 조장하고 제도적 기반을 약화시켰다."고 덧붙였다. 아르헨티나 등 남미가 실패한 원인은 포퓰리즘 정책이었지 결코 분배에 대한 배려정책이 아니었다. 북유럽, 즉 스웨덴, 노르웨이, 핀란드 등은

분배를 정책의 우선순위로 두었다.

15. 조지 애커로프(George Arthur Akerlof)와 실러(Robert James Shiller) 교수는 그들의 공저『야성적 충동』과『비이성적 과열』에서 주류 경제학의 기본 가정인 인간의 합리성에 의문을 제기했고, 또한 닷컴 버블을 경고했다. 이들은 경제를 움직이는 것은 확률 등 합리적 근거보다 오히려 야성적 충동에 가깝다고 주장한다. 그리고 그들은 규칙 없는 경기가 효율적이라는 기존 경제학 사조를 버리고 정부가 심판이 돼 시대에 맞는 규칙을 정하고 적용해야 한다고 주장했다. 실러 교수는 2008년 금융 위기도 야성적 충동으로 설명한다. 주택 투기와 금융 시장의 광풍이 그것이다.

16. 심리학자인 대니얼 카너먼(Daniel Kahneman) 미국 프린스턴대 교수는 행동경제학을 역설하면서 "경제는 이성이 아닌 심리에 의해 움직인다."고 주장한다. 『넛지(Nudge)』의 저자이자 경제학자인 리처드 탈러(Richard Thaler) 미국 시카고대 교수는 "소변기에 파리 모양의 스티커를 붙여놓는 '넛지'를 통해 이성에 호소하지 않고 심리를 자극한 부드러운 개입이 오히려 이성에 호소한 경우보다 훨씬 더 효과를 낼 수 있다."고 한다.

17. 1997년 노벨경제학상을 수상한 하버드대 교수였던 로버트 머튼(R. Merton)과 MIT 교수였던 마이런 숄즈(M. Scholes)는 파생금융상품의 가치를 알아낼 수 있는 공식을 고안해 시장에서 돈을 버는 방법을 수학적으로 발견한 천재적인 인물이다. 이들은 미국의

헤지펀드 LTCM의 회장이자 월가에서 채권 거래로 수억 달러를 벌어들인 투자의 달인 존 메리웨더(J. Merriwether)에 의해 이사로 스카우트 되었으며, 노벨상을 받기 전 1994년 창립 멤버로 영입되어 거액의 돈을 긁어모았다. 그러나 LTCM은 러시아에 올인 했다가 큰 패배를 당했다. 이들이 매수한 러시아의 채권이 1998년 러시아가 금융 붕괴로 모라토리엄을 선언하자 일순간에 쓸모없는 휴지조각으로 변하고 말았던 것이다. 당시 LTCM의 파생 상품 장부가는 무려 1조 5,000억 달러였다. 36억 5,000만 달러라는 미국 정부의 긴급 구제금융으로 파산은 막았지만 2000년 LTCM은 결국 문을 닫고 말았다. LTCM의 파산은 미국 은행의 파산을 의미했다.

18. 2012년 노벨경제학상을 수상한 앨빈 로스(Alvin E. Roth) 하버드대 교수와 로이드 섀플리(Lloyd S. Shapley) UCLA 교수는 『안정적 배분 이론 및 시장 설계 관행』에서 '협조적 게임 이론'을 이용해 자원의 안정적 배분을 위해서는 자원의 배분 기능을 자유로운 시장에 맡겨둘 수 없고 오히려 적절한 설계가 필요하다는 사실을 주장했다.

19. 제러미 리프킨(Jeremy Rifkin)은 "자본주의 사회에서는 경제가 사회에 복속되지 않고 반대로 사회가 경제에 복속된다. 우리의 삶은 점점 더 상품화되고 공익과 공리의 경계선은 점점 허물어져간다. 그리고 상업 영역이 문화 영역을 삼키기 시작하면서 사회적 토대가 허물어지기 시작한다. 문화 영역과 상업 영역의

적절한 균형을 회복하는 것은 어쩌면 이 시대가 해결해야 할 가장 어려운 과제인지도 모른다."라고 이야기했다. 영국의 존 그레이(John Gray)는 "지금은 사람을 위해 시장이 존재해야 하지, 사람이 시장을 위해 존재하는 것이 아니라는 점을 깊이 명심해야 할 때다."라고 했다.

20. 미국의 경영학자 마이클 포터 교수는 '공유 가치 창출' 개념을 창안해 "기업의 가치와 사회의 가치가 만나는 부문에서 사업을 적극 전개함으로써 기업의 이윤 증대와 사회적 가치의 실현이 동시에 달성될 수 있다."고 하였다. 이러한 가치가 기업 경영의 새로운 패러다임으로 빠르게 확산되고 있음은 매우 고무적이다.

21. 찰스 킨들버기(Charles Kindleberger)는 "자본의 자유화는 광기, 패닉, 붕괴를 낳는다."고 했으며, 제임스 토빈은 "국제 금융시장의 바퀴에 약간의 모래를 뿌려야 한다."고 강조했다. 금융의 공공성은 아무리 강조해도 지나치지 않다. 금융의 공공성에 인류의 미래가 달려 있다.

제2절 공생경제론 비판

1. 창조적 성장론(成長論)에 의한 공생경제학의 정의는 경제는 종교적·결정론적 목적이 아니라 수단이요, 과정적 산물이기 때문에 시대의 요청을 반영하는 재창조적 자유의지의 정치에 의존적이며 시장의 사회적 윤리는 정치과정에서 창출될 비율이 높다는 것이

다. 따라서 경제제도의 변화와 새로운 비전과 국가의 목표는 여론에 의해 구성되지만 구체적인 입법은 정치인에 의해 창조되어져 비로소 시민에 의해 현실적인 재창조의 과정을 밟게 되는 것이다. 케인스는 "경제학은 사람들이 정확한 답을 찾도록 돕는 도구일 뿐이며 그 안에 미리 정해진 정책적 결론은 없다."라고 이야기한 바 있다.

2. 자립은 완성의 산물이다. 21C의 인류의 시대정신은 아직 홀로 자립할 수 있는 장년기가 아니라 청년기에 도달했기 때문에 주체자에 의한 보호가 필요한 법이다. 자립과 자유 시장은 아직은 환상에 지나지 않는다. 따라서 시장도 국가도 미완성기의 자립의 요구는 절름발이일 뿐이다. 따라서 공생경제론은 생산과 유통의 역할 분담과 비율 배분에 의한 시장과 국가개입의 적절한 조화를 중시하는 경제학이다. 더글러스 노스(Douglas North)는 "비시장 제도가 시장을 위한 법칙을 제공한다."고 했으며, 조지프 스티글리츠, 마이클 스펜스, 조지 애커로프 교수 등 3인은 2001년 그동안 경제학계를 지배해오던 자유 시장 가설의 오류를 증명함으로써 노벨 경제학상을 수상했다. 이들은 '정보 비대칭'으로 인한 시장의 불완전한 모델을 정립하는 데 기여함으로써 효율적 시장가설을 무력화시켰다(예: 중고 자동차, 보험).

3. 공생경제는 생산과 유통 그리고 금융의 역할 분담을 중시하는 경제학이다. 특히 금융은 산업이 아니라 실물의 지원 기능이기 때문에 지나친 이윤 추구를 비윤리적 탐욕으로 규정한다. 따라서

금융의 비대화와 사유화는 실물의 균형 있는 성장을 저해해 결국 부메랑이 되어 자기 자신을 파괴하는 원흉이다. 그리고 공생경제학에서는 유통은 분배의 기능이기 때문에 시장경제의 사유 중심에서 국가 개입에 의한 공영성 중심을 강조한다. 즉 사회적 기업, 또는 공사(公社: 주식회사 형태 or 정부와 민간의 공동 투자에 의한) 중심으로 그 비율을 전환시키는 정책을 중시하는 새로운 패러다임이다.

4. 제4의 공생 경제학은 어떤 방법론이 아니라 목적론적 가치의 도식(圖式)이 되어야 한다. 왜냐하면 존재하는 모든 것은 그 무엇이든지 그 과정에 있어서는 절대성을 가질 수는 없기 때문이다. 다시 말해 경제학에 관한 모든 방법론은 이미 그 수(數)를 헤아릴 수 없을 정도로 동원(動員)되었으며, 실험과정을 거쳤지만 절대기준을 세울 수가 없었다는 것이다. 경제는 상황에 따른 경제의 법칙일 뿐 정치도 종교적 영성의 인격적 가치도 아니다. 경제는 하부(下部)구조의 기능이며, 문제는 결국 인간 영성의 인격가치에 있는 것이다. 그래서 공생경제학은 인격적 인간학이 되어야 한다.

5. 공생경제학은 희생의 평등과 자유추구의 조화에 의한 공존(共存) 경제학이어야 한다. 따라서 공생경제학은 사랑의 인격(人格) 경제학이다.

6. 공생경제학은 신(新) 제정일치 경제학이다. 따라서 공생 경제학은 이데올로기(Ideology) 경제가 아니라 인격적 가치철학 경제학이다. 맨큐 교수는 "경제학에는 이데올로기가 없다."라고 말한 바

있다.

7. 공생경제학은 애인(愛人) · 성인(聖人)경제학이다. 따라서 완전한 공존주의 경제학과 인격적 경제학이어야 한다. 그러므로 이것은 책임에 의한 자기희생을 요구하는 사랑의 경제학이다.

8. 공생경제학은 디지털(digital) · 사이버(cyber) · 유비쿼터스(Ubiquitous)에 의한 정보경제학이요, 존재론적인 인격(人格) · 영성(靈性) · 박애(博愛) · 자비(慈悲) · 인(仁) · 신뢰(信賴) 및 효도(孝道)에 의한 가치경제학이며, 기우뚱한 균형의 환경사적인 민주적 소유의 공유에 의한 철학에 기반한 경제학이어야 한다.

9. 공존주의 공생 경제는 모든 지나친 간섭주의와 보호주의(保護主義: Schutzprinzip) 및 자유주의(自由主義: Liberalism)가 갖는 폐단(弊端)을 초월한 입체적 조화주의이다.

10. 공생경제학은 쌍무적(雙務的) 교환(交換) 경제학과 증여경제학의 교류법적 상호작용(相互作用)의 경제학이다.

11. 생산은 창조성을 갖기에 남성적이며 선의 경쟁이 이상적이지만, 유통은 재창조성을 갖기에 여성적이며 조절기능을 이상적으로 규정한다. 따리서 생산은 사유(私有)의 비율이 높은 자본주의 시장경제가 이상적이지만, 유통은 공유(公有)의 비율이 높은 사회주의 계획경제를 이상적으로 규정한다.

12. 시장경제체제에 있어서 양극화의 근본 원인은 대기업의 탐욕과 대기업 계열사에 의한 유통의 지나친 사유화이다. 왜냐하면 유통의 복잡화 과정에서 과도한 거품가격이 형성되며 그 피해는 고스란히 소비자의 몫이 되기 때문이다. 그리고 생산 기업의 유통업진출이 이중소득을 또한 발생시키기 때문이다.

13. 소유는 존재의 본능이다. 지나치게 한쪽으로 치우친 소유의 패턴, 즉 전면 국유의 사회주의와 전면 개인사유의 자본주의가 저지른 참혹한 병폐의 경험을 통해 국가 소유와 개인 소유에 적절한 소유 비율의 조정이 필요하다는 것을 우리는 깨달았다. 그 결과 '자본주의 4.0'과 '혼합경제'와 '맞춤형 자본주의' 라는 용어가 새로운 방법론으로 등장했다. 그러나 그 구체적인 해결책을 총체적으로 제시하지 못하고 있다고 히겠다. 왜냐하면 국가가 단순히 경제만으로 구성되어 있지 않고 종교와 정치, 그리고 각종 사회단체가 공존하기 때문이다.

따라서 그것이 성공하기 위해서는 경제뿐만 아니라 정치, 종교, 사회문화에까지 골고루 미치는 폭 넓고 깊이 있는 새로운 제3의 길인 '제4의 길'을 창출해야 할 과제를 안고 있는 것이다. 그것이 바로 지나친 소유의 이기심으로부터 벗어나 나눔을 생활화할 수 있는 4차원 종교적 영성의 회복이며, 양비론에 의해 적과 동지의 구분으로부터 자유로워져야 하는 새로운 가치정치에 의한 '민주주의 4.0'의 확립이다. 또한 경제적 소유의 편파성으로부터 탈출해 기우뚱한 균형을 이룰 수 있는 경제구조의 민주화, 즉 '소유의 상·하한제'와 '사회적 협동조합'의 형태, 그리고 '기부의 반 의 무화'에 대한 '공생 경제'라는 뉴-패러다임의 창출이다.

제3절 일반경제론 비판

1. 『국부론(國富論: The Wealth of Nations)』의 핵심은 "가격수준 결정은 국가의 부(富)와 소득(所得)이 아니라 창조적 실물자원과 생산(生産)이 조직되는 방식에 달려 있다."라고 하였는데 이것은 미완성기인 유물론 중심적 가치결정의 산물(産物)일 뿐이다. 왜냐하면 완성기의 유심론적 사유, 즉 물질적 실물 자원의 너머에는 인격적이고 영적이며, 초물질적 사랑 자원(資源)에 의한 가치결정이 도사리고 있기 때문이다. 따라서 국부론은 이신론을 기반으로 한 기계론적 세계관의 범주를 벗어나지 못한다.

2. 스미스(Adam Smith, 1723~1790)의 경제학은 창조적 성장론에 입각하여 볼 때 미완성기 이후의 자유의지가 중시되는 완성기의 경제사상과 법칙을 보지는 못하였다. 그의 『도덕 감정론』은 덕성(동감: Sympathy), 즉 신중의 덕·절약의 덕·근면의 덕은 말하였지만, 인격적 영성인 사랑·희생·봉사의 자유는 말하지 못하였다.

3. 아담 스미스의 경제학(經濟學: Economics)은 신적 창조의 절대적 사랑의 결정론이 결여된 인간의 재창조적 중심에 의한 이기적 이타심의 이신론적 중심 사고(思考)의 경제학일 뿐이다.

4. 아담 스미스의 『국부론』의 사상적 바탕은 재창조적 이신론에

228

근거하고 있다. 왜냐하면 "인간의 경제적 조건은 유기적 자연의 세계와 같이 법칙에 의해 지배된다."고 한 것이 이를 증시(證示)하고 있기 때문이다. 따라서 스미스의 경제학은 물리경제론이요, 부모와도 같은 창조적 실체 부재의 고아(孤兒)경제론이다. 그러면서도 그는 생산자(生産者)의 배후에서 작용하는 형제들과도 같은 자연법칙의 '보이지 않는 손(Invisible Hand)'을 결정론적으로 상정하였는데, 이것은 이신의 신(神), 즉 재창조에 다름 아니며, 결국 인간 자유의지의 부정(否定)이요, 식물(植物)경제학이다.

5. 스미스의 경제학적 보편개념인 노동력(勞動力)의 개선·가치가격론·실체자본·부(富)의 진보(進步) 등의 창조적 개념은 절대개념이 아니라 재창조적 상대의 개념(概念)일 뿐이다.

6. 스미스의 경제사상(經濟思想: Economic Thought)은 미완성기의 사유의 산물이다. 왜냐하면 미완성기의 상대적 관계는 주체가 그 대상을 일방적으로 주도하게 되는, 즉 대상적 존재의 자유의지가 전무(全無)한 시기이기 때문이다. 따라서 인간보다 우위에 있는 자연(自然)은 주관자의 위치에서 인간의 경제적 조건을 '보이지 않는 손'에 의해서 전적(全的)으로 지배한다. 이것은 궁극적 존재, 즉 제1원인의 존재에 대한 무지(無知)의 산물이며, 지혜와 능력이 자연의 법칙에 비해 상대적으로 소극적이기 때문에 종속(從屬) 당할 수밖에 없었던 미완성 인류의 미개성을 의미하는 것일 뿐이다.

7. 관점에 따라 아담 스미스(A. Smith)의 경제학은 국가(부모)의

관여보다 시장(자녀)의 절대성에 무게를 둔다는 차원에서 완전한 완성기의 장년 경제학이요, 케인즈(J. M. Keynes, 1883~1946)의 경제학은 국가(부모)의 개입을 필요로 한다는 점에서 어쩌면 소년, 소녀기의 경제학이요, 공존(共存)의 '공생 경제학'은 중간기(성년) 경제학이다. 그렇다면 만약 21C를 21세의 청년기로 시대정신을 상정하게 된다면 공생경제는 지금 바로 여기에 어울리는 경제체제가 아닐까?

8. 마샬(Alfred Marshall, 1842~1924)의 양비론적(兩非論的) 경제학은 공존(共存)의 세계적 환경과 절대가치에 의한 철학의 부재(不在)에 있었다. 따라서 마샬의 실패는 국민정부라는 국부적 모델을 탈피할 수 없었던 것에 있었던 것이다.

9. 슘페터(J. A. Schumpeter, 1883~1950)의 『경기순환론(景氣循環論)』은 재창조의 생성(生成)적 존재 경제학이며, 그의 계량경제학(Econometrics)과 수리경제학(數理經濟學)은 창조적 성장이론의 부분학이라 할 수 있다. 왜냐하면 자본주의의 역사과정을 끊임없는 생산방법 변혁의 진화론적인 무목적(無目的)적 도식으로 설명함으로 인하여 인류사를 영원히 과정적 목적에 머물러 버리게 한 오류를 범하였기 때문이다. 그러나 비연속적 발전의 메커니즘을 분석하고 시간적 지체의 양자관계(兩者關係)의 계기를 도입하였던 것에서 토미즘(Thomism)격인 창조 중심의 결정론과 목적론적인 사유(思惟)는 탈피하였다고 하겠다.

230

10. 존 케네스 갈브레이스는 "시장경제는 소비자의 주권이 있는 체제라는 믿음은 우리 사회에 만연해 있는 사기 중 하나다."라고 말했다. 따라서 신자유주의 시장경제는 제2의 동물의 왕국(王國), 즉 정글의 경제법칙이다. 왜냐하면 정글처럼 무자비한 경쟁만이 난무하는 탐욕의 공간만 존재하기 때문이다.

11. 사회주의(社會主義) 계획 경제는 부모(父母)주의 경제학이요 (獨裁), 자본주의(資本主義) 자유시장 경제는 자녀(子女: 미완성)주의 경제학이요(放任), 공존주의(共存主義) 경제는 부부(夫婦: 공유 · 협력)주의 경제학이다(國法).

12. 증여(贈與)경제학은 절대적 부족의 산물이다. 교환경제학은 상대적 부족의 산물이요 초월경제학은 절대적 완성의 산물이다.

13. 미완성기는 땅의 물리법칙 경제의 시대요, 중간기는 인간의 심리법칙 경제의 시대요, 완성기는 하늘의 사랑법칙 경제의 시대다.

14. 국가의 개입과 규제 없는 미완성기의 자유시장경제는 공공(公共)의 적(敵)이다.

15. 뮈르달(K. G. Myrdal, 1898~1987)이 "복지국가(福祉國家: Welfare State) 정책이 오히려 사회주의적이며 훨씬 마르크스적이라고 말할 수 있을 것이다."라고 한 근본 이유는? 복지국가 정책은 공존

경제의 모델(Model)이며 신정(神政)에 의한 이상사회가 목표이고, 인격의 변화를 위한 영성혁명인 국가제도의 대개조(개벽)까지 내포(內包)하는 것이기 때문이다.

16. J. 스프레취의 점진적 사회주의는 양비론적 혼합경제이론이다. 제국주의(帝國主義)는 인격적 공존주의이며 영성제국주의인 신정제국의 과정적 모델이다(뮈르달, 틴버겐).

17. 존 휴즈의 관제고지사회화론(管制高地社會化論)은 비(非)인격적 이론(理論)으로서 사회화의 거점 주체에 대한 인격적 가치를 언급하지 않고 있으며, 제도라는 외형적 틀에 의한 지배적인 사고방식은 사회주의적 반 계획(計劃) 경제사상을 벗어나지 못하고 있다.

18. 사회주의와 자본주의는 역사(歷史)의 창조적 성장에 있어서 인류 사회 체제에 대한 궁극(窮極)의 목적주의를 향한 과정적 연단(실험)주의이다.

19. 볼딩(K. E. Boulding, 1910~1993)의 사회 시스템 이론은 창조성이 결여된 재창조적 일방성에 의한 생성(生成) 시스템일 뿐이다. 왜냐하면 공존의 필요성에 대한 충정(忠情)일 뿐, 창조적 절대가치인 영성의 가치체계를 세우지 못하였다. 하지만 경제 이외의 사회문제 일반·도덕·가치관·빈곤 등에 눈을 돌려 존재의 본질에까지 도달하였는데 그의 경제학인 매개변수(媒介變數) 체계사상이 이를 증시(證示)한다.

20. 오이켄(Walter Eucken, 1891~1950)의 질서의 경제학은 과정적 인격(人格)의 공존적 공생 경제학이다.

21. 신(新)고전파 경제학은 고전파에 비해 재창조적 인간 중심인 대상 중심적 추구의 산물이다. 가치(價値)-효용(效用)으로, 필요-욕망(慾望)으로, 구조-분석으로 새로운 차원의 인격적인 전이(轉移)를 이뤘기 때문이다.

22. 애로우(K. J. Arrow, 1921~)의 경제성장이론은 창조적 성장이론의 산물이다. 그러나 재창조적 관점에서만 연구되어졌을 뿐, 존재의 궁극에 대한 창조적 영성의 가치(價値) 문제를 다루지 못하였다.

23. 미완성기는 단수(單數)경제의 시대요, 경제만의 경제고 중간기는 복수(複數)경제의 시대요. 정치경제이며, 완성기의 가치(價値)경제의 시대는 종교·정치·경제이다.

24. 정보 경제학(情報經濟學: Information Economics)은 영성경제학의 몸의 영역(領域)이다. 즉 체제의 이미지(image)에 관한 학문이다.

25. 후생경제학(厚生經濟學: Welfare Economics)은 제2의 영성경제학이다. 후생은 몸이요 영성은 맘이다.

26. 사회주의란? 평등이라는 전체목적 중심사상이요, 자본주의

란? 자유라는 개체목적 중심(中心)사상이다. 공존주의란? 협동을 통한 평등과 자유의 조화로운 합일사상이다.

27. 사회주의는 제도적 천주주의(天主主義)요 개인적 유물주의요, 자본주의는 제도적 유물주의요 개인적 천주주의이다. 따라서 장점을 상호 보충(補充)하여 상대적 관계에서 절대적 관계로의 공존, 공영, 공생 체제를 새롭게 창출(創出)하여야 한다.

28. 사회주의는 신(神)을 부정하면서 가치 중심적이며, 자본주의는 신(神)을 긍정하면서 물질추구 중심적이다. 따라서 두 체제는 이율배반 체제이다.

29. 수요(需要: Demand)중시사상은 미완성기 경제의 산물이며, 공급중시사상(供給重視思想)은 완성기 경제의 산물이다.

30. 완성기의 경제에 이웃을 배려(配慮)하는 영성이 부재해서는 안 되는 근본 이유는? 그 폐해(弊害)가 가공할 위협으로 다가와 사회질서를 무참히 유린(蹂躪)하기 때문이다. 그러므로 완성기에 있어서 사랑이 빠진 모든 경제학은 죽은 경제학, 즉 '사이비 경제학'이다.

31. 교환경제는 경제경제요. 중도경제는 정치경제요. 증여경제는 영성(靈性)경제이다.

32. 새뮤얼슨(P. A. Samuelson 1915~)의 경제 이론은 영원한 과정 이론일 뿐이다. 그러므로 새뮤얼슨의 경제학은 존재(Being)론적 주체학(主體學)이 아니라 생성(Becoming)론적 대상학(對象學)일 뿐이다.

33. 사적(私的) 유물론(唯物論)은 리카도(D. Ricardo, 1772~1823)와 맥컬럭(McCulloce)의 경제학을 변증법적 투쟁(鬪爭)의 대상으로 보고 대결하였는데 그것은 결국 상호보완적 교류법에 대한 무지의 결과 이상·이하도 아니다.

34. 칼 마르크스(K. Marx)는 헤겔의 창조적 실존(實存)인 절대정신의 자기전개에 대하여 재창조적 실체인 "생활하는 인간적 여러 개인의 실존"으로 대응하였으며 종교적 영성을 타파(打破)하고, 헤겔의 역사철학(歷史哲學: Philosophy of History)을 뒤집기 위하여 의도적으로 사적 유물론을 그 철학적 전제로 설정(設定)하였던 것이다.

35. 칼 마르크스의 자본론은 창조적 존재성을 묵살하면서 재창조적 생성만으로 어떻게 창조적 이상사회를 건설할 수 있는가에 대한, 즉 인간적인 능력의 신(神)적인 존재에 대한 도전의 산물이다. 따라서 자본론은 결여된 꿈이 없는 꿈이요, 반쪽의 꿈인, 방향 잃은 절대가치 부재(不在)의 영혼(靈魂) 없는 민주화로의 어설픈 동경이다(휴머니즘적 동경). 그러므로 자본론은 영혼이탈(靈魂離脫)의 경제 민주론(民主論)이다.

36. 존 힉스(J. R. Hicks, 1904~1989)의 최약자 보호(保護)의 원칙은

성장에 있어서 미완성기의 부족한 자에 대한 완성자의 의무이론이다.

37. 시장경제(市場經濟)가 천민(賤民)자본주의의 원형인 근본 이유? 창조적 성장체계에 있어서 미완성된, 즉 부족(不足)한 존재에 대한 보호와 완성된 풍족자에 대한 책임의 요구법칙을 배제한 경제원리이기 때문이다.

38. 존 롤스(John Rawls, 1921~2002)의 보상의 원칙은 자유의지(自由意志)의 산물이며, 독려의 원리이다.

39. 미래(未來) 경제학이 될 창조적 경제학은 절대가치에 의한 철학적 신학의 경제학이 될 것이다. 왜냐하면 완성의 영성 경제학은 인격적 인간학의 문제에 있기 때문이다. 따라서 미시경제학, 중간경제학, 거시경제학을 삼위일체화(三位一體化)하면서 정치와 종교까지 하나로 묶는 입체적 모형인 복잡계(複雜系: Complexity System)시스템 일원론이 창조적 경제학으로 새롭게 나타나게 될 것이다. 이것이 창조적 경제학이다.

40. 경쟁질서(競爭秩序)는 재창조적 창조에 의한 자유의지경제 질서 원리인 과정적 목적주의 경제학이다. 따라서 자유방임주의와는 다르며 생성론적 존재의 경쟁질서이기 때문에 경쟁적 경제학이다(규제적 경쟁경제냐, 경쟁적 규제경제냐).

41. 미완성기는 힘에 의한 나만의 경제학 시대요, 완성기는 사랑에 의한 너와의 공존 경제학 시대이다. 따라서 창조적 성장(成長)의 경제학은 물질경제에서 지능(知能)경제로, 지능에서 사랑경제로 변화한다.

42. 신(新)자유주의 경제는 경제의 자유방임주의(自由放任主義: Laissez-Faire)이다. 왜냐하면 부족(不足)한 자에 대한 도움의 손길의 필요성은 성장의 존재론적 본질임에도 불구하고 약육강식의 시장을 추구하고 있기 때문이다.

43. 틴버겐(J. Tinbergen, 1903~1994)의 거시적동태이론(巨視的動態理論: Macrodynamic Theory)의 혼합체제론인 최적체제론(最適體制論)은 제2의 후생경제학(厚生經濟學)이며, 양비론적 중도론이다. 왜냐하면 그의 체제는 초계급적 초이데올로기적 형태를 제기하고 있기 때문이다. "두 체제 사이는 단절된 것이 아니라 중간영역이 존재하며 새로운 체제를 만드는 데는 양자(兩者)의 제요소를 결합하는 것이 가능하다. 서(西)쪽은 공적 부분을 확대할 것, 전체적으로 계획성을 넓히고 강화하는 사회주의적 수단을 도입할 것, 동(東)쪽은 사유의 확대, 계획의 완화와 분권화 등을 행함으로써 혼합체제로 옮아가는 것이 최적체제로의 접근이 된다."라고 말한 것이 이를 증명(證明)하는 것이다. 그런데 제도는 몸(Mom)적 기능 이상을 기대할 수가 없다. 따라서 최적체제이론은 창조적 영성부재의 부분적 이론일 뿐이며 절대가치인 경제의 인간학, 즉 영성경제학을 위한 환경조성일 뿐이다.

44. 코르나이(J. Kornai. 1889~1989)의 정보(情報)와 제어시스템 (Control System)의 경제이론은 창조와 재창조 이론인 논리적 교류법(交流法)이론의 학술적 연구이다. 따라서 그의 경제 민주화는 공존체제의 경제에 관한 방법론이자 궁극의 목적이다. 그러므로 그는 경제체제에 있어서 자율기능과 고차(高次)기능의 구별 및 상호관련을 밑받침으로 하는 체제를 인간생활에 소망스러운 목표로 유도(誘導)하는 것이 중심과제라고 하였다.

45. 자본론은 유치(幼稚)하고 비린내 나는 어린이이며, 존재론적 창조론에 대한 의도적 반항이다. 하부(下部)구조과 상부(上部)구조를 구축한다는 것은 재창조적 재창조성의 일부분에 해당될 뿐, 삼일을 굶고 담장을 넘는 격일 뿐이다. 의지(意志)와 인내는 비례(比例)하는 법이다. 얼마든지 담장의 유혹을 이겨낼 수가 있다.

46. 경제학은 미완성기의 절대 학(學)일 뿐이다. 왜냐하면 미완성기는 존재의 가치(價値)를 경제문제에 보다 더 크게 두기 때문이다.

47. 미국(美國)의 경제체제는 자유경제 모델로서 성년주의, 계약주의에 기초하며, 독일(獨逸)의 경제체제는 사회적 시장경제 모델로서 형제(兄弟)주의에 기초하며, 일본(日本)의 경제체제는 유도계획 모델로서 집단(集團)주의에 기초하며, EU의 북구의 경제체제는 복지 모델로서 과정적 공존주의에 기초하며, 통일한국(韓國)의 경제체제는 공존주의, 공생경제 모델인 완성(完成)된 가족주의·사랑주의에 기초한다.

48. 헐버트 사이몬(H. A. Simon, 1916~2001)의 『충족하면서 희생하기』는 재창조의 완성의 산물(産物)이다. 왜냐하면 완성은 넘침이요, 나눔이기 때문이다.

49. 갈브레이드(J. K. Calbraith, 1908~1995)의 국민에 의한 관료(官僚)의 민주적 통제야말로 완전한 의미의 공존주의적 입헌왕정(立憲王政)이며, 재창조적 성장이론 경제체제의 완성이다. 그러나 그것이 절대적으로 성립되기 위해서 요청(要請)되는 것이 있는데, 그것은 곧 인간의 종교적 영성(靈性)에 대한 본질의 인식이다.

평화의 사상
: 영(靈)철학

Chapter 2

제11장

영(靈)철학(제4의 이념/한국철학)과 성장사관

제1절 제4의 이념과 개념정리

* 2분법적 사고·양비론(兩非論)은 단독어(單獨語) 혹은 반쪽어의 산물이다.

* 기호언어, 즉 이해의 개념론의 창출은 지식 역사의 완성이요, 지성(覺: 영성) 역사의 새로운 시작이다. 절대자의 창조에 의한 재창조의 피조세계, 즉 우주와 지구의 생성은 이 땅 위에 수많은 생명체들을 재창조하였다. 즉 이러한 과정이 즉 새로운 생명을 탄생시켰으며, 그리고 미완성으로 탄생된 모든 존재는 완성을 향해 단계적으로 성장(진화)하고 있는 것이다.

그중에서도 특히 고등생명체인 로고스(Logos)적 인간의 출현 이후로 지금까지 인류의 문화사(文化史)는 포괄적인 개념을 갖춘, 완성된 이론체계를 찾기 위하여 진력해온 과정이었다. 그러니까 본질, 즉 존재의 원인과 결과세계에 대한 근원적인 논리의 새로운 방법론(한국철학)을 찾아 서양철학과 동양철학이 끊임없이 연구해온 철학의 역사(歷史)였다고 해도 과언이 아닐 것이다. 다시 말해

242

우리의 역사는 부분적이면서도 동시에 전체적인 포괄적인 개념(槪念)을 갖춘 존재세계의 근본문제를 해결하기 위해 연구하지 않을 수 없었던 사유의 역사였다는 것이다.

서양철학의 아버지라 할 수 있는 플라톤은 "개체의 본질은 개체를 초월한다."고 했는데, 아리스토텔레스는 "개체의 본질은 개체에 내재한다."고 주장하면서 그의 스승의 논리를 정면으로 반박했다. 그리고 동양철학에 있어서 노자는 "도는 만물을 낳는 일자이다."라고 했고, 장자는 "도는 만들어지는 것이다."라고 해 노자의 사상과는 대립했다. 또한 인도철학에 있어서의 '범아일여' 사상과 불교의 '무아론(無我論)'의 애매한 처신은 두고두고 논쟁거리가 되어 지금까지 이어져오고 있다고 해도 무방할 것이다.

어디 그뿐인가? 창조인가(존재: Being), 진화인가(생성: Becoming). 막연하고 추상적인 창조론과 창조를 부정하는 진화론의 논쟁……그것은 오랜 기간 동안 존재세계에 대한 대립과 혼돈(混沌)만 가중시켰을 뿐, 인생의 의의와 역사의 방향성에 대한 근본문제를 아직까지 해명하지 못하고 표류하고 있는 실정이다. 따라서 인간의 탄생과 성장의 과정을 중시하는 인격(人格)철학은 양(兩) 이론이 밝혀내지 못하고 설명하지 못하는 부분들을 새롭게 창출하여, 새로운 방법론으로 대체하지 않으면 안 되는 과제를 안고 있는 것이다.

  * 존재의 궁극은 상징의 체계이다.

  * 존재의 궁극 법칙은 창조와 재창조에 의한 재재창조(성장)의 3

단 법칙을 갖는다.

* 기호개념의 인격적 법칙과 유형: 신은 존재의 아버지(창조적 창조)요, 어머니(창조적 재창조)이며, 만물은 존재의 딸(재창조의 창조)요, 인간은 존재의 아들(재창조의 재창조)과 같다.

* 신계(神界)는 조부모의 세계/일자: 뜻, 목적, 존재자
　천계(天界)는 아버지의 세계/창조: 정충(精蟲), 이데아(Idea: Concept)
　영계(靈界)는 어머니의 세계/재창조: 태아(胎兒), 형상(形相, Eidos: form)
　육계(肉界)는 아내의 세계/재재창조: 탄생(誕生), 질료(質料, Hily: material)
　인간계(人間界)는 자녀의 세계/생성: 성장(成長), 만물(萬物, All Things)
　이데아(Idea: Concept)는 개념, 새로운 착상, 시작단계를 의미한다.
　형상(形相, Eidos)는 심중(心中)의 관념을 구상화(具象化)한다.

* 세계는 1) 신계(창조적 창조), 2) 천계(창조적 창조재창조), 3) 영계(재창조적 창조), 4) 육계(재창조적 재창조)의 4세계로 구성되는 법이다.

* 육계 – 자녀, 영계 – 어머니, 천계 – 아버지, 신계 – 조부모의 세계이다. 따라서 인간은 육적 부모와 영적 부모를 동시에 갖는 존재이다. 그러므로 인간은 신의 정자(精子)요, 만물의 태아(胎兒)이다.

244

그리고 만물은 인간의 몸(Mom)이요, 인간은 만물의 맘(Mam)이다.

존재(창조)와 생성(재창조)에 의한 성장론은 제3을 넘어선 제4의 새로운 가설(假說: Hypothesis)이다. 다시 말해 새 이론인 '창조적 성장론(The theory of creative growth)'은 창조 후 재창조를 거쳐 성장기에 있는 피조세계에 대하여, 창조적 주체, 즉 궁극적 존재의 제1원인이 어떠한 방법으로 역사하면서 미성숙(Immaturity)에서 완전한 성숙을 지향하는 피조 만물을 보호(保護)하며, 또한 책임(責任)을 요구하는가? 하는 존재세계의 인격성의 상호교류작용을 논리적 방법에 입각하여, 상세히 설명하게 될 새로운 가설(초월적 존재론)이될 것이다.

1. 창조와 재창조 & 성장론이란?

피조세계는 재창조이며, 피조세계를 창조하겠다는 의지와 구상과도 같은 설계도를 창조라 칭하며, 창조목적을 중심으로 피조물 자체 내에 잠재(潛在)되어 있는 잠재성의 자기표현, 즉 단계별 자율적(自律的) 발전(진화)을 성장(Becoming)으로 명명한다(사물의 끝없는 발전으로서의 진화가 아니다). 다시 말해 피조세계의 창조에 대한 의지는 창조자에 의한 일방적, 독재적 창조이며, 창조 후 재창조인 피조세계의 창조는 재창조이며, 미완성으로 창조된 피조세계 자체 내의 내적 작용, 즉 완성을 향한 발전적 진화는 피조물 자체의 자율적 책임에 의한 재재창조, 즉 성장이다. 따라서 3단계의 과정을 일러 창조와 재창조에 의한 성장이라고 부르는 것이다.

따라서 여기에는 미완성창조에 대한 책임으로서의 재창조를 위한 절대적인 창조자의 보호가 있지 않으면 안 되는 것이다. 더불

어 이것은 창조자 스스로 뜻을 완성시켜야 하는 책임으로서 피조
물에 관여하게 되는 타율적 작용성(作用性)이기도 하다. 그러므로
종적(縱的) 창조로서의 우주창조에 대한 구상, 즉 설계도는 창조론
을 형성하고, 횡적(橫的) 창조로서의 피조물의 창조는 재창조를 형
성하며, 입체적 성장, 즉 미완성으로 재창조되어진 피조물 자체의
완성을 위한 자율적인 책임(협력)은 성장론을 형성하게 되는 것이
므로 이를 총칭하여 창조 후 재창조에 의한 성장론이라 명명하는
것이다. 창조적 성장의 개념적 정의는 건축에 있어서의 설계(設計)
와 건설, 작품에 대한 구상(構想)과 재료의 구입, 건설과 전개, 인
간의 정자(창조)와 난자와 결합된 태아(재창조)로 해석할 수 있다.

1) 창조

구상 혹은 발심(發心) 이후의 설계도(유전자: DNA)라는 말로 풀이
할 수 있고, 이론적으로는 유(有)적 무(無)에서, 유(有)적 유(有)로의
존재론적 존재세계를 뜻한다.

2) 재창조

재창조란? 창조 때에 설정(設定)된 목적적 프로그램이 시·공을
통과하면서 완성(完成: Completion)된다는 의미이다. 이론적으로 재
창조는 제2의 창조로서 다른 차원의 존재세계, 즉 다른 공간세계
에서의 유(有)적 무(無)에서 유(有)적 유(有)로의 창조적 존재의 전이
를 뜻한다. 다시 말해 도면(圖面) 속에 존재하였지만 실체적으로는
존재하지 않던 것이 착공(着工: Starting Work)식을 거쳐 그 모습을
단계적으로 드러내어 가는 과정(過程)을 일컫는 말이다. 정자(精子)

가 난자(卵子)와 결합하여 태아(胎芽 · 兒)로 잉태하는 과정과도 같다.

3) 재재창조, 성장(유 · 소년기, 청 · 장년기, 노년기)

창조와 재창조를 통해 탄생한 생명체가 목적 완성을 지향해 가는 성장의 시간적인 변화(變化)를 단계적으로 표현하는 개념이다 (창조되어진 생성물(生成物)로서의 존재가 시간성을 가지며 그 격위(格位)를 높여 나가는 과정을 크게 소생(蘇生)(의존기) · 장성(長成)(협력기) · 완성(完成)(자립기)으로 구분지어 표현한 말).

4) 유 · 소년기(의존기)

창조되어진 존재가 자력(自力)으로 개체를 유지할 수 없는 상태이기 때문에, 창조자로부터 절대적인 보호(Safe-Guard. Protection)를 필요로 히는 시기(時期: 인간의 유아기와 아동기)임.

5) 청 · 장년기(협력기)

개체가 성장하여 스스로의 힘으로 존재를 유지(維持)시킬 수는 있지만, 아직 상대적인 보호를 필요로 하는 시기(인간의 청소년기에서 결혼(結婚)기까지)임.

6) 노년기(수렴기)

창조되어진 존재(자녀 격)가 창조자(부모 격)를 위해 역으로 도움(효도: Filial Duty. 시봉 · 후원: Relief)을 주는 시기이며, 또한 재창조의 종적 사랑(손자 · 손녀의 가치적 사랑)의 기쁨을 누리는 시기임.

제2절 창조적 재창조(창조적 성장론)

1. 창조 후 재창조에 의한 성장론

* 창조의 근본은 사랑(이타심)이다.

* 모든 존재는 창조 후 재창조를 거쳐 성장한다. '궁극적 존재의 제1원인'에 의한 재창조물인 피조세계는 설계와 구상으로서의 종적 창조는 이미 끝(창조)이 나고, 창조물 자체 내에 내재(이신론)된 자율적 목적 지향성을 따라 미완성으로 재창조되었기 때문에 재재창조, 즉 자기 성장(Becoming)을 통해(미완성·중간완성·궁극완성) 목적 완성을 향한 부단한 노력을 계속하고 있다(부족한 존재로 탄생시킨 것에 대한 초월자(창조자)의 관여가 있게 됨을 간과하면 안 됨).

그리고 창조목적을 재창조하기 위해 그 주체는 대상을 미완성(부족·어림)으로 창조했기 때문에 교호결합을 통해 상호협력을 이루지 않으면 안 된다. 따라서 제1원인인 창조에 있어서도 창조와 재창조, 그리고 성장의 중첩구조를 띠지 않을 수 없기 때문에, 첫 창조를 주체적인 제1의 창조라 부르고, 결과(結果)로서 창조되어진 창조물 자체의 재창조를 제2의 창조라 부르며, 미완성에서 완성을 향한 3단계 발전, 즉 진화를 성장(成長)이라 부르게 되는 것이다.

* 이는 입체적 격위(格位)의 차별성에 의한 다양한 종(種)의 창조적 성장론이다. 유인원과 인간은 종(種)이 다르다. 그러나 그 종의 확실한 구별은 모든 종(種)의 성장이 완성되었을 때, 편견에 치우치지 않는 올바른 판단이 보장되는 것이다(보다 저급한 종의 자기완성까지 고급한 종과 그 모습이 같아 보이는 근본 이유는? 고급한 종에 대한 인간 인식

의 과정적 판단 오류 때문이다. 미운 오리새끼와 같이).

　＊ 고급한 종(種)일수록 소유에 대한 애착이 강하며, 그 발전이 느리고 성장(成長)의 시간성이 오랫동안 지속되는 법이다.

　＊ 진화는 보편적인 종(種)이, 차원이 다른 종으로 단계별 발전하는 것을 뜻하지만, 성장은 종의 자체 내에 있어서의 발전을 의미한다. 즉 종의 범주 내부에 한정된 설계도(DNA) 내의 발전을 의미한다.

　＊ 진화는 창조를 부정하지만, 성장은 창조의 절대적인 요청을 전제로 성립된 개념이다.

　＊ 진화는 무목적성을 갖지만, 성장은 창조이상에 대한 목적성(프로그램)과 인격성을 자체 내에 갖는다.

　＊ 창조는 종(縱)의 법칙성을 갖지만, 재창조는 횡(橫)의 법칙성을 갖는 법이다. 따라서 재창조성을 갖는 진화론은, 종(種)의 다른 고급한 종으로의 창조적 발전이 불가능한 법이며, 다만 동종(同種)의 범주 자체 내부에 한정된 발전(재창조)만 가능한 것일 뿐이다(흑·청·적·황·백의 음양오행으로의 변화 발전에 의한 오색 인종의 전개).

　＊ 개체발생은 계통발생의 존재론적 증거(證據)이다(모든 결과는 그 원인의 산물(産物)임, 즉 창조 없는 재창조는 불가능한 법(法)임).

* 무(無)적 유(有)에 의한 영(靈)적 창조론이다(단순한 무에서 유로의 발전에 의한 창조론이 아님, 즉 인간 인식(육적)의 한계를 넘은 세계(영성)의 유(有)임). 아울러 이러한 창조적 성장의 유형(類型)을 다시 형태별로 분류해 보기로 하자.

2. 내적 창조와 외적 재창조
* 창조는 그 관점(觀點)에 따라 내적 세계의 종적 창조와, 외적 세계의 횡적 재창조의 입체적(立體的) 창조로 분류할 수 있게 된다.

* 내적창조란?: 제1원인의 종적, 즉 구상과 설계도와 같은 창조적 의지를 뜻한다.

* 외적창조란?: 제2의 횡적 창조인 피조세계의 창조를 뜻한다. 물자체의 성장이라는 뜻으로, 전개되어진 피조세계 자체 내의 자율권(自律權)과 타율권(신(神)의 관여·보호)의 조화에 의한 재창조의 창조를 뜻한다.

3. 창조와 재창조의 이중구조
위치와 자리바꿈의 속성을 갖는 재창조의 입장에서, 즉 거시적(巨視的)인 관점에서 창조의 이중성으로서의 입체적인 특성을 보게 되면, 창조의 주체와 객체가 서로 위치를 바꿔서 작용하게 됨을 인식(認識)하게 될 것이다. 주체와 객체의 연합(聯合), 즉 창조에 있어선 일원적 이분론적(一元的 二分論的) 존재요, 재창조에 있어선 이분적 일원론적(二分的 一元論的) 존재인 창조자는 스스로가 창조한 형상의 터(Base) 위에 존재성의 작용과 자율적 책임에 의하여 그 뜻을 완성시켜야 한다는 창조주 스스로의 책임을 져야 한다. 즉 이 책임은 미완성(부족·어림·모자람이며, 결코 G. W. 헤겔의 모순과 부정이 아님)이라고 할 수 있는 것으로, 그 뜻을 완성시키기 위해서 지금도 성장을 위한 재재창조(협력)를 계속해서 진행시키고 있는 중인 것이다.

부연해서 궁극적 존재의 제1원인으로서의 창조주는 자기 자신의 존재성인 종적 창조의 뜻을 이루기 위해, 생성(生成)의 세계인 피조세계의 터 위에서 완성의 실체를 이룰 때까지 스스로를 재창조(보호)하지 않으면 안 되는 것이다(인간의 육체가 생겨나기 전에 그 창조물에 대한 설계가 먼저 있으며 몸이 탄생된 후에 스스로의 인격을 완성하기 위하여 자율적 책임에 의한 부단한 재창조의 노력을 계속하지 않을 수 없듯이). 따라서 창조목적을 향한 창조자의 외형적 창조와 내면적 재창조는, 완성을 향한 종적(縱的) 창조와 횡적(橫的) 재창조의 이중적 입체성을 띠기 때문에, 창조의 형태도 완전한 창조주의 존재성을 닮아나 입체적으로 존재하지 않을 수가 없게 되는 것이다. 그러므로 창조 후 재창조로서의 이중적 교호(交互)결합성을 일러 '창조적 새창조에 의한 성장론'이라 명명(命名)하는 것이다.

* 창조적 목적과 재창조의 목적은 역순(逆順)이다

창조는 목적(目的)이 선차성(원인)을 갖고, 재창조는 목적이 후차성(결과)을 갖는다. 그러므로 창조는 목적적 프로그램이 먼저이며, 재창조는 창조기에 설정된 프로그램을 성장법칙에 따라 저급에서 보다 고급으로의 자기 발전(發展)을 시·공간성을 갖고 3단계를 거쳐서 이루게 된다.

* 제1원인에 의한 자기 전개로서의 우주(피조세계)와 인간 재창조

재창조적 관점에서 본 존재성으로서의 상징(象徵)인 초월적 창조자는 생성적 대상으로서의 재창조물, 즉 형상(形象)인 피조세계의 터전 위의 재재창조물이요, 생성의 주체적 실체(實體)인 인간을 통하여, 자기 자신을 재창조하지 않으면 창조목적을 현실화할 수가 없기 때문에 자기전개로서의 피조세계와 인간을 동시에 재창조하였던 것이다. 따라서 피조물은 재창조의 대상이며, 인간은 재창조의 주체이다.

* 현상(Phenomena)의 세계를 미완성의 완성으로 창조하게 된 근본이유

완전한 완성은 소멸성을 갖는 법이다, 미완성(부족)의 완성된 존재로 창조하지 않으면, 완성은 곧 소멸이기 때문에 창조물, 즉 피조세계를 지속시킬 수가 없으며, 창조물에 대한 간여(보호)의 근거를 확보할 수가 없게 된다. 또한 창조자의 현실세계(피조물)에 대한 동참을 통하여 재창조에 있어서의 소유권(친권)을 주장할 수가 없겠기 때문이다. 따라서 완성적(초월적) 완성의 존재인 창조주는 당신의 피조세계와 인간(친자식)을 완전한 완성의 실체로 창조할 수가 없었던 것이다.

제3절 제4의 이념 해제

1. 영(靈)철학 해제

1) 창조적 성장론, 즉 창조적 재창조로서

창조론이 해결하지 못한 진화론의 자유의지(自由意志)적 생성 (Becoming)의 문제인 제1원인, 즉 인격적인 관여(關與)로서 성장의 단계별 보호와 책임의 문제(미완성에서 완성을 지향하는 성장원리를 가짐)와 진화론이 직시(直視)할 수 없었던 창조의 결정적(決定的) 존재의 문제 및 창조 목적에 대한 유전 정보로서의 가치적(價値的) 사랑의 문제를 동시에 해명한 새로운 방법론으로서의 사유체계이다(진화론은 생물학적 이신론(理神論)의 다른 표현이며, 지적 설계론은 지성적 이신론의 또 다른 표현일 뿐임).

2) 가치개념 이론으로서

창조적 재창조, 재창조적 창조, 절대적 상대, 상대적 절대, 무적 유, 유적 무, 공적 사. 사적 공 등과 같이 개념의 중첩은 개념의 이접(離接)성을 연접(連接)성으로 결합한 통합적 가치개념을 뜻한다. 이것은 개념의 단독성으로 인한 사유의 파편성과 편협성을 극복해 사유의 조화를 이끌어 낼 수 있는 새로운 사유의 혁신적 방법론이다. 그동안 우리의 철학이 별 의심하지 않고 사용해온 개념의 단독성이 2분법적 사고와 양비론(兩非論)을 양산하게 된 근본 원인이다. 그러므로 가치개념 이론은 입체적, 포괄적 사유, 즉 존재의 본질을 가치, 값으로 보게 되는 양미론(兩未論)적 사유의 근본 모체이다.

3) 정·교·합적 방법론으로서

정(正)·반(反)·합(合)의 반(反)은 모순과 부정(개념선택이 적절치 못함)에 의한 변증법적 발전을 뜻하므로, 미완성기의 인격적 분별(分別)

철학이며, 정(正)·교(交: 疏通)·합(合)의 교(交)는 부족(不足)과 미완성(未完成)에 의한 상호교류법적 발전을 뜻하므로, 완성기의 인격적 공존(共存)철학이다(부족함이 협력하여 완전함을 이룸).

예) 철학의 모순·부정·상실·불안·한계상황, 종교의 원죄·무명 등등의 부정적인 개념들을, 부족·미숙·어림·무능·무지·어리석음 등등의 개념으로 바꿔야 함.

예) 모순과 부정은 종의 다양성과 존재의 차별성으로 인하여 발생된, 즉 관점의 착오에서 비롯된 개념 선택의 오류임(종적관계에 있어서의 이타성에 의한 지배와 추종은 존재의 자연법칙임(부자관계). 그런데 종적관계의 법칙을 횡적관계의 법칙(부부관계)에 잘못 대입함으로 인하여 발생되어진 것이며 관점의 오류(誤謬)가 만들어낸 개념임).

4) 생성(움)철학으로서

생명의 움이 싹트는 창조적 과정은 원(圓)·방(方)·각(角)이며, 재창조 과정은 각(角)·방(方)·원(圓)의 순서에 의하여 3단계 3급으로 성장 변화하여 저(미완)·중(중간)·고(완성)로 나아감을 상징적으로 표현한 이중적 교호결합의 입체적 방법론 철학이다.

5) NOS(노우스)철학으로서

어떤 형태의 외형에 대한 Chaos+Cosmos=Chaosmos가 아니라, 그 사물의 내적인 값에 대한 아니오(부정)·예(긍정)(No+Yes=Nos)로 결정 판단하는 가치적 심판과 판결(判決)철학이다(불연기연의 사물에 대한 관점이 '아니다'·'그렇다'가 아님).

6) 새 천부(天符)의 철학으로서

아래와 같은 천부 3인을 과학적으로 해석하였으며, 존재와 생성의 비밀을 학문적으로 재해석(상징적 기호체계로 발전시킨 상징개념 세분화)하여 종교의 변천사와 4대 경전 진리의 맥(脈)을 체득할 수 있는 현대판 신(新) 신학적 철학이다.

제1인: 원 · 방 · 각/각 · 방 · 원(창조 과정은 유전자격인 설계가 선차성을 갖고, 재창조 과정은 질료격인 재료가 선차성을 갖게 됨)

제2인: 보호와 책임의 3단계 변화성을 갖게 됨

제3인: 삼위는 일체성을 갖고 운위(云爲)됨

예) 책임과 보호의 변화표

○ 완성기   종교 초월기   인격종교   성약(실천신앙)

□ 장성기   종교기   말씀종교   신약(믿음신앙)

△ 소생기   무종교기   원시종교   구약(율법신앙)

시기 \ 주체	부모	자녀	창조주	인류
○ 완성기	무보호	직접보호	무책임	직접책임
□ 성장기	간접보호	간접보호	간접보호	간접보호
△ 미완성기	직접보호	무보호	직접책임	무책임

보호와 책임의 3단계 변화성(상징개념의 변화법칙)

7) 가치적 완성에 의한 영적 존재론 철학으로서

신학적 창조 목적인 사랑(자비 · 박애 · 인)의 가치를 과정적 방법으로 해석함으로써, 존재세계의 궁극목적과 그 달성의 과정을 입체적이면서도 논리적으로 해독(解讀)한 과학적 신학(神學)이다(『신본론』,

권추호, p. 311. '존재세계와 영적섭리의 비밀 9×9구구표' 참조).

8) 콘텐츠(Contents)철학으로서

하드웨어(Hardware)인 외형적 존재와 소프트웨어(Software)인 내면적 존재의 교류에 의하여 발생되어지는 콘텐츠(Contents)적인 가치철학이다.

9) 제4의 방법론인 공익주의(共益主義)로서

좌/우, 보/진 그리고 양비론(兩非論)적 중도(中道)의 사상에 대한 대안으로서 정도론(正道論), 양미론(兩未論)을 새롭게 창출하여 새로운 가치적(價値的: 상·중·하) 철학의 체계(體系)로서의 제4의 공존적 공익주의(共益主義)를 탄생시켰다.

10) 영성적 직지(영성인식론: 直指)철학으로서

직관의 직관인 절대적 직관에 의하여 상징의 체계인 존재(영성)의 비밀을 종합적(종적 섭리와 횡적 섭리)으로 풀어내어 깨달음(영적 교류)의 도식(圖式)을 새롭게 창출하게 된 새로운 인식론(Epistemology)적 신(新) 반야(般若)의 경(經)이다.

11) 신본적 인본철학으로서

모든 존재의 원인적 창조의 중심은 신(神)의 일방적 영역에 의하여 이루어지며, 모든 결과적 재창조의 중심은 인간의 책임에 의하여 완결되어지는 상호보완적 상생(相生: 신·인)철학이다.

12) 한국철학으로서

동양철학적 사유와 서양철학적 사유의 세계를 통폐합시킴으로써 사유의 파편을 하나로 묶은 새로운 지평을 펼친 4차원적 철학이다.

13) 기호언어, 즉 이해의 개념으로서

궁극적 존재의 제1원인에 대하여, 언어표현의 한계(限界)인 개념의 분석을 상징적 기호의 언어로 체계화(대체)하여 학문적 방법으로 재창조한 이해의 개념이다.

예) 상징개념(기호언어) 세분의 존재 구조

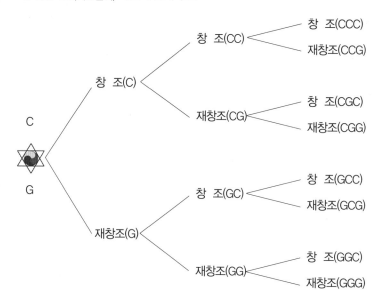

2. 제4의 이념

* 동양사상(東洋思想)의 하늘(天)은 모호한 비(非)인격의 범신론(汎神論)적 내재성을 갖기 때문에 인격에 의한 절대적 적극성(積極性)은 부족함. 그러나 상대적 소극성(消極性)의 사유체계까지는 없지 않음 (비교종교학적 비평에 있어서). 인간은 궁극적으로 존재세계에 대한 과정적(過程的) 대상체이다. 그러므로 성장의 중간기(中間期)까지는 인격적인 하늘의 인격적 보호와 책임에 의한 관여를 필요로 하는 시기이며, 또한 완성기는 적극성에 대한 책임을 간과해서도 안 된다.

* 영(靈)철학은 초월적(超越的) 목적관과 내재적(內在的) 목적관의 모순을 해결하였다. 초월적 목적관인 신(神)관은 권위적인 지배의 절대성으로 창조적 자율성을 억압하고 인권을 유린하였으며 도그마를 양산하였다. 그리고 내재적 목적관인 범신론은 평등적 교류와 타협성은 이뤘지만, 질서를 창도할 수 없는 절대 중심의 미약함으로 혼돈(混沌)을 야기시켰다. 따라서 초월적 공존의 길을 모색(摸索)하지 않으면 새로운 존재론의 새 모델을 창출할 수 없다.

3. 영(靈)철학은 주의주의적(主意主義的) · 주지주의(主知主義)의 사랑철학이다

혼자서는 이룰 수 없는 조화와 협력의 철학이며, 어울림의 학(學)으로서 외형의 조화인 화엄과 통일 그리고 다수(多數)의 중(中)이 아니라, 내면의 내용물(Contents)로서의 제4의 가치적 실체이기 때문에 형태적으로 분류되지 않으며, 육감과 정신이 아닌 영적 체험(주의주의)으로만 느낄 수 있는 절대적 가치철학이다.

4. 영(靈)철학은 인격(보호와 책임)적 가치에 의한 성장(成長)의 역사관(歷史觀)이다

인류의 횡적 역사는 외형적 우주의 운행(運行)법칙을 닮은 성장섭리 역사이며(절대정신의 자기전개-헤겔), 인류의 종적 역사는 내면적 존재의 가치법칙을 닮은 사랑의 확대사에 대한 이론체계이다. 따라서 공존에 의한 입체적 역사이기 때문에 어느 한 부분만의 지엽적인 역사가 아니다.

5. 영(靈)철학은 신(新) 해체(解體)신학이다

신(神)에 대한 부정이 아니라, 때가 되지 않아 존재의 이면(裏面)에 숨어 있는, 즉 편견에 의한 차별과 교리(敎理)에 의해 은폐(隱閉)되어진 보호와 책임과 그리고 구원(救援)에 대한 궁극적 비밀들을 과학적으로 드러내어 재창조해낸 철학이다. 미국 윌리엄스 대학의 M. 테일러 교수는 "인간의 종교성이 좁은 의미의 종교만이 아니라 문화(文化) 전반에 걸쳐 숨어 있다. 인간이 찾는 신의 참된 의미는 더 이상 성경(聖經)과 교리(敎理)의 텍스트에 국한될 수 없다. 문화 전체가 구원을 바라는 기호(記號)들로 가득 차 있다. 그 무수한 기호들의 종교적 함축성(含蓄性)을 읽어 낼 수 있는 사람들이 곧 현대가 요구하는 신학자이다."라고 한 바 있다.

6. 영(靈)철학은 완성을 뜻하는 창조적 공존체제로서의 제4의 길인 '민주적(民主的) 왕정사(王政史)'를 모색할 수 있는 새 방법론 철학이다

유럽의 신 중도좌파인 제3의 길은 소유권(所有權)의 공유와 사유, 지도자의 시대별 역할, 존재의 유·무에 대한 이념과 체제 극복이라는 3대 과제를 해결하지 못하고 있다. 제3의 길은 제3의 경제학과 존재에 대한 절대 가치를 창출하지 못하고, 다시 칼 마르크스의 자본론으로 돌아간 것이다. 심백강 한국정신문화연구원 교수는 『제3의 사상』이라는 그의 저서에서 소유권의 상·하한제에 대한 공존의 법을 심도(深度) 있게 논한 바 있다.

한편 "민주적 왕정사"란 전제군주제와는 차원이 다른 개념으로서 민주의 완성에 의한 내각제적 왕정사를 의미함이며, 도올 김용옥 교수는 『노자철학 이것이다』에서 "왕정사는 복잡한 제도사의 다양성을 수용할 수 있게 되고, 왕정이란? 인류의 문명사를 일관하는 권력 형태이며, 왕정 민주론은 한국이라는 국부성의 모델이 아니라 범인류적인 모델이 된다."고 하였다.

7. 완성된 인격적 철학으로서

인간의 위격(位格)에 대한 가치해석으로서의 사랑(자비·박애·인)과 심리적 현상인 미완성자에 대한 보호와 완성자에 대한 책임의 문제를 인격적으로 접근하여 재해석한 새 사상(思想)이다.

8. 심리철학의 완성철학으로서

존재의 근본세계는 사유분석, 즉 심리분석의 한계를 뛰어넘어, 존재론적 존재인 영성개념에 대한 상징적 기호체계를 어떻게 논리적으로 해석하는가에 있다. 왜냐하면 존재의 본질 세계는 언어표현의 한계를 넘어선 자리에서나 맛볼 수 있는 심오한 상징의 세계이기 때문이다.

9. 변증 · 변신 · 신정론(辨證 · 辨神 · 神正論: Theodicy)의 문제 해결로서

존재의 근본은 가치(價値)의 세계이며, 선과 악은 행위에 의한 결과의 산물일 뿐이다. 따라서 선·악의 판결은 법(가정·약속)에 의해 생겨나며, 이기심을 악(惡)의 근본으로 규정하지 않은 법(法)은 존재하지 않는다. 그러므로 미성숙(未成熟)기의 '존재론적 불안정성'(Ontological Instability)을 보완하기 위한 자기 욕구충족에 대한 추구심은 다만 미완성존재의 창조에 의한 성장(재창조)의 법칙에 간접적인 형태로 내재하기 때문에, 죄(罪) 아닌 죄(부족·결핍·추함·원죄·무명·어리석음)일 뿐 존재의 본질적인 죄(악)와는 무관하다. 따라서 신학자 존 히크가 설파한 '도구적 악'은 결국 2분법적 사유의 산물일 뿐, 신은 존재의 근본에 악(마귀)을 내포하고 있지 않다.

제4절 성장사관(成長史觀)

1. 재창조의 법칙과 존재의 가치

1) 미완성(未完成) 창조

성장(成長)섭리는 인간(인류)을 미완성(부족)된 존재로 창조하여, 완성인간(인류)이 될 때까지 삶(역사)이라는 시간성을 부여해야 하기 때문에, 창조 후 재창조를 통한 성장섭리를 갖지 않을 수 없는 법이다. 왜냐하면 완성은 소멸(消滅), 즉 완성된 창조는 창조되자마자 소멸되어야 하는 모순을 갖게 되기 때문이다.

2) 부족(不足)의 존재

'미완성 창조'인 재창조의 법칙은 부족, 즉 '존재론적 불완전함'

(Ontological Imperfection)으로서 모자람·어림·빈곤·나약함 등을 상징한다. 이것을 가치적으로는 무지(無知)·이기심·절망·두려움·번뇌·고통·결핍·어리석음 등으로 정의한다. 따라서 철학적으로는 실존철학에서 상실(S. A. 키에르케고르), 한계상황(K. 야스퍼스), 불안(M. 하이데거), 모순·부정(G. W. F. 헤겔)이라 했으며, 종교적으로는 무명(불교), 원죄·타락(기독교)이라고 한다.

그런데 이것은 창조(존재)적 관점인 목적적 프로그램(설계도·청사진·창조적 완성·꿈의 에덴·이상향)의 완전성에서 바라본 관점일 뿐, 재창조(생성)적 관점에서 논구할 때에는 일고의 가치도 없다. 왜냐하면 세계의 시초에 있어서의 인간(人類)과 만물의 성장(생성)은, 재창조적 자기완성을 위한 목적(에덴·이상사회)을 향해 단계적으로 나아가고 있는 과정에 있을 뿐이기 때문이다. 따라서 에덴은 창조의 에덴이다.

3) 존재의 근본은 가치(價値)의 세계

선과 악은 행위(行爲)의 결과의 산물이다. 따라서 선·악은 존재의 근본에서부터 본질적으로 부여된 것이 아니라, 인간 상호간의 약속에 의해 파생된 '조작적 개념'일 뿐이다. 존재의 본질적 근본은 가치(고·중·저/상·중·하)이다. 성선설(맹자), 성악설(순자)은 초월적 신(神)의 궁극(존재)세계에 근본적으로 내재되어 있는 원인적 존재가 아니다. 다만 재창조(생성)세계의 미완성 창조에 의한 본질적 부족함의 욕구 본능에 의해 그 '순수이기'성을 죄(악)로 가정할 때, 죄 아닌 죄를 성장의 미완성기에는 필연적으로 갖게 될 뿐이다. 생성론적 인간의 행위에 의한 결과적 죄가 아니라 재창조에 있어서 자신을 채우지 않으면 안 되는, 즉 본질적으로 부족한 탄생으로 인한 생성기의 미완성 창조에 의한 본질적 욕구 추구를 위한 그 이기심을 굳이 그렇게 개념화한다면 그렇게 된다는 것이다.

선·악의 판결기준인 법(法)에서 모든 이기적 행위를 악(죄)으로, 모든 이타적 행위를 선(善)으로 규정하지 않은 법은 없다. 따라서 이기적 행위, 즉 타인에게 유해를 가하는 행위는 죄(악)가 되는 것이므로, 인간(인류)의 미완성(부족·모자람/무지·어리석음)창조는 생성론적 죄(원죄·무명)를 본인의 의지와 무관하게 간접적으로 갖게 된 것일 뿐이다. 그러므로 신(神)은 미완성 창조에 대한 책임을 전적으로 부여안게 된다. 존재론적 본질 세계 자체에 악(마귀)이 존재하고 있다는 것은, 사유의 빈곤이 만들어 낸 무지의 '이분법적 사고'의 결과일 뿐이다. 절대자는 자기의 대상에게 허락을 받지 않고 일방적으로 창조히여, 생성해주기를 요구한 것에 대한 그 책임으로 보호(직·간·무)를 행한다는 것이다. 성 이레니우스(St. Ilenaes)의 영향을 받은 변신론의 대가 존 히크가 말한 '도구적 악'과는 그 차원이 다르다고 할 수 있다.

따라서 원죄와 무명에 대한 원인적 죄(추)와 행위에 의한 결과적 죄(불법)는, 절대자도 인간도 그 어느 일방적인 존재의 전유물이 될 수가 없는 것으로서, 이는 상호보완적(相互補完的) 관계를 통한 협력하에, 재창조에 있어서 창조적 생성에 대한 원인적 죄 아닌 죄(추)는 절대자가 갖고, 재창조적 생성에 대한 결과적 죄(법을 어겼을 때의 죄)는 인간이 갖고서, 창조와 재창조의 책임을 신과 인간이 각각 갖지 않으면 안 되는 과제를 쌍방이 공동으로 안고 있는 것이다.

그러므로 변신론(신정론)의 관점에서 신과 인간의 관계를 상정하게 될 때, 서로는 불가분의 상태에 놓여있다는 것이다. 다시 말해 양자는 서로를 위해서 존재하지 않으면 안 되는(창조와 재창조를 넘나들지 않으면 안 되는) 중층 구조로 존재하고 있다는 사실이다. 이것은 신(神)은 인간과의 관계를 통하여, 그리고 인간은 신과의 관계를 통하여, 서로 협력할 수밖에 없는 '존재의 공존' 법칙이 깊숙이 내재하고 있음을 존재론적으로 증시하는 것이다.

2. 창조와 재창조의 존재법칙

1) 창조의 동기와 목적

창조의 근본은 '자기의 변증법적 부정(G. W. F. Hegel)'이 아니라 주체할 수 없는 사랑의 흘러넘침이며 이타(利他)성이요, 그 궁극적 목적은 기쁨을 통한 행복이다. 존재하는 모든 것은 그 대상으로부터 허락받지 않고 주체자에 의해 일방적으로 창조된 것이며, 즉 동의를 구하지 않고 창조되어진 사랑에 의한 '선(善)의 독재'의 산물이다. 따라서 사랑(모든 이타행)은 상대로부터 동의를 구하지 않고 어떤 일을 행하여도 '모순(矛盾: Contradiction)이 발생되지 않는' 특권을 갖는 법이다. 또한 사랑은 상대의 '필요를 충족시켜주는' 절대가치를 가지며, 행복은 기쁨을 그 전제조건으로 요구한다. 기쁨은 충족이요, 충족은 사랑의 교류작용(交流作用)을 통하여 일어나게 되는 것이다. 따라서 사랑은 주고자 함이요, 희생의 감수요, 위함의 이타적 나눔이므로 사랑은 행복의 원천이요, 행복은 사랑의 결실이다.

2) 창조·재창조·재재창조의 3단계 전개법칙

    (1) (△) 창조 – 구상 – 낭중(씨) – 개인(생육) – 힘(검)

    (2) (ㅁ) 재창조 – 설계도 – 복중(태아) – 가정(번성) – 법·제도(옥쇄·곡옥)

    (3) (○) 재재창조 – 건축물 – 탄생(인간) – 사회(치리) – 인격·사랑(거울)

3) 창조와 재창조의 존재의 공간적 구조

    창조 – C(Creative) – 원인(존재: Being)

    성장 – G(Growth) – 결과(생성: Becoming)

CC 정신계 (천계)	CG 의식계 (영계)
GC 생명계 (인간계)	GG 물리계 (물질계)

3. 창조 후 재창조의 역사

1) 성장의 역사(歷史)

(1) 인간의 성장과 인류(人類)의 성장

인류의 역사(얼·총화)는 한 인간의 미시적 성장과 같이, 거시적 성장의 법칙을 입체적으로 갖는다.

(2) 보호(保護)와 책임(責任)

인류의 역사는 성장단계별 보호와 책임의 3단계(직·간·무/무·간·직)변화 법칙을 갖는다.

(3) 연단(훈련 · 공부)의 역사

인류의 역사는 어떠한 위기에 처할지라도 존재의 절대목적을 완성시키고, 유지시킬 수 있는 다양한 능력을 갖게 하기 위해, 부단한 자기노력을 기울여 온 단련의 역사이다.

(4) 공존(共存)을 찾아 나온 역사

인류의 역사는 주체와 객체의 단계별 발전적 차원으로의 공존을 찾아 나온 역사였다. 왜냐하면 부족한 존재는 상대적 관계를 조성하지 않고서는 새로운 합(合)을 재창조할 수 있는 능력을 갖지 못하기 때문에, 보다 완성으로 성장 · 발전하기 위해서는 정 · 교 · 합에 의한 상호보완적 교류(交流)법을 통과하지 않으면 안 되게 창조된 미완성 존재이기 때문이다.

(5) 사랑을 찾아 나온 역사

사랑은 완성의 산물이다. 미완성된 존재는 주체로부터 사랑을 받아야 할 존재이지만, 완성된 존재는 객체에게 사랑을 돌려주어야 할 존재이다. 따라서 인류 역사의 성장발전에 있어서 완성기에 도달한 우리 인류는, 주체(신 · 선조)로부터 물려받은 (영적 · 지적 · 물적)사랑을 그 객체인 만물과 후손들에게 그 잉여(剩餘) 물에 대해 되돌려 주지 않으면 안 될 때임을 21C의 시대정신은 요구하고 있다는 것이다.

2) 역사(歷史)의 법칙성(法則性)

'이론역사(理論歷史)' 즉 역사(歷史)과정에 어떤 패턴이나 법칙을 찾는 것이 가능한가? 하는 질문에 대하여 전문 역사가들은 부정적인 답(答)을 하고 있다. 그러나 18세기 이탈리아 철학자 비코(G. B. Vico)에서 시작하여 헤겔(G. W. F. Hegel)·마르크스(K. Marx)·슈펭글러(O. Spengler)·토인비(A. J. Toyinbee)·소로킨(P. A. Sorokin)·코뢰버(A. L. Kroeber) 등은 "역사(歷史)과정은 완전히 우연의 결과라고만 할 수 없으며 역사(歷史)과정이 가능하다면 사회·문화·문명(文明) 등 연구의 대상을 시스템으로 보고 처리해야 할 것이다."라고 하였다.

3) 성장 법칙에 의한 역사(歷史)의 체계

영(靈)철학인 창조적 성장론(양미론)은 새로운 세계 기초에 대한 새로운 사상제(Gedankengut)를 발견한 것과 같다. 그리고 인류의 역사는 성장(成長)이라는 메커니즘을 갖기 때문에 인격(人格)철학은 역사와 사회제도에 대하여 인격적인 역할 관계의 변화와 그 다층적 구조를 시스템철학적으로 설명하고 있으며, 존재세계를 보는 새로운 관점을 제시하고 있음은 물론이요, 인식에 있어서의 새로운 패러다임(4차원과 양미론)을 창출하였다.

총서(總序)

1. 존재(存在)하는 모든 것은 창조적 재창조 과정을 거쳐 탄생 후에 성장(成長)하는 법이다.

2. 창조는 신(神)의 인간화요, 그 주체적 중심은 신(神)이며 재창조는 인간의 신화(神化)요, 그 중심은 인간(人間)이다.

3. 창조적 성장에 있어서 재창조는 그 주체가 3단계(段階) 3급(級)으로 변화 발전하는 성장(成長)의 메커니즘(機械論: Mechanism)을 갖는 법이다.

4. 성장발전이란? 목적 완성 후 소멸(消滅)을 뜻하며, 그 소멸은 단계적 발전을 위한 소멸이다.

5. 인류의 문화는 조화(調和), 즉 사랑을 찾아 나온 역사이며, 완성기는 결혼기이기 때문에 문화(文化)의 공존기이며, 수평적 협력기이다.

6. 인간(人間)이 소우주(小宇宙)인 이유는 미시(微視)적 인간의 성장 변화와 거시(巨視)적 인류의 성장 변화가 일치성을 띠기 때문이다.

7. 완성기는 깨달음의 때이며, 책임과 함께 심판의 때이므로 완성기의 무지(無知)는 인류와 하늘의 적이요 원수(怨讐)가 되게 되는 법이다.

8. 완성기는 모든 존재가 진리(眞理)를 깨달아 절대자와의 조우(遭遇)와 함께 진리 안에서 자유할 때이다. 따라서 완성기는 신인(神人), 즉 만인 성인(聖人)의 시대이다.

9. 완성의 언어는 암호와도 같은 상징성의 신화가 아니라 열매와도 같아서 격언(格言)으로 세분되고 구체화되는 법이다. 따라서 완성의 언어는 단독의 언어이기에 뿌리나 가지의 줄기처럼 엮임의 언어가 아니다.

제12장

창조적 성장론

　1. 창조는 일원적 이분성을 갖고 재창조는 이분적 일원성을 갖는다.

　2. 창조의 근본은 사랑이다. 왜냐하면 상대로부터 허락을 불허하는 정당성을 갖기 때문이다. 따라서 사랑은 선(善)의 독재성을 갖는다.

　3. 창조는 결정론적 목적성을 갖고 재창조는 자유의지적 목적성을 갖는다. 따라서 재창조인 자유의지적 목적성은 외적 형태(양적) 변형성일 뿐 내적 가치(질적) 변화에까지 기여할 수는 없는 법이다. 그러므로 결정적 목적은 창조적 가치성에 대한 절대성을 갖고 자유의지(自由意志)는 상대성을 갖는다.

　4. 창조적 성장론은 신(神)의 자기원인의 인간적 관계와 인간(人間)의 자기원인의 신의 관계의 상호보완성을 증시(證示)하는 이론이다. 따라서 신(神)의 자기원인에 대한 연기론적(緣起論的) 본질은

상대적 존재인 법이다.

5. 창조적 성장 이론은 Realitat와 Idealitat와의 사이에 존재방식의 대립(對立)과 우열(愚劣)이 전혀 없고, 다만 그 존재의 방식에 있어 창조성과 재창조성, 즉 음성(陰性)과 양성(陽性)의 역할의 차이성이 시간과 공간의 변화에 따라 변화될 뿐이다. 따라서 Dasein과 Sosein의 거기 있음, 시·공 내(內)와 그리 있음(시공초월)도 생성(生成)과 존재의 상호교류를 위한 요소의 상대적 관계성, 즉 성장완성을 위한 미완성기의 소통이지 변증법(辨證法)적 대립과 모순(矛盾)이 아니다.

6. 창조적 일원론은 실재와 관념을 통섭하지만 재창조적 이분론은 실재(實在)와 관념(觀念)의 다른 두 개체를 분리시키는 법(法)이다.

7. 창조적 성장론은 결정론과 자유의지의 복잡계(複雜系: Complexity System)시스템 일원론(一元論)적 조화성을 갖는다.

8. 창조적 성장론은 가치(價値)와 물리의 조화론 체계(體系)이다. 따라서 창조적 성장론은 복합적 조직의 집합·공통성·조직성·의존성·조화성·융통성·유연성·역동성·공유성·공존성·거시성의 모든 포괄적 개념을 함축(含蓄)한 이론체계이다.

9. 창세기의 에덴동산(Garden of Eden)은 창조적 에덴, 즉 앞으로 우리가 재창조를 통해서 이뤄야할 꿈의 에덴이다. 따라서 청사진

270

(靑寫眞: Blue-Print(설계도))에 의한 목적적 프로그램의 '에덴'이다. 왜냐하면 재창조인 성장은 미완성 탄생과정을 거치지 않는 완전한 완성으로 탄생(誕生)되지 않기 때문이다.

10. 존재(存在)하는 모든 것은 창조적 성장(成長)의 변화와 함께 그 유형의 다양성(多樣性)을 갖는다.

〈도표 1〉

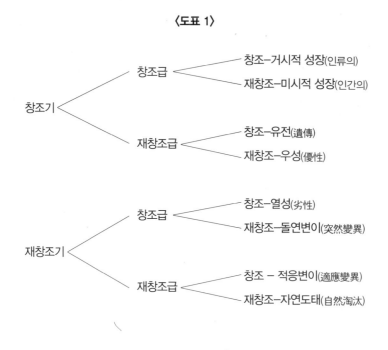

11. 창조는 시간성·영원성·연결성·3단계·성장성·자율성 등을 갖게 되며, 창조적 일방성을 갖는다. 재창조는 공간성·일시성·단절성·사방위성·타율성 등을 갖게 되며 재창조적 타협성(妥協成)을 갖는다.

12. 성장(成長)이란? 창조 후 그 창조물의 미완성에서 완성을 향한 재창조를 뜻한다.

13. 창조적 재창조란? 무유(無有)에서 유(有)로의 상(像)의 전개를 뜻한다.

〈도표 2〉

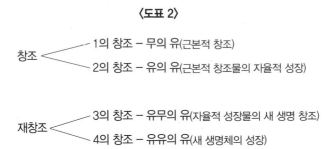

14. 창조는 설계도이며, 재창조는 건축이다. 따라서 창조는 축소(縮小)요, 재창조는 확대(擴大)이다.

15. 본질 세계에 대한 개념부족이 창조론과 진화론을 발생시키게 된 근본 원인이다.

16. 창조는 그 관점(觀點)에 따라 내적(內的) 창조와 외적(外的) 재창조의 이중구조로 분류(分類)할 수가 있다. 내적 창조란? 존재 세계의 나타냄의 우주(宇宙: Cosmos)로서의 피조세계의 창조를 뜻하며, 외적 창조란? 피조물(被造物) 자체의 성장을 뜻한다.

17. 주체자의 일방적 창조는 인간의 의지(意志)와는 무관한 독재

적 창조이며, 창조 후 존재의 성장(成長)은 피조물 자체의 자율적 책임에 의한 재창조이다.

18. 창조는 재창조를 통하여 재재창조격인 완성에 이르게 되며, 3단계 3급의 성장발전법칙을 갖는다.

〈도표 3〉

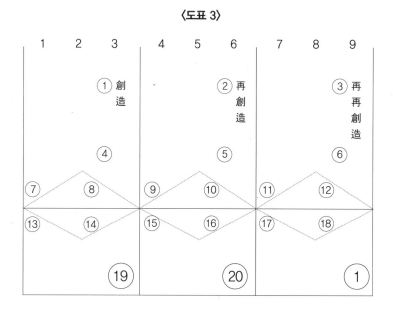

〈도표 4〉

상징적 존재	형상적 존재	실체적 존재
육계(肉界)	영계(靈界)	천계(天界)
부(父)	모(母)	자녀(子女)
낭중	복중	지상
씨앗	나무	열매
생(生)	장(長)	염(薆)

19. 재창조란? 창조목적의 프로그램에 의하여 피조물 자체 내에 잠재되어 있는 잠재성의 자기표현, 즉 창조물 자체의 자율적 성장(成長)을 뜻한다.

20. 창조적 성장의 법칙으로 인하여 존재하는 것은 무엇이든지 목적 지향적 미래(未來)와 과정적 현재를 입체적(立體的: A solid)으로 살아야 하는 법이다.

21. 존재가 다양성(多樣性: Diversification)을 갖는 이유? 창조의 독재성과 창조와 재창조의 이중적 존재구조를 갖기 때문이다.

22. 창조는 작용(作用)이 먼저요 힘이 뒤이며, 재창조는 힘이 먼저요 작용이 뒤이다.

23. 창조란 무형(無形)의 실체성이며, 재창조란 유형(有形)의 실체성이다.

24. 창조는 질서적 일원(一元: Monism)성을 갖고, 재창조는 혼돈적 이분(二分: Divide)성을 갖는다.

25. 원인직 제1의 존재(存在: Being)는 창조적 존재요, 과정적 제2의 존재는 재창조적 존재이며, 결과적 제3의 존재는 재재(再再)창조적 존재이다.

26. 창조는 그 출발(出發)이 완전한 완성에서 비롯되지만, 재창조의 출발은 미완성의 완성에서 비롯되는 것이다.

27. 재창조에 있어서 실적이 중요한 이유? 재창조의 자율적 책임이 인간에게 있기 때문이다.

28. 창조자의 뜻이 완성될 수밖에 없는 근본 이유? 창조의 때에 이미 완성된 창조적 실체(實體)를 이 땅에서 재창조하기 때문이다.

29. 원인적 관계는 창조자의 주관권(主管權: Management)이요, 결과적 관계는 재창조자의 주관권이다. 따라서 역사(歷史) 발전과 이상사회의 실현은 인간의 자유의지에 의하여 결정되어지는 것이므로 결과적 실적(實積)이 자신의 책임(責任)이다.

30. 모든 주체적 존재는 창조적 주체성을 갖는 존재이므로 선(善)의 독재성은 모든 주체적 존재의 특권(特權: A privilege)이다.

31. 성장(成長)은 산술급수성을 갖지만, 소멸(消滅)은 기하급수성을 갖는다.

32. 창조는 기하급수(幾何級數)성을 갖고, 재창조는 산술급수(算術級數)성을 갖는다.

33. 신비주의(神秘主義: Mysticism)적 종교는 과학적 신(神)을 재창

조하여야 하며, 과학적 물리학은 신비주의적 신(神)을 재창조하여야 한다. 왜냐하면 인간은 신비주의와 과학을 동시(同時)에 필요로 하기 때문이다.

34. 재창조에 있어서 창조는 축소(縮小)이므로 외부에서 내부(內部: The inside)로 들어오지만, 재창조는 확대(擴大)이므로 내부에서 외부(外部: The outside)로 나아가야 하는 법이다. 따라서 사고는 전체성을 갖지만 행동은 개체성을 갖는다.

35. 사랑은 창조성이요 힘은 재창조이며, 외성(外性)은 내성(內性)의 다른 표현이다. 따라서 재창조는 창조를 닮아가며 창조의 법칙에 준하여 성장(成長)한다.

36. 인간(人間)에게 주어진 미미한 자유의지(自由意志)가 곧 재창조이다. 따라서 인간은 자신을 발전적인 인간 이외의 다른 존재로 변화시킬 수 없다. 다만 미완성으로 창조된 자기를 보다 완성된 자아로 성장(成長) 발전시킬 수 있을 뿐이다.

37. 시작(始作)이 반(半)인 이유는? 재창조의 이중구조에 의하여 구상(構想: Conception)이 창조요, 시작이 재창조이기 때문이다.

38. 창조기는 내면(內面)의 승부기이지만, 재창조기는 외형(外形)의 승부기이다.

39. 주체(主體)에 의한 객체(대상)의 미완성(未完成)창조는 사랑과 보호(保護: Protection)의 이타적 행위를 통한 창조의 기쁨을 누리기 위해서이다.

40. 모든 주체는 자율적 창조권을 갖지만, 객체는 타율적 재창조권만 갖는 법이다.

41. 창조는 일방성을 갖지만, 재창조는 타협성을 갖는다.

42. 재창조는 전체(全體)가 후차성이요, 개체(個體)가 선차성(先次性)을 갖기 때문에 목적 완성은 하나에서 시작하는 법이다.

43. 창조는 선(善)의 희생의 힘이, 재창조는 선의 욕망의 힘이 근본적 힘이다.

44. 창조는 팽창(膨脹: Expansion)이며 열림이요, 재창조는 수축(收縮: Contraction)이며 닫힘이다.

45. 창조적 진리는 가려진 믿음이므로 상대적 독재성을 갖지만, 재창조의 진리(眞理)는 드러난 확신(確信)이므로 절대적 독재성을 갖는다.

46. 창조의 때에 재창조는 파멸이요, 재창조의 때에 창조적 행위도 또한 이와 같다.

47. 창조는 이(理), 즉 로고스가 주체성을 갖지만, 재창조는 기(氣), 즉 질료(質料)가 주체성을 갖는다.

48. 존재의 입체성(立體性: Solid)과 파동성(波動性: Wave)은 창조와 재창조의 산물이므로 사랑의 유형도 종(從)과 횡(橫)의 이중적으로 존재하는 법이다.

49. 모든 것이 법칙(法則)으로 존재하는 이유는? 창조와 재창조의 합일(合一)적 조화가 존재의 섭리법도이기 때문이다.

50. 신(神)은 생명과 무생물(無生物: Inanimate Object)까지도 창조(創造)할 수 있지만, 인간은 근원적 생명을 창조할 수 없다

51. 창조 때는 목적 완성을 위한 계획의 설정(設定)이므로 사물을 분리하는 법이요, 재창조는 목적 완성을 위한 계획의 실천이니 사물(事物)과 조화하는 법이다.

52. 외적(外的) 물질세계의 법칙은 경험적 지식으로 창조하는 법이지만, 내적(內的) 정신세계의 법칙은 가치적 지혜로써 재창조하는 법이다.

53. 기억(記憶: Memory)과 암기(暗記: Rote Memory)는 재창조의 창조요, 사고(思考: Thinking)와 회상(回想)은 재창조의 재창조이다.

54. 완성에는 완전한 완성과 부분적 완성이 존재하는데 완전한 완성(完成)은 부분을, 부분(部分)은 완성을 위하여 있는 것이다. 따라서 단계별 발전적 과정 중에 완전(完全)을 바라는 것은 재창조적 법칙의 부정(否定)일 뿐이다.

55. 존재(存在)하는 모든 것은 상대적 관계성을 갖기 때문에, 자체(自體) 내의 힘만으로는 재창조하지 못하는 법이다.

56. 장성기 완성급이란? 재창조의 기점(基點: Basing-Point)을 뜻하는 것인바, 이는 장성기의 완성급에서 부터 자력(自力)에 의한 재창조력을 갖게 됨을 상징하는 것이다.

57. 창조기는 종적(縱的) 발전역사의 시대이며, 재창조기는 횡적(橫的) 확대역사의 시대이다. 따라서 미래의 역사는 재창조의 수확시대요, 풍요시대이므로 종적 창조의 기술개척시대는 끝나고 횡적 재창조의 기술의 확대 재생산 시대가 도래(到來)하게 되는 것이다.

58. 추(醜)는 미완성의 창조적 실체요, 미(美)는 완성의 재창조적 실체(實體)이므로, 추한 존재는 내적(內的) 창조적 사랑을 갖지만, 미한 존재는 외적(外的) 재창조적 사랑을 갖게 되는 것이다.

59. 창조는 일시에 전권(全權)을 갖고 행하지만, 재창조는 오랜 기간 동안 부분(部分: A part)권을 갖고 단계적으로 행하는 법이다.

60. 창조적 존재는 자신을 숨기는 법이지만, 재창조의 존재는 자신을 드러내는 법이다.

61. 신(神)은 전체 속에서 부분을 관망(觀望)하는 창조적 존재이지만, 인간은 부분 속에서 전체를 찾아가는 재창조적 존재이다.

62. 창조적 팽창(膨脹)의 힘은 뜨거움이요, 재창조적 수축(收縮)의 힘은 차가움이다.

63. 창조적 뜨거움은 용서와도 같으며 허수(虛數: Imaginary Number)의 시간권이요, 재창조적 차가움은 심판과도 같아서 실수(實數: Real Number)의 시간권이다.

64. 창조는 부모(父母)의 사역이요, 재창조는 자녀(子女)의 사역(使役: Employment)이다.

65. (+) 없는 (−)는 존재하지 않으며 (−) 없는 (+)도 불가능한 법이듯이 우주의 재창조는 천주(天主)의 창조적 산물이다. 따라서 우주(宇宙: Cosmos)의 성장은 천주(天主)적 희생의 산물이다.

66. 창조는 존재가 직접 관여하지만, 재창조는 다만 참여(參與)할 뿐이다.

67. 창조는 실재성을 갖지만, 재창조는 형식성을 갖기에 장식

(裝飾)성을 갖는다.

68. 재창조에 있어서 분석(分析)은 창조의 행위요, 종합(綜合: Synthesis)은 재창조적 행위이다.

69. 가치(價値)는 창조의 존재이지만, 선(善)·악(惡)은 재창조적 존재이다.

70. 가치는 원인적 존재이지만, 선(善)·악(惡)은 결과적 존재인 것이다.

71. 창조기의 머리는 밑으로 향하지만, 재창조의 머리는 위로 향하는 법이다.

72. 자연(自然: Nature)의 이변(異變)은 재창조적 성장변화의 다른 표현일 뿐이다.

73. 창조는 종적(縱的) 존재의 단계별 발전이므로 절대권의 창조가 주체성을 갖고 재창조는 횡적(橫的) 존재의 가치별 변화이므로 상대권의 창조가 주체성을 갖는다.

74. 재창조는 창조를 살찌워야 한다. 수리적(數理的)으로 재창조는 2수이며, 창조는 1수다. 창조는 미완성의 완성이요 재창조는 완성의 완성이다. 따라서 살찌우지 못하는 재창조는 가치 없는 존

재이다.

75. 창조에 있어선 주체(主體)가 능동적이요 객체(客體)가 수동적이지만, 재창조에 있어선 주체가 수동적이요 객체가 능동적인 법이다.

76. 창조의 주체는 남성(男性: The male)이며 재창조의 주체는 여성(女性: Feminity)이다. 즉 재창조에 있어서 주체자가 줄 수 있는 외형적인 도움은 그 무엇도 없다. 따라서 재창조의 전적(全的) 권한은 모든 대상의 것이므로 이상사회 창건에 있어서도 대상적 존재인 인간이 그 주체가 되지 않고서는 요원(遼遠)할 뿐이다.

77. 재창조에 있어서 완성기는 독자성을 갖는 법이다. 왜냐하면 완성된 존재는 자체 내(內)에 자존성을 갖기 때문이다.

78. 재창조에 있어서 참 주체는 언제나 자신을 숨기고 객체적 존재를 내세워 역사하는 것이다. 따라서 때에 따라 자신을 숨길 줄 아는 주체야말로 자신을 참되게 드러나게 하는 것이다.

79. 창조는 사랑이 선차성(先次性)이요, 욕망이 후차성(後次性)이지만 재창조는 욕망을 위하여 사랑을 행하지 않을 수 없는 이유는 창조는 먼저 감(-)하는, 즉 투여하는 자리에서 생겨나지만 재창조는 먼저 받음이(+) 되는 목적 성취의 자리에서 작용(作用)하기 때문이다.

80. 아기씨가 복중(腹中)을 통하여 재창조되어 실체화되듯이 창조이상도 제도(制度: A regime)를 통하지 않으면 실체화될 수 없는 것이다.

81. 창조적 종적(縱的) 사랑은 정(情)의 관계이지만 재창조적 횡적(橫的) 사랑은 책임과 계약의 관계이다.

82. 성장(成長)할수록 생성(生成)의 머리는 가벼워지는 법이지만, 존재의 사고는 무거워지는 법이다.

83. 종교(宗敎)는 창조성을 갖기에 선(善)의 독재성을 갖지만, 정치는 재창조를 갖기에 타협성(妥協性)을 갖게 되는 것이다.

84. 재창조에 있어서 공간(空間)은 자유의지성을 갖기 때문에 변화성을 갖지만, 시간(時間)은 결정성을 갖기 때문에 불변성을 갖는다.

85. 창조는 시간의 전(前)이며 원인의 세계이지만, 재창조는 시간의 후(後)이니 결과의 세계이다.

86. 재창조는 형상의 창조요 공간(空間)의 창조이므로, 상대적 중심자를 먼저 창조하지 않고서는 존재할 수 없는 법이다.

87. 창조는 시공간(時空間: Space-Time)을 초월(超越)한 무형의 때

와 장소를 갖지만, 재창조는 시공 속에 존재하는 유형(有形)의 때와 장소를 갖는다.

88. 재창조는 시간성을 갖지만 창조는 시간 이전(以前: Before)의 문제이므로 시간을 갖지 않는다. 따라서 창조는 시공의 초월성을 갖고, 재창조는 시공의 제한성을 갖게 되는 법이다.

89. 궁극(窮極)에 있어서 재창조적 횡적 존재는 일시성을 갖게 되지만, 종적 존재는 영원성을 갖게 된다.

90. 재창조기의 미완성기는 종적(縱的) 관계성을 갖지만, 완성기는 횡적(橫的) 관계성을 갖기에 평행선상에 놓이는 법이다.

91. 재창조는 횡적(橫的) 상태에서 종적 상태로 성장 완성하기 때문에 횡적 갈등을 풀어야 종적(縱的) 갈등을 해결할 수 있는 법이다.

92. 인류(人類)의 역사는 재창조 역사이기 때문에 높은 가치적 진리가 먼저 나타날 수가 없는 법이다.

93. 과거·현재·미래가 시간적 구분이며 동(東)·서(西)·남(南)·북(北)이 공간의 구분이듯이 시간이 존재(存在)적 존재라면 경계는 생성(生成)적 존재성을 갖는다.

94. 인간은 활동(活動)의 주체이며 창조자요, 피조세계는 활동의

객체이며 재창조이며, 문화(文化)는 활동의 중화체이며 실체적 결실이다. 따라서 문화(文化)는 인간의 사회적 행위의 결과적 산물(産物)이다.

95. 재창조에 있어서 인류(人類)는 창조적 성장(成長)의 법칙과 창조와 창조 이후의 목적 완성을 지향한 성장(成長)의 변화와 인격적 보호의 법칙을 찾아 성장 발전하게 되는 것이다.

96. 인과론(因果論)의 발생은 창조 후 성장의 법칙권 내에서만 존재하게 되는 것이어서 창조 이전(以前)의 단계에까지 소급될 수 없는 법이다. 따라서 특이점(特異點: Singular Point) 이전의 존재인 신(神)에 대한 인과론적 논증은 그 자체에 모순성을 갖는다. 그러므로 인과(因果: Cause and Effect)의 법칙을 초월한 하늘은 단지 스스로 존재하는 것이지, 타력(他力)에 의하여 존재하지 않기 때문에 독재하며 자존(自存)하는 존재인 것이다.

97. 창조원리는 가장 늦게 창조된 것일수록 가장 완성에 가까운 법이어서 가장 귀중한 것이며 가장 많은 사랑을 소유(所有)하게 되는 것이다.

98. 목적(目的)의 방향성이 변할 수 없는 근본 이유? 목적 완성은 재창조의 절대적 임무이므로 창조의 때에 재창조의 방향이 결정되어 있기 때문이다. 따라서 창조의 때에 완성을 이루지 못하면 창조의 뜻을 실패할 수 있기 때문이다. 즉 초월자는 절대적 완성

자이기 때문에 완성되지 않은 창조(創造)를 할 수가 없는 것이다.

99. 신(神)은 창조자요, 피조세계는 재창조자이며, 인간은 재재창조자이다.

100. 인간의 재창조란? 하늘의 주체적인 창조(創造)에 대한 대상적 창조를 뜻한다.

101. 창조 없는 재창조가 존재할 수 없듯이 무형적 존재의 진리(眞理)를 창조할 수 없는 존재는 비록 유형적 피조세계를 볼 수 있다 할지라도 뜻을 대신할 수가 없다. 그렇기에 무형(無形: Formlessness)의 창조이상을 재창조할 수 있는 중보자의 가치는 신성(神性)한 것이다.

102. 신(神)은 자신을 창조한 후 스스로를 발전시키기 위하여 자신(自身)을 재창조할 수밖에 없는 법이다.

103. 존재하는 생물학적 존재가 수면을 취하는 이유는 창조와 재창조의 이중구조적 존재론적 법칙을 닮았기 때문이다.

104. 육계(肉界)를 창조하기 진 천계(天界)와 영계(靈界)를 먼저 창조하게 된 이유? 하늘의 뜻을 완전하게 이루기 위해서 완전한 세계인 천계(天界)를 가장 먼저 창조할 수밖에 없었으며, 재창조의 법칙(法則)은 미완성·중간·완성의 질서적 3단계를 통하여 이루어

지지만, 창조의 법칙(法則)은 완성에서 중간으로 중간에서 미완성으로 이루어지는 법칙성 때문이다. 이는 하늘의 창조법칙이 주사위(Dice) 놀이가 되지 않게 하기 위함이다.

105. 재창조에 있어서 지상생활은 아버지 뼈 속의 정자(精子) 생활의 상징이요, 영계생활은 어머니 배 속의 태아(胎兒)생활의 상징이요, 천계(天界)생활은 인간의 생활과도 같은 상징성을 갖는 것이다.

106. 창조적 가치의 고귀함은 생성(生成)에 대한 연속성의 단절. 즉 완성의 길이 쉽지 않다는 데 있는 것이다.

107. 더러운 것은 재창조의 생성성의 산물(産物)이요, 깨끗한 것은 재창조의 존재성의 산물(産物)이다. 따라서 재창조적 개념을 초탈한 창조적 개념을 획득할 때 존재론적 영성(靈性)을 맞이할 수 있게 되는 법이다.

108. 창조적 존재는 수직적(垂直的) 1수요, 재창조적 존재는 수평적(水平的) 2수다.

109. 창조적 성장이론에 의한 시스템(system) 형이상학(形而上學: Metaphysics)은 위로부터의 형이상학과 아래로부터의 형이상학의 조화(造化)를 위한 새로운 학(學)이다(위로부터–형상질료론 · 선(善)의 이데아(Idea) · 단자 · 예술철학 · 변증법(辨證法: Dialectic, 아래로부터–유물론 · 생기설 · 심리학주의).

110. 창조적 재창조에 의한 성장론은 신은 창조뿐만 아니라 재창조의 창조라는 방식을 통해 창조된 개체들의 생존에도 직·간접적으로 개입하고 있음을 한정한다. 마치 아버지의 정충(精蟲)이 창조라면 어머니의 복중에서 자라는 태아(胎兒)는 재창조이며, 다시 세상에 미완성으로 탄생(誕生)하여 성인으로 완성이 되기까지 부모가 자식을 안전하게 보호하듯이 말이다. 여기서 개입은 곧 관여이며 이것은 재창조에 있어서의 창조의 개념이다.

111. 창조는 결과 세계로의 탄생(誕生)이며 진출의 노정이지만, 재창조는 원인 세계로의 죽음이요 회귀(回歸: Recurrence)의 노정(路程)인 것이다.

112. 창조는 신성(神性)의 인간화이며 드러냄이요 진출로 나타나지만, 재창조는 인간의 신성 화이며 숨김이니 회귀로 나타난다.

제13장
목적론

1. 재창조에 있어서 존재하는 것은 무엇이든지 목적(目的: A purpose) 지향성을 갖기 때문에 완성 후 소멸(消滅)되며, 목적적 존재는 제한적인 시간성과 일시적 공간성을 소유하는 법이다.

2. 완성(完成)은 결실의 최고의 결정성이기 때문에 자체 내에 소멸의 개념을 내포한다.

3. 피조세계의 모든 존재는 창조 목적에 의하여 미완성(未完成)으로 창조된 것이므로 완성을 지향한 목적지향성을 내포하지 않은 것이 없다.

4. 존재하는 모든 창조적 존재는 영원성을 갖고, 모든 재창조적 존재는 일시성을 갖는다.

5. 존재(存在)하는 것은 무엇이든지 영원성과 일시성을 동시에 갖는 것이다.

6. 하늘은 일시성을 갖는 동시에 영원성을 갖기에 소멸성과 비소멸성을 또한 갖는다.

7. 소멸은 영원한 소멸이 아니라 가치지향적인 또 다른 목적적 소멸이다.

8. 존재론적 목적(目的)은 자율성을 갖지만, 생성론적 목적은 타율성을 갖는다.

9. 목적이 3단계를 통하여 발전하게 창조되어진 근본 이유? 기쁨의 3배가(倍加)를 느끼게 하기 위해서인 것이다.

10. 창조이상 완성(完成)이란? 성장이상 완성이니 변신(變身)이상 완성이며 행복이상 완성이기 때문에 사랑이상 완성이다.

11. 창조이상 완성이란? 조직(組織)이상 완성이니 주종관계 완성이다.

12. 고귀한 것일수록 목적 완성이 늦게 이루어지게 창조된 근본 이유? 사물(事物)의 격위에 따라 각각 부여된 그 목적을 성취할 때까지 끝없는 기쁨을 누릴 수 있게 하기 위해서이다. 왜냐하면 만약 일시에 모든 것을 다 주어 버린다면 목적 완성 이후에는 그 목적의 주체자를 잃어버리게 되는 법칙적 창조의 모순(矛盾)을 초래하기 때문이요, 또한 목적 완성 이후에 다른 목적이 단절(斷絶)되

어서는 새로운 가치창조를 할 수 없기 때문이다.

13. 성장(成長)이란? 목적 완성을 위해 벌어지는 고급(高級)에 의한 저급(低級)의 흡수 단계별 과정적 개념(槪念: Concept)이다.

14. 인간이 보다 더 가치적 존재인 이유? 발전적 재창조 과정에 있어서 뒤에 나타나는 것일수록 더 귀하고 숭고(崇高)한 존재이기 때문이다.

15. 결과가 뒤에 나타나게 되는 이유? 목적완성을 위한 3단계 3급의 성장발전 법도를 쓰기 때문이다.

16. 사고(思考)와 목적의식은 비례한다. 따라서 생각이 깊은 사람일수록 목적의식이 뚜렷하고 강한 법이며 동시에 조화(造化)에 능한 법이다.

17. 목적(目的)과 책임(責任)은 비례(比例)하는 법이다.

18. 미래(未來)가 존재하는 이유? 목적완성의 절대성과 뜻의 차원적 단계를 위해서이다.

19. 모든 변화는 목적적이며 동시에 완성을 위하여 존재한다. 따라서 변화와 목적지향을 통하여 완성되어지는 전체의 과정을 총칭(總稱)하여 성장발전(成長發展)이라 일컫는 것이다.

20. 존재세계에 있어서 큰 것이 나타나면 작은 것은 보다 큰 것을 향해 흘러간다. 따라서 작은 것에 연연하지 말고 큰 것을 지향할 것이다. 왜냐하면 목적 완성은 보다 높고 귀하고 큰 것으로 나타나기 때문이다.

21. 추(醜)한 존재일수록 목적완성에 대한 추구욕이 많기 때문에 기(氣)가 강한 법이다.

22. 법칙적 상대가 나타나기 전에 (+)와 (+)끼리 합하게 되는 이유? 완성이 되기 전에 상대가 나타나면 부작용이 발생되어 완전한 창조를 할 수 없기 때문이다. 즉, 미완성된 상태에선 상대적 관계의 작용(作用)이 일어나지 않기 때문에 플러스는 플러스끼리 합하여 완전한 (+)를 형성하고 마이너스는 마이너스끼리 합하여 완전한 (−)를 형성하여 상대적 교류작용을 일으키게 되는 것이어서 완성의 원리적 객체가 나타나기 전에는 같은 극끼리 합하게 되는 것이다. 따라서 존재가 완성이 되기 전엔 (+)는 (−)를 (−)는 (+)를 밀어내는 반작용이 일어나는 법이다.

23. 성장(成長)의 완성기에는 이타심이 이기심을 이기고 전체목적을 지향하게 되는 것이다.

24. 미완성기의 이기적 욕구는 존재론적 본질이다.

25. 완성(完成)은 자체 내에 소멸성을 갖는다. 왜냐하면 완성은

상대를 위한 희생의 원천(源泉)이기 때문이다.

26. 영원히 존재하는 재창조의 생명체는 존재하지 않는다. 왜냐하면 모든 존재는 목적성을 갖기 때문이며 목적 완성은 결국 소멸성을 갖는 법이기 때문이다.

27. 깨닫지 못한 자의 욕구는 필요(必要)를 초과(超過)하는 법이다.

28. 목적완성에 대한 결정권은 주체적 존재의 권한(權限: Competence)이지 객체적 존재의 것이 아니다.

29. 존재하는 것 중 가장 귀한 것일수록 가장 복잡하며 가장 늦게 이루어지게 되는 법이다.

30. 소멸(消滅)이 기하급수적으로 일어나게 되는 근본 이유? 완성 이후의 존재 형상은 무형(無形)으로 남기 때문이며 형상적 존재의 파멸의 고통(苦痛)을 줄이기 위함이다.

31. 인류(人類)가 방황하는 근본 이유? 인류의 육체와 시대정신은 성장섭리에 의하여 결정적으로 창조되어지는 데 반하여 정신의 재창조는 인류의 자유의지(自由意志)의 산물(産物)이기 때문이다.

32. 재창조에 있어서의 목적(目的)의 성취는 사랑을 통하지 않고선 불가능한 법이다. 왜냐하면 존재(存在)의 근본작용이 마이너스(−)되는 자리에선 일어나지 않기 때문이다.

제14장

존재와 우주론

제1절 존재

1. 창조자의 입장에선 유적(有的) 무(無)에서 유적 유(有)로 변화하며, 재창조자의 입장에선 무적 유에서 유적 유로 변화한다.

2. 존재(存在)의 유적 무와 무적 유란? 창조적 관점에서 본 존재의 발전과정은 첫째로 유적 무에서 둘째인 유적 유로, 셋째로는 무적 유로 변화하게 되며(부모 입장) 재창조적 관점에서 본 존재의 발전과정은 첫째로 무적 유에서 둘째인 유적 유로, 셋째로는 유적 무로 변화하게 된다(자녀(子女) 입장).

3. 무적 유는 신(神)의 존재적 특성이므로 자존의 특성이요 독존(獨存)의 특성이다. 따라서 무적 유는 신의 자존의 특성(特性)을 한정(限定)한다.

4. 생성적 무(無)와 존재적 유(有)가 이중적 합일성을 갖지 않고 각각 독립적으로 존재한다면, 무는 유를 창출해 낼 수 없고 유는

무에서 나올 수가 없다. 따라서 무라는 개념 자체에 어떤 존재적 존재로서의 유가 내포되어 있다고 보지 않을 수 없으며, 그렇게 볼 때 유는 무적 유에서 재창조된 실체임을 지각(知覺)할 수 있는 것이다.

5. 빛은 사방성과 팔방성을 합하여 32방성과 64방성을 갖는다.

6. 빛은 존재의 근본적 상징의 존재이며, 존재구조의 축소판(縮小版)이다.

7. 존재(存在)의 양상(樣相)도 그 격위에 따라 차별성을 갖는다.

8. 창조적 미완성의 상징적 세계가 무형적 유형으로 존재하게 되는 근본 이유? 수중(水中)이나 뼛속처럼 중간성의 세계이자 완성세계로 성장발전(成長發展)을 위한 준비요, 시발(始發)의 세계이기 때문이다.

9. 존재하는 모든 작용(作用)은 상대적 관계의 산물이다.

10. 존재의 격위도 그 위치에 따라서 절대성과 상대성(相對性)을 갖는다.

11. 인간(人間)은 존재의 외형(外形)세계의 주관자이며, 초월자는 존재의 내면(內面) 세계의 주관자이시다.

12. 하부구조(下部構造)는 상부구조(上部構造)를 위한 재창조의 근본 토대이다.

13. 모든 주체적 존재는 모든 객체적 존재를 소유(所有)할 권한과 아울러 책임의 의무를 갖는 법이다. 따라서 모든 고급한 존재가 저급한 존재를 사랑으로 흡수하지 못하면 가치를 잃게 되는 것이다.

14. 존재하는 모든 유형적 존재는 유한성을 갖고 무형적 존재는 무한성을 갖는다. 따라서 모든 존재는 연결과 단절(斷絶)의 이중구조(二重構造)를 갖는다.

15. 존재의 본질세계는 입자(粒子)로 존재하며, 형상세계는 파동(波動: Wave)으로 존재한다.

16. 중심적 존재는 자존적(自存的) 존재이지만, 주변적 존재는 타존적(他存的) 존재이다. 따라서 절대자는 자존의 존재이지만, 상대자는 자존이 불가능한 법이므로 절대적 중심자를 통하지 않으면 안 되는 법이다.

17. 인류(人類)의 역사는 단계별 시간(時間)의 산물이요, 인류의 생활사는 위치별 공간(空間)의 산물이다.

18. 존재하는 것은 무엇이든지 성장(成長)의 기간(期間)과 위치성을 갖는다.

19. 힘도 존재와 소멸의 성장 발전성과 상대성을 갖고 변화하는 법이다. 따라서 힘이 있기 때문에 존재하며, 힘이 있기 때문에 완성 후(後)에 소멸하는 것이다.

20. 빛에 파동성이 있는 이유? 영원성을 갖기 위한 창조와 재창조의 변화성 때문이다.

21. 존재세계에서의 힘의 법칙적 부정(否定)은 절대성의 산물이다. 즉, 완성되기 전의 +와 +, −와 −가 합성체로 작용하게 되는 근본 원인은 창조적 목적적 힘의 작용으로서 재창조적 형태의 상대적 힘의 작용(作用)이 아니다.

22. 미완성(未完成) 존재의 상대적 관계는 발전성을 갖지 못하며 단지, 자신의 유지(維持)를 위한 동류(同類: The same class)관계를 가질 뿐이다. 즉 어린이는 재창조성을 갖지 못하기 때문에 상대적 관계를 가질 수가 없는 것이다.

23. 지상세계(地上世界)에서 모든 것을 다 알게 되어 있지 않는 이유? 영계(靈界)와 천계(天界)의 세계가 있기 때문이다.

24. 태아기 때 머리가 아래로 향하게 되는 근본 이유? 존재하는 것은 무엇이든지 창조와 재창조의 상대적 관계를 갖고 존재하기 때문이다.

25. 무질서(無秩序)는 혼돈(混沌)의 산물이다. 따라서 혼돈은 곧 창조(創造)이다.

26. 영계는 존재적 생성의 세계이니 궁극(窮極)에 있어서는 과학(科學)으로 밝힐 수가 있는 세계이다.

27. 육계는 양(量)의 세계요, 영계는 질(質)의 세계요, 천계(天界)는 가치의 세계이다.

제2절 우주

1. Big Bang은 창조적 본성이요, Big Rip은 성장(成長)의 재창조적 본성이다. 따라서 빅뱅, 정상, 평행, 다중, 인플레이션, 블랙홀, 호킹 우주론도 반쪽 우주론이며, 우주의 본질은 창조와 재창조를 반복하는 창조적 성장의 우주이다. 따라서 우주도 인간 생명의 탄생처럼 다양성(부모, 형제, 자녀 등)을 갖는다.

2. 우주(宇宙)가 팽창을 해도 암흑에너지는 존재의 창조적 유지 본성인 불멸성(不滅性) 때문에 단위(單位: Unit) 부피당 에너지가 늘 그대로 있지만, 물질(物質)이나 빛은 우주가 팽창하면서 단위 부피당 에너지가 줄기 때문에 우주가 가속(加速) 팽창하는 것이다.

3. 창조적 성장(成長)의 우주에 있어서 우주는 완성, 중간, 미완성 우주가 다양성을 갖게 되는 법이다. 따라서 창조적 성장 우주

론은 새로 탄생(誕生)하는 우주와 저기에서 완성을 지향한 우주 (UFO)의 가능성을 증시(證示)하는 것이다.

4. 창조 후 재창조로서의 창조적 성장인 현재의 우주는 인간의 육체(肉體)처럼 성장 발전하고 있는 중이다.

5. 우주(宇宙: Cosmos)도 성장 발전하기 때문에 장성기가 되면 보다 발전된 자녀(子女)우주와 손자(孫子)우주를 거느리게 되며 창조 목적을 완성한 이후에는 결국 소멸하는 법이다.

6. 우주를 성장(成長) 발전시키는 근본 힘은 천주의 힘이요, 천주(天主)를 성장 발전시키는 근본 힘은 천계(天界)의 힘이며, 천계를 성장 발전시키는 근본 힘은 신(神)의 세계이다.

7. 육계의 우주(宇宙)는 자녀격이며, 영계의 천주는 어머님 격이며, 천계의 신령은 아버지 격이다.

8. 우주는 무적 유에서 탄생하여 유적 유가 되었으며, 완성 후에는 유적 무로 소멸되게 되는 것이다.

9. 존재하는 모든 생성적 존재는 생성적으로 변화하며 단계성을 갖는 법이다. 따라서 존재하는 모든 생성적 운동은 단계성을 통하여 변화하는 것이어서 존재론적 존재처럼 일시적인 교체(交替)는 일어날 수가 없는 법이다.

10. 우주는 종적(縱的) 원형운동과 횡적 원형운동의 입체적 운동으로 존재한다.

11. 종적(縱的)운동이 공전성이라면, 횡적(橫的)운동은 자전성이다.

12. 우주의 운동도 그 유형에 있어서 다양성(多樣性)을 갖는다.

제15장
완성과 미완성론

제1절 완성과 미완성

1. 완성은 부분의 전체적 총화(總和)이다.

2. 미완성기는 받고 주는 때이지만 완성기는 주고받는 때이다.

3. 미완성의 외적 권능(外的權能)과 완성의 내적(內的) 영성(靈性)은 반비례한다.

4. 미완성기는 외형적 전체 규범의 때이며, 완성기는 내면적 개체 규범의 때이다.

5. 분열(分裂: Dissolution)은 미완성기의 산물이요, 조화(造化)는 완성기의 산물이다.

6. 미완성기는 육적(肉的) 물질적 권위의 시대이지만, 완성기는 영적(靈的) 정신적 권위의 시대이다.

7. 완성은 축복(祝福)이므로 축복을 받고서 새로운 발전적 출발을 준비하지 못하면 기하급수적 파멸일 뿐이다.

8. 미완성기는 하늘 중심 역사시대요, 완성기는 인간 중심 역사시대이다.

9. 완성기는 외적(外的) 두려움에서 내적(內的) 존경으로 전환되는 때이다.

10. 완성기는 법(法)과 제도의 때이므로 지도자는 법의 치리권(治理權)을 행사할 수 있는 기반 위에서의 행위자가 아니라 대리자(代理者)로서 기능(機能)하게 되는 것이다.

11. 완성기 때는 말씀의 기도(祈禱)가 통하지 않는 이유? 재창조적·존재적인 말씀의 기도가 아니라 직접적 행위(行爲)에 의한 인격적 실천의 때이기 때문이다.

12. 미완성기는 무지(無知)의 때이므로 삶의 목적을 찾지 못하고서도 삶이 가능한 때이지만, 완성기는 유지(有知)의 때이니 삶의 존재론적 목적을 찾지 못하면 질서·자아(自我)를 유지할 수가 없는 법이다.

13. 교만·투기·혈기·거짓 등은 이기심의 산물이므로 미완성자의 유물(遺物: A legacy)일 뿐이다.

14. 작은 것이 귀여운 이유? 미완성의 상징적 존재이므로 완성기까지는 언제나 보호(保護)를 유발하기 때문이다.

15. 완성자가 받고자 하면 인격심판의 참소(讒訴: A false charge) 조건에 걸리는 법이다.

16. 열매가 완성되지 못하면 새로운 생명의 씨를 뿌릴 수 없듯이, 인간도 사랑 완성을 성취하지 못하면 그 떡잎을 다음의 세계에서 피울 수가 없는 법이다.

17. 모든 완성의 존재는 아름다운 법이다.

18. 무지(無知)나 부족(不足)이 불행의 근원인 이유는 무지에는 완성의 행복이 없기 때문이다.

19. 완성자란 나의 필요를 구걸(求乞)하지 않고 너의 필요를 충족시켜 주는 자이다.

20. 완성자란? 외적(外的)으로는 자유와 함께 책임을 가져야 하며, 내적(內的)으로는 희생과 함께 절대가치를 세운 자를 뜻함이다.

21. 미완성기는 보호권의 시기(時期)요, 완성기는 책임권의 시기(時期)이다.

22. 완성의 소멸이 기하급수적인 근본이유?

· 성장(成長)의 단계별 발전과 상대적 관계에 있기 때문이다.

· 폐기(廢棄)를 상징하기 때문에 빨리 소멸할수록 아름답기 때문이다.

· 부패(腐敗)는 존재의 무형을 상징하기 때문에 시간성을 초월한다.

23. 미완성자일수록 받는 것을 기뻐하며, 완성자일수록 베푸는 것을 기뻐하는 법이다.

24. 미완성기는 외형을 선호(選好)하는 때이며, 완성기는 내면을 선호하는 때이다.

25. 미완성기는 감성(感性: Sensitivity)으로 주체자를 찾는 시기(時期)요, 완성기는 이성(理性: Reason)으로 주체자를 찾는 시기다.

26. 미완성자는 물질적 욕망이 많으며, 완성자는 정신적 욕망이 많은 법이다.

27. 아래로부터의 개혁(改革)은 미완성기의 개혁이며, 힘의 개혁이지만 위로부터의 개혁은 완성기의 개혁이며 사랑의 개혁이다.

28. 미완성자는 자기 자랑에 급급한 자이요, 완성자는 타인(他人)을 먼저 칭찬하는 법이다.

29. 허위의식은 제2의 부족(不足)의식이므로 미완성기의 산물(産

物)이다.

30. 미완성기 심판은 타율적 심판이요, 완성기의 심판(審判)은 자율적 심판기이다.

31. 미완성기는 동적(動的)이며 생성론적이지만, 완성기는 정적 (靜的)이며 존재론적이다.

32. 공동체(共同體)는 완성의 전체목적의 조화이니 완성의 산물 이다.

33. 미완성기의 중심(中心)은 드러내는 법이지만, 완성기의 중심 은 숨기는 법이다.

34. 완성된 진리(眞理)가 미완성된 존재로부터 반대 받는 이유는?
   • 저급한 존재의 보호본능 때문이다.
   • 인식의 틀에 갇혀 헤어날 수 없기 때문이다.

35. 미완성기는 자연(自然)에 대한 인간 소유권의 시대이지만, 완성기는 하늘 소유권(所有權) 시대이다.

36. 미완성기의 형식(形式)은 타율적 규제이며 완성기는 자율적 규제기이다.

37. 완성된 자만이 창조할 수 있으며 창조할 수 있는 자만이 완전할 수가 있는 법이다.

38. 존재의 미완성기엔 무책임기이지만, 완성기는 그 책임에서 벗어날 수가 없는 법이다.

39. 미완성기는 이기적 이타(利他)의 시대지만 완성기는 이타적 이기의 시대이다.

40. 완성기는 생성론적 이기심(利己心)의 소멸기요, 존재론적 이타심의 생성기다.

41. 완성된 자가 사랑이 없으면 그 자체(自體)가 미완성일 뿐이다.

42. 완성은 모든 부분의 조화성을 뜻하기 때문에 다재다능(多才多能)의 상징성을 갖는다.

43. 미완성기의 머리는 땅에 가깝고 완성기의 머리는 하늘에 더 가깝다. 따라서 지혜의 발전도 이와 같은 법이다.

44. 미완성기는 육적(肉的) 징성(情性)을 드리는 때이며, 완성기는 영적(靈的) 정성을 드리는 때이다.

45. 완성기는 제2의 영적생명을 갖는 때이므로 목적적 자격을

갖는 때이다.

46. 미완성기는 불(火)의 시대요, 분리시대이므로 개인 중심적·남성성의 시기이며, 완성기는 물(水)의 시대이므로 전체 중심적·여성성의 시대이다.

47. 군거본능(群居本能)은 미완성기의 산물이며, 독자성(獨自性)은 완성기의 산물이다.

48. 미완성을 통과하지 않는 완성은 존재하지 않는 않는다. 따라서 미완성이 있기 때문에 완성이 귀한 법이며 또한 미완성을 흉보는 것도 죄(罪)인 것이다.

49. 미완성기의 인간에 대한 보호의 절대적 주체는 성령(聖靈)이며 어머니요, 완성기의 인간에 대한 심판(審判)의 절대적 주체는 신령(神靈)이며 아버지이다. 따라서 미완성기의 교육(敎育)은 보호와 용서이지만 완성기의 교육(敎育)은 심판과 벌(罰)이 되는 것이다.

50. 미완성기는 종교적 제사장(祭司長)의 시대요, 완성기에는 사회적 공존 체제기, 곧 정치적 제사장의 시대이다.

51. 미완성기는 종적(縱的) 가르침의 때이며, 완성기는 횡적(橫的) 토론의 때이다.

52. 미완성기는 법의 확립을 필요로 하지만, 완성기는 영적 양심(良心)의 회복을 필요로 하는 법이다.

53. 모든 원수(怨讐)는 부족(不足)의 산물이다.

54. 완성자일수록 말씀을 가려서 행하는 이유? 완성 때의 말씀은 그 자체로서 실체성을 갖고 재창조되기 때문이다.

55. 수목(樹木)도 완성기가 되면 사랑의 결실인 열매를 맺듯이 인류도 사랑의 열매인 이상사회를 이뤄야 하는 법이다.

56. 인류(人類)의 완성기는 사적(私的) 공존기에서 공적(公的) 공존기로 전환(轉換)되는 때이다.

57. 완성된 존재는 제2의 영적 생명(生命)을 갖기에 영원성을 갖게 되는 법이다.

58. 완성기의 인류는 제2의 영적 생명을 갖게 되어 자존(自存)할 수 있기 때문에 영계를 통하게 되는 법이다.

59. 미완성기는 지기(地氣)의 때이지만, 완성기는 천기(天氣)의 때이다.

60. 미완성기는 주체자인 부모가 가치평가의 중심이지만, 완성

기는 대상자인 자신이 가치평가의 중심인 법이다.

61. 미완성기는 자신을 보호하는 법이지만 완성기는 자신을 희생하는 법이다. 따라서 미완성자는 자신을 살찌우면서, 완성자는 자신을 희생하면서 즐거워하는 법이다.

62. 미완성된 존재(存在)에 대한 가치평가는 인간(人間)의 권한이지만, 완성된 존재에 대한 가치평가는 존재의 권한이다, 따라서 인간은 결과(結果)를 원하지만 하늘은 원인(原因)을 원한다.

63. 미완성기는 상대가치권의 때이지만 완성기는 절대가치의 때이다. 따라서 미완성기의 상대가치는 가설(假設)이지만 완성기의 절대가치는 정설(正設)이다.

64. 미완성기는 앎이 주체요, 완성기는 행함이 주체인 이유? 미완성기는 무지(無知)의 시대요, 창조적 준비의 때이며 완성기는 지혜의 시대이며 재창조의 생성(生成)의 때이기 때문이다.

65. 미완성기는 무력(武力)으로 정복하는 법이지만 완성기는 사랑으로 감화(感化)시키는 법이다.

66. 흠(欠)은 미완성기의 무지(無知)의 산물이므로 완성은 흠(欠)이 없는 법이다.

67. 미완성기는 외적 공존기요, 내적 자존기의 때이지만 완성기는 외적 자존기요, 내적 공존기의 때이다.

68. 미완성자는 선(善)·악(惡)으로 평가하지만 완성자는 가치로 평가(評價)하기 때문에 화합한다.

69. 미완성기는 유위(有爲: Capability)의 시대요, 완성기는 무위(無爲: Idleness)시대이다.

70. 미완성의 존재는 부모(父母)의 보호 밑에서 혼자 생활하게 되지만 완성의 존재는 부모의 보호를 떠나 결혼하여 짝을 짓듯이, 하늘이 지도자(指導者)를 이 땅에 보낼 때에도 미완성의 세계일 때는 당신의 보호 아래에서 하나의 중심인물을 보내지만 완성의 세계일 때는 혼인(婚姻)을 시켜 축복을 내린 후 부부(夫婦)를 내려줌이 섭리법칙이므로, 완성기는 곧 공존적 국가체제(하늘나라)에 의한 종교(宗敎)의 결혼(結婚)과 문화(文化)의 통합(統合)을 재창조하는 때이다.

71. 완성된 열매의 씨앗(중심인물)은 혹독한 겨울이 닥쳐도 상하지 않는 법이다. 왜냐하면 자체 내(內)에 자존성을 갖기 때문이다.

72. 미완성자일수록 노력하기를 좋아하지 않는 이유? 존재하는 것은 무엇이든지 그 출발에 있어서 언제나 받고 시작하게 되는 섭리법칙 때문이다.

73. 완성기의 영적 플러스(+)는 육적 마이너스(-)를 유발하게 되는데 그 근본 이유? 완성기는 영적 협조가 아니라 심판기이기 때문이다. 즉 완성기의 외적·영적 협조는 완성된 자녀의 재창조의 능력을 주체자가 빼앗는 행위와 같기 때문에 영적 도움을 하늘이나 모든 주체자가 주어서는 아니 되며 만약에 영적 도움을 자녀에게 주었다면 육적(肉的) 마이너스(-)가 반드시 일어나게 되는 것이다.

74. 미완성기는 사랑의 완성기가 아니기 때문에 사랑의 행위(行爲)나 사유(思惟)에 대하여 주체자로부터 절대성에 대한 적절한 규제를 받지 않으면 안 되는 법이다.

75. 혼전(婚前) 경험이란 엄연히 미완성기이므로 사랑의 자유(自有)가 아니다. 따라서 주체자로부터 규제 받지 않으면 안 되는 법(法)이다.

76. 완성기는 우주공의법(宇宙公義法)의 시대이기 때문에 가치의 구별과 판결의 시대이다. 따라서 새로운 죄(罪)와 의(義)와 심판(審判)이 문제되는 시대인 것이다.

77. 무아(無我)는 무자성의 다른 이름이자 기(氣), 영(靈)철학 세계의 1차적 유아(幼我)의 확립이요 시작이다. 그러나 무아(無我)는 단계적 무아일 뿐 궁극적 무아여서는 안 된다.

제2절 존재와 생성

1. 존재론적 존재(Being)는 영원성을 갖게 되며 생성(Becoming)적 존재는 일시성을 갖게 된다. 이는 단계별 성장(成長) 발전성을 갖고 팽창, 수축의 반복작용(反復作用)을 한다.

2. 존재는 창조성을 갖고 생성은 재창조성을 갖는다.

3. 모든 생성적 존재는 자체 내에 자율성을 갖지 못하기 때문에, 존재적 존재에 의한 지도가 결여되면 활동성을 잃어버려 소멸(消滅)되는 법이다.

4. 존재는 직선운동으로 나타나지만 생성적 존재는 곡선운동으로 나타나는 법이다.

5. 존재적 운동은 시간적 법칙성을 갖고 기하급수성을 갖지만, 생성적 운동은 공간적 법칙성을 갖고 산술급수성을 갖는다.

6. 존재(存在)하는 모든 생성적 존재는 목적(目的) 완성 후 소멸되는 법이다. 따라서 생성적 존재로서의 소리, 색, 맛, 향기 등등은 일정 기간이 지나면 소멸된다.

7. 생성적 존재는 생·사(生·死)를 반복하는 일시적 존재이지만, 존재적 존재는 생·사를 초월하는 영원적 존재이다.

8. 사랑의 음식은 존재적 목적적 존재요, 물질의 음식은 생성적 수단적 존재이다.

9. 존재(存在)는 이상을 지향(指向)하는 창조의 실체이며, 생성은 현실을 지향하는 재창조의 실체이다.

10. 존재적 존재에겐 가치(價値)로 승부하는 법이며, 생성적 존재에겐 물질(物質)로 승부하는 법이다.

11. 존재성은 결정성이요 선차성(先次性)을 갖지만, 생성성은 자유의 지성이요 후차성(後次性)을 갖는다.

12. 존재(存在)의 나는 역사적 시간의 총화체(總和体)요, 생성(生成)의 나는 우주적 공간의 총화체다.

13. 생성적 존재는 수평성을 갖게 되며, 존재적 존재는 수직성을 갖는다.

14. 생성적 존재는 힘으로 다스려야 효과적이며, 존재적인 존재는 진리(眞理)로 다스려야 효과적인 것이다.

15. 생성적 무지(無知)는 존재세계에 대한 것이므로 창조적 성장에 대한 무지요, 존재적 무지는 가치세계에 대한 것이므로 사랑과 선(善)·악(惡)에 대한 무지(無知)이다.

제3절 마음과 몸

1. 마음은 절대적 자율성을 갖지만 몸은 상대적 타율성을 갖는다.

2. 마음이 변화하면 파멸이지만, 몸의 변화는 발전이므로 마음은 불변(不變)의 근원이요 몸은 변화의 근본이다.

3. 재창조에 있어서 마음이 몸을 주관하기 어려운 이유? 재창조는 몸이 먼저 창조되고 마음이 뒤에 재창조되기 때문이다.

4. 마음을 무형(無形)으로 창조해 놓은 이유? 존재의 근본까지도 포용할 수 있는 위함의 법도 때문이다.

5. 마음이 자유로운 것은 존재적 자율성을 갖기 때문에 규제가 불가능한 탓이다. 또한 절대성을 갖기에 이·그·저도 가능한 것이다.

6. 몸은 타율성을 갖기에 규제의 대상(對象)이다.

7. 맘은 결정성을 갖기에 창조적으로 존재(存在)하며, 몸은 자유의지성을 갖기에 재창조성으로 존재하는 법이다.

8. 마음은 무한적 존재이므로 무형세계(無形世界)와 통하는 법이지만, 몸은 유한적 존재이니 유형세계(有形世界)를 벗어날 수가 없는 법이다.

9. 인간의 생명(生命)은 이원성을 갖지만 다른 생명체가 이원성을 갖지 못하는 이유? 인간의 마음은 존재적 불변(不變)의 영원성을 갖지만, 동물적 본능은 생성적 변화의 일시성을 갖기 때문이다.

10. 마음이 자율성을 갖는 이유?
• 모든 대상에게 재창조를 통한 기쁨을 무한하게 돌려주기 위하여
• 목적 완성의 절대성을 성취할 때까지 무한한 가능성을 차단하지 않기 위하여
• 목적 완성은 소멸이니 목적 완성 후의 허탈감을 느낄 수 없게 하기 위하여

11. 마음은 존재적 존재이므로 하늘의 뜻을 상속(相續)받는 법이요, 몸은 생성적 존재이니 땅의 만물(萬物)을 상속받는 법이다.

12. 맘(Mam)적 사랑은 자율성을 갖기 때문에 만유를 포용(包容)하고 싶은 것이지만, 몸(Mom)적 사랑은 시(時)·공(空)의 초월성을 갖지 못하기 때문에 규정성을 갖는 법이다.

13. 마음과 몸은 결코 하나 될 수 없는 법이다. 왜냐하면 마음은 자율성을 갖지만 몸은 규정성을 갖기 때문이기도 하며, 또한 몸은 이기적이며 맘은 이타적이기 때문이다. 따라서 인간은 가치에 있어서도 선악이 공진하는 존재이다.

14. 정신적인 것은 화합성과 통일적 영원성을 갖기에 이별이 없으며, 육체적인 것은 분별성과 분리적 일시성을 갖기에 이별이 있는 법이다.

15. 영심(靈心)은 마음적인 존재라서 무한성을 갖기에 언제나 자유롭고 활동적이며 육심(肉心)은 몸적인 존재라서 유한성을 갖기에 언제나 규정적이고 제한적이기 때문에 활동의 자유를 갖지 못하는 법이다.

16. 육적(肉的) 시장기는 물질적 요구에 대한 무책임의 산물이요, 영적 시장기는 정신적 요구에 대한 무책임의 산물(産物)이다.

17. 육적 생명은 단수성(單數性)을 갖지만 영적 생명은 복수성(複數性)을 갖는다.

제16장

역사

1. 창조적 성장사관은 창조적 재창조와 재창조적 창조의 복잡계(複雜系: Complexity System)시스템 일원론의 사관(史觀)으로서 역사적으로 명멸하였던 모든 사관의 부분적 역사관을 총합(總合)한 포괄적 사관이다.

2. 순환사관(循環史觀)은 공전이 빠진 운명론적 자전적 사관일 뿐이다.

3. 섭리사관은 직선적 창조사관이며 어거스틴(Augustus, BC 63~AD 14)의 사관이다.

4. 진보사관(進步史觀)은 존재론적 재창조의 단편적 사관이며, 볼테르·콘도르세·칸트·헤르더·레씽·헤겔의 사관이다.

5. 혁명사관(革命史觀)은 유물론적 재창조 사관이며 마르크스사관이다.

6. 생(生)철학사관은 생성론적 재창조사관이며 딜타이(Wilhelm Dilthey), 베르그송(Henri Bergson), 짐멜의 사관이다.

7. 문화사관(文化史觀)은 재창조적 성장사관이며 토인비(Arnold Toynbee), 쯔빙글리(Ulrich Zwingli)의 사관이다.

8. 야스퍼스(Karl Theodor Jaspers)와 틸리히(P. J. Tillich)의 사관은 창조적 생성의 부분사관으로서 역사의 기원과 목표 3단계 발전을 막연하게나마 보았다.

9. 진보(進步)란? 모든 수직에서 수평으로 재창조되면서 창조적 시스템의 변화를 겪는 역사의 과정적 성장의 발전을 의미한다. 따라서 진보(進步)와 진화(進化)는 존재론적 목적개념과 인격적 사유가 결여(缺如)되어 있다.

10. '인간의 자유의식이 사회 속에 침투되는 과정'을 헤겔은 역사의 진보라 하였는데 이것은 재창조적 인격적 책임의 한 부분성일 뿐이다. 왜냐하면 창조적 영성의 희생(犧牲)을 통한 역사의 보호라는 창조적 인격에 의한 신(神)의 관여가 빠져있기 때문이다.

11. 역사(歷史)는 존재의 나열이며 재창조이며, 자유의지의 부분적 가미(加味)이다.

12. 순환사관(循環史觀)은 자전적(自傳的) 순환인 생성적 순환관이

지 공전적(空轉的) 순환인 존재론적 순환관이 결여되어 있다. 왜냐하면 역사는 창조적 성장(재창조)에 의해 순환을 통한 성장(종적 순환관)을 통한 인격적 순환(자녀창조)성을 갖기 때문이다.(아리스토텔레스, 슈펭글러(Oswald Spengler, 1880~1936), 토인비)

13. 진보사관은 목적과 가치가 없는 제2의 성장사관이다.

14. 위기·혼돈·불안·불확실성의 시대라는 개념은 역사인식의 오류(誤謬)가 빚어낸 존재론적 절대개념에 대한 무지(無知)의 산물이다. 역사는 미완성, 즉 갈등을 근원에서 내포하고 있으며 이 갈등을 줄여 나아가는 완성으로의 도정(道程)이다. 이것이 창조적 성장의 역사이며 21세기의 시대정신은 무력(武力)의 시대에서 지식의 시대를 지나 인격의 시대로 나아가지 않으면 안 될 대전환기이다. 왜냐하면 인간의 지혜(知慧)는 가공할 파괴력을 누구나 생산할 수 있는 기술을 보유하고 있기 때문이다. 평화공존(平和共存)의 맘을 갖지 않으면 이 땅의 보존을 약속할 수 없기 때문이다.

15. 유물사관과 사적 유물론은 창조적 유일론(唯一論)에 대한 반동으로서 재창조적 유물론(唯物論: Materialism)일 뿐이다.

16. 역사(歷史)는 제2의 철학이요 철학(哲學)은 역사의 맘이며 역사는 철학의 몸이다. 따라서 철학은 창조적 시간성을 주관하며 역사는 재창조적 공간성을 주관한다. 그러므로 철학은 가치의 추구요 역사는 문화의 추구이며 철학은 행복의 찾음이요 역사는 문명

(文明)의 기록(記錄)이다.

17. 역사에 있어서도 그 유형에 따라 다양성을 갖는다.

〈도표 5〉

18. 인류역사는 창조이상의 목적완성을 위해 미완성에서 완성을 향해 갈등을 줄이는 부단한 성장(成長)의 역사(歷史)이다.

19. 역사는 창조적 재창조의 성장역사이기 때문에 희생과 봉사와 축복의 3단계 변화성을 갖게 되는 법이다.

20. 인류(人類)의 진리 역사는 부분적이고 포괄적인 개념의 구체성을 찾아 나온 역사였다.

21. 성장(成長)역사는 힘 – 지식 – 인격(영성)으로의 바꿔치기 역사이다.

22. 성장역사는 사랑의 확대사이므로 곧 책임의 가중사(加重史)이다.

23. 성장역사는 완전한 완성인 존재론적 회귀를 찾아서 발전하여 나아가는 과정을 포괄적으로 규정한 개념이다.

24. 과정역사란? 창조적 주체자에 의한 결정성과 재창조적 대상자에 의한 자유의지성의 조화적 교류의 작용과정을 뜻하는 것이다.

25. 미완성기의 영적 역사는 간접주관의 역사지만 완성기는 직접주관의 역사이다.

26. 인류역사에 있어서 선(善)·악(惡)의 투쟁사는 선을 신(神)의 절대적 목적, 악을 인간의 상대적 목적으로 가정(假定)할 때에 한해서 선·악의 투쟁사다.

27. 성장역사란? 저급(低級)에서 고급(高級)으로의 가치의 발전사이므로 고급에 의한 저급의 흡수(吸收) 역사이다.

28. 선(善)·악(惡) 투쟁사는 미완성기의 산물이요 절대가치 부재의 산물이며, 사랑의 확대사는 완성기의 산물이요 절대가치 수립의 산물(産物)이다.

29. 미완성기는 독존적 상대가치 중심적 역사관기요, 완성기는 공존적 절대가치 중심적 역사관기이다.

30. 절대가치에 의한 역사관 부재상태의 재창조는 오히려 파멸(破滅)을 부른다.

31. 역사(歷史)의 본질적 근본은 사랑이다. 따라서 역사는 사랑의 확대사이므로 사랑목적 완성의 지향성을 갖지 않을 수가 없는 법(法)이다.

32. 종교사(宗敎史)는 하늘의 중심역사이며 변화 발전사요, 정치사는 인간 중심 역사이며 변화 발전사요, 경제사는 만물(萬物) 중심 역사이며 변화 발전사이다. 따라서 완성기는 종교사와 정치사의 교류기이자 조화기이다.

33. 시간(時間)의 역사는 존재론적 결정사이며, 공간(空間)의 역사는 생성론적 자유의지사(自由意志史)이다.

34. 섭리역사는 단계별 성장발전의 역사이기 때문에 책임하지 못하면 제물(祭物)이 뒤따르게 되는 법이다. 따라서 제물은 자유의지적 인간책임에 대한 무책임의 산물이다.

35. 창조적 재창조에 있어서 미완성기의 인류역사는 존재자가 역사 창조의 주체이기 때문에 인류역사는 신(神)의 중심섭리로 나타나게 되지만, 완성기의 인류역사는 주체성이 인간에게로 상속(相續)되면서 인간이 창조이상의 주관권을 행사하게 되기 때문에, 인간의 자유의지적 책임(責任)에 의하여 운위(云謂)되어지게 되는

것이다.

36. 성장(成長)역사란? 종(縱)적 연역법과 횡(橫)적 귀납법이 공존을 찾아가는 역사이다.

제17장

종·횡과 주체·객체론

제1절 종(縱)과 횡(橫)

1. 종적(縱的) 존재적 축적은 무제한성을 갖지만, 횡적(橫的) 생성적 축적은 제한성을 갖는다.

2. 종적(縱的) 존재는 먼저 것이 귀한 법이요, 횡적(橫的) 생성은 나중 것이 귀한 법이다.

3. 지혜와 정신(精神)은 시간적 주체성이니 종적(縱的) 존재요, 지식과 육체(肉體)는 공간적 대상성이므로, 횡적(橫的) 존재이다.

4. 종적 사랑은 드러낼 때 아름답고, 횡적 사랑은 숨길 때 감미로운 법이다.

5. 친척관계(親戚關係)는 종적 정적 관계와도 같아서 횡적 발전이 불가능한 것이므로 근친(近親)결혼은 죄(罪)이다.

6. 종적(縱的) 발전은 성장과 소멸을 통하여 이루어지며, 횡적(橫的) 발전은 분리와 화합(和合)을 통하여 이루어진다.

7. 횡적 관계는 책임의 관계이므로 능력에 따라 자리바꿈하는 법이요, 종적 관계는 정(情)의 관계이니 심정에 따라 자리바꿈을 하는 법이다.

8. 종적(縱的) 차별적 존재는 고급한 존재를 위하여 저급한 자신의 생명을 희생하지만, 횡적(橫的) 차별적 존재는 자신의 육신을 희생하여야 하는 법이다. 부연하여 동등한 종의 관계는 생명으로 희생을 결정하는 것이 아니니, 생명의 희생은 차등적 종의 상대적 관계의 산물일 뿐이다.

9. 횡적 관계는 수평으로 교류(交流)하는 것이기에 선(善)의 경쟁의 관계요, 종적 관계는 수직으로 교류하는 것이기에 비경쟁의 관계이다.

10. 종적(縱的) 생명은 연결성을 갖고 단계별로 성장하는 법이요, 횡적(橫的) 생명은 단절성을 갖고 리듬으로 변화 확대하는 법이다.

11. 종적 존재는 고차성(高次性)을 갖고 횡적 존재는 저차성(低次性)을 갖는다.

제2절 주체(主體)와 객체(客體)

1. 주체는 목적적 존재이므로 불변성을 갖지만, 객체(대상:對象)는 수단적 존재이므로 가변성을 갖는다.

2. 주체와 객체가 상대적 존재인 이유? 교류를 통하여 하나 되는 과정을 요구하기 때문이다.

3. 주체가 대상을 통하여 재창조하게 되는 근본 이유? 창조의 숭고함과 존재의 고귀함을 깨닫게 하기 위함이다.

4. 존재의 환경(環境) 창조권이 주체성이라면, 생활의 재창조권은 객체성을 갖는다.

5. 창조의 주체(主體)는 재창조의 객체요, 재창조의 주체는 창조의 객체(客體)이다.

제3절 양성(陽性)과 음성(陰性)

1. 양성(陽性)은 드러내는 존재이므로 주체성을 갖고, 음성(陰性)은 숨어 있는 존재이므로 객체성을 갖는다.

2. 양성(陽性)은 지혜의 주체자요, 음성(陰性)은 덕(德)의 주체자이다.

3. 음성(陰性)은 부분적 전체자요, 양성(陽性)은 전체적 부분자이다.

4. 양성은 자율적 존재요, 음성은 타율적 존재이다.

5. 생명의 재창조에 있어서 양성과 음성은 상대성을 갖는다. 따라서 양성(陽性)은 시간적 제한성을 갖지 않기 때문에 창조의 무제한성을 갖고, 다량의 창조가 가능하지만 음성(陰性)은 시간적 제한성을 갖기 때문에 재창조의 제한성을 갖고 다수의 재창조가 불가능한 법이다.

6. 양성(陽性)은 창조의 수리성(數理性)이 짧으며, 음성(陰性)은 재창조의 수리성이 길다.

7. 양성은 하향적 사랑의 주체요, 음성은 상향적 사랑의 주체이다.

제18장

소유권·상속권·주관권론

1. 고급(高級)한 존재일수록 소유권이 많아지기 때문에 책임과 함께 지켜야 할 법(法)이 많아지는 법이다.

2. 소유권(所有權)은 육적(肉的) 생성론적 개념성을 갖지만, 주체권은 영적(靈的) 존재론적 개념성을 갖는다.

3. 저급(低級)한 존재와 고급(高級)한 존재가 그 성장기간에 있어서 차이가 있는 이유? 성장기관과 자유의 확대는 비례하기 때문이며, 고급한 존재일수록 소유권이 커지기 때문에 그 책임에 대한 가르침이 가중(加重)되는 것이다.

4. 미완성기는 소유권 주장이 주체성을 갖고 주관권 주장은 대상성을 갖지만, 완성기는 소유권 주장이 대상성을 갖고 주관권 주장(主張)이 주체성을 갖는다.

5. 미완성기는 분배(分配)의 때이지만 완성기는 상속의 때이다.

따라서 창조의 완성급 때와 재창조의 미완성일 때는 같은 동일선 상에 있지만, 그 방법은 분배와 상속(相續)의 이질적 차별성을 갖는 법이다.

6. 완성기의 분배방식은 상속(相續)이지 소유(所有)가 아니다.

7. 소유권은 어머니가 내리는 법이요, 상속권은 아버지가 내리는 법이다.

8. 상속권은 종적(縱的)으로 전환되지만, 소유권은 횡적(橫的)으로 전환될 뿐이다.

9. 미완성기는 자아주관기요, 완성기는 상대자 주관기이다.

10. 자아주관이란? 이기적 나(我), 비법칙적 나를 벗어남을 뜻한다.

제19장

사랑과 영성론

제1절 사랑

1. 사랑은 절대가치와 선의 독재성을 갖는다. 따라서 사랑은 축(軸)이요, 존재하는 모든 것의 절대적 중심이며, 생명의 원천(源泉)이다.

2. 허락(許諾) 없이 행할 수 있는 창조의 궁극적 근원은 사랑이다.

3. 작용(作用)의 근본이 사랑이니, 천주를 움직일 수 있는 것은 사랑이다. 따라서 고급(高級)한 존재일수록 사랑의 가치를 고귀하게 여기는 법이다.

4. 참된 사랑은 시(時)·공(空)을 초월하여 존재하기 때문에 영원성과 절대성을 갖는 법이다.

5. 다양성(多樣性)은 사랑의 속성이므로, 사랑은 고(高)·저(低)·장(長)·단(短) 어디서나 통하는 법이다.

6. 존재성은 사랑의 속성이며 보이는 듯이 보이지 않고 보이지 않는 듯이 보이는 것이니 사랑도 이와 같아야 하는 법이다.

7. 사랑은 플러스(+)의 근원이므로 사랑만이 영원으로 남게 되는 법이다. 따라서 사랑은 불변의 상징이니 불변하는 모든 것은 사랑의 상징이다.

8. 사랑 없는 지식(知識)은 무지(無知)보다 더 큰 적(敵)이다.

9. 준비 없는 사랑은 재창조할 수 없는 법이다.

10. 사랑은 완성의 산물(産物)이니 창조적 실체성을 갖는다.

11. 사랑의 참 기쁨은 새 생명(生命)의 창조를 위한 지극한 자극이다.

12. 사랑은 완성이니 원형이요, 원형(圓形)은 완성이므로 사랑을 상징하는 것이다.

13. 재창조에 있어서 부부(夫婦)의 사랑은 창조적 사랑이니 밤과 같이 숨기는 사랑의 때이며, 부모의 사랑은 재창조적 사랑이니 낮과 같이 드러내는 사랑의 때이다.

14. 상대적 기준이 원만하게 조성되지 않은 작용의 빈번함은 파

멸(破滅)의 지름길이다.

15. 피조세계는 영적 사랑으로 창조되었기 때문에 이상세계는 인격적 사랑을 통하지 않으면 불가능한 법이다.

16. 성장(成長)할수록 사랑이 많아지는 이유? 존재하는 것은 무엇이든지 사랑의 목적완성을 위하여 이타적 완성으로 재창조하기 때문이다.

17. 완성기의 사랑은 무촌(無寸)의 사랑이므로 책임을 동반하는 법이다.

18. 고급(高級)한 진리는 보다 저급한 진리를 흡수하는 법이며, 그것이 사랑일 때는 스스로 정당화되는 것이다.

19. 심정(心情)과 사랑은 자존성을 갖기에 자율성을 가져야 하지만, 비록 타율적일지라도 행하지 않는 것보다 나은 법이다.

20. 젊음은 육신(肉身)의 완성이요 지혜는 정신의 완성이다. 따라서 사랑은 젊음과 지혜가 조화될 때 일어나는 것이다.

21. 사랑의 존재의 유형(類型)도 다양성(多樣性)을 갖는다.
- 절대적 절대의 사랑/절대적 상대의 사랑/상대적 절대의 사랑/상대적 상대의 사랑

22. 사랑은 상대성을 갖기 때문에 대상(對象)이 없으면 일어나지 않는 법이다.

23. 사랑은 모든 것을 정당화하는 법이다. 왜냐하면 존재하는 모든 것이 사랑으로 창조되기 때문이다.

24. 사랑으로 귀결(歸結)되지 않는 말씀은 영원성을 갖지 못한다.

25. 사랑으로 해결하면 풀리지 않는 문제가 없는 법이다.

26. 지식은 일시성을 갖지만 사랑은 영원성을 갖는 법이다.

27. 사랑과 애착(愛着)은 비례하는 법이다.

28. 사랑하는 곳에 안기고 싶은 것이 존재의 근본이므로, 육신(肉身)은 땅에 안기고 싶어 하며 영혼은 하늘에 안기고 싶어 하는 것이다.

29. 사랑을 혼자서 행(行)할 수 없게 창조한 이유? 사랑은 나누어 갖고자 하는 위함의 존재이기 때문이다.

30. 절대자의 사랑이 그 어떤 존재보다 큰 근본 이유? 독존적 존재이니 외로움을 달래야 하는 존재의 특성 때문이다.

31. 사랑을 자극적이게 창조한 근본 이유? 취하지 않으면 하나가 되지 못하기 때문이요, 자극적이지 않으면 혼돈이 되지 않고 혼돈이 되지 않으면 창조할 수 없기 때문이다. 왜냐하면 혼돈이 창조적 사랑의 근본이기 때문이다.

32. 존재의 생(生)이 멸하여질 때 통곡하게 되는 근본 이유? 우리라는 공동체적 삶의 참사랑 때문이다. 즉 너와 나의 분리를 싫어하여 함께 더불어 살고자 하는 이분적(二分的) 일원론적(一元論的) 사랑의 법칙 때문인 것이다. 따라서 눈물은 슬픔의 상징이요 슬픔은 사랑의 표현이니 이는 존재가 사랑으로 있기 때문이다.

33. 밝음의 빛은 진리(眞理)요, 길이요, 생명(生命)이니 아버지의 몸이요, 어둠의 에너지는 사랑이요, 땅이요, 육신이니 어머니의 몸이다. 따라서 진리의 빛은 드러나야 아름다운 법이며 사랑의 희생은 숨겨야 아름다운 법이다.

34. 사랑은 육적(肉的) 자기이니 창조요, 사람은 외적 자기이니 재창조이다. 재창조인 사람이 다시 내적 자아를 재창조하기 위해선 사랑해야 한다. 즉 사람이 영원히 존재하게 되는 비결이 사랑인 것이다.

35. 삶의 궁극(窮極)이 사랑인 이유?
· 창조의 근본이 사랑이기 때문이다.
· 사랑을 찾지 않으면 안 되게 창조되었기 때문이다.

· 사랑은 선의 독재성을 갖기 때문이다.

· 사랑은 제2의 생명이며 행복의 씨앗이기 때문이다.

제2절 영성(靈性)

1. 영성은 사랑(존재: 절대자)의 몸이요, 로고스(Logos)의 맘이다. 따라서 신앙(信仰)의 생명수(生命水)이다.

2. 영성과 사랑은 상(上)·하(下)의 관계를 결정짓는 무언(無言)의 척도이다.

3. 물질이 부족(不足)하여도 말씀이 있으면 통할 수가 있으며, 말씀이 부족하여도 인격이 있으면 통할 수가 있으며 인격이 부족하여도 사랑이 있으면 통할 수가 있으나 영성이 부족하면 모든 것이 충분하여도 완전할 수가 없는 법이다.

4. 고뇌와 핍박과 번민(煩悶)을 경험해 보지 않고 나타나는 영성은 죽은 영성일 뿐이다.

5. 영성의 회복만이 영원한 이상세계의 터전인 이유? 생성적 지식의 회복은 일시성을 갖지만 존재적 영성의 회복은 영원성을 갖기 때문이다.

6. 영성이란? 손자(孫子)에 대한 조부(祖父)의 사랑과도 같은 높은

가치적 사랑이다.

7. 만물(萬物)보다 가치로운 것이 말씀이요, 말씀보다 가치로운 것이 인격이요, 인격보다 가치로운 것이 영성이므로 존재하는 것 중에 가장 고차원적 가치가 곧 영성인 것이다.

제3절 시간(時間)과 공간(空間)

1. 시간(時間)과 공간(空間)은 상대적 관계를 갖는다.

〈도표 6〉

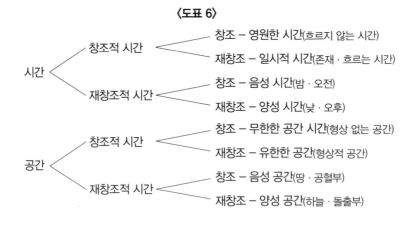

2. 과거·현재·미래의 종적 3단계 법칙은 성장을 위한 존재이 며 새벽·낮·밤의 횡적 사방위는 성장을 위한 토대이다.

3. 시간은 존재성과 창조성을 갖고 종적(縱的) 절대성을 갖지만, 공간은 생성성과 재창조성을 갖고 횡적(橫的) 상대성을 갖는다.

4. 시간은 결정성을 갖고 공간은 자유의지성(自由意志性)을 갖는다.

5. 시간은 차별성을 갖고 공간은 분별성(分別性)을 갖는다.

6. 유형(有形)의 세계는 시(時)·공(空)의 주관권(主管權) 내에서 존재하며, 무형의 세계는 시·공의 주관권 밖의 초월적 존재이다.

7. 재창조에 있어서 시간은 공간적 변화의 객체적 존재성을 갖는다. 왜냐하면 환경의 필요가 가치를 결정하기 때문이다.

8. 시간은 재창조의 산물이다. 따라서 시간은 결과적인 존재이다. 왜냐하면 궁극적 시간은 가정(假定), 즉 약속에 의해서 생겨났기 때문이다.

9. 시간(時間)은 자존적 공존성과 공존적 자존성을 합일(合一)적으로 갖는다.

10. 소멸은 엔트로피의 증대이므로 이에 따른 차원의 시간성인 기하급수적 창조적 초월성을 갖는다.

11. 현재는 과거의 산물이요, 미래는 현재의 소멸의 산물이다.

12. 재창조적 시간의 찌꺼기는 창조적 시간의 밑거름이다.

13. 존재의 시간은 허수(虛數)의 시간이요, 좌(左) 방향성을 갖기 때문에 회귀함이요, 그림자의 시간이다. 생성의 시간은 실수(實數)의 시간이요, 우(右) 방향성을 갖기 때문에 진행함이요, 실체의 시간이다.

14. 시간에도 자전적 공전의 횡적(橫的) 시간과 순환적 진행의 종적(縱的) 시간이 있다.

15. 존재론적 섭리가 때와 장소에 맞추어 역사하는 이유? 목적 완성의 성장 단계성을 갖기 때문이요, 목적 완성을 위해선 토대(土臺)를 갖지 않으면 안 되기 때문이다.

16. 공간적 존재가 원형(圓形)을 이루는 이유? 사랑의 공간이기 때문이요, 완성의 상징이기 때문이요, 적성을 갖는 한정된 형상적 존재가 관련성을 갖고 완성을 위하여 팽창하기 때문이다.

제20장
진화론

1. 계통발생은 종적(縱的) 창조성의 산물이요, 개체발생은 횡적 (橫的) 재창조성의 산물이다.

2. 진화론(進化論: Evolution Theory)은 사유의 암(癌)덩어리이며 완성 후 소멸의 개념이 부재한 논리의 바이러스이다.

3. 진화론은 비인격 발전론이다.

4. 진화론은 창조론 배척으로 무목적론과 비인격 그리고 무한주의로 내몰릴 수밖에 없었다.

5. 지적 설계론은 이신론의 다른 표현이다. 따라서 지적 설계론과 이신론은 진화론의 맘(Mam)과 같으며 생물학적 존재(Being)의 개념을 갖는다. 그러므로 그것은 재창조적 창조의 일부분성을 벗어나지 못하고 있다.

6. 존 피스크(John Fiske)는 '진화(進化)는 신(神)의 신성한 목적을 성취해 가는 과정이다.'라고 하였는데 그것은 재창조 중심적 사고로서 창조적 성장론과는 달리 인격적 개념이 없으며 재창조의 부분적인 내용에만 국한된 현상에 대한 사유의 생성(生成)의 기술일 뿐이다. ―『진화의 역사』에드워드 J. 라슨 저

7. 조나단 웰스(Jonathan Wells)의 『지적 설계론』에서는 완벽한 패러다임의 자리에 오르려면 그 지적설계의 정체성과 의도를 규명해야 한다고 하였으며, 『진화(進化)의 초상』에서는 다윈의 진화론에 관한 기존의 증거들 중 많은 것이 다양한 해석의 여지가 있거나 완전한 날조된 것이며 아주 심하게 썩은 치아(齒牙)를 찾는 치과의사(醫師) 같은 기분이 들었다고 하였다. 그런데 이것은 창조적 성장이라는 '재창조의 진화성'에 대한 무지의 산물이다.

8. 종적(縱的) 개념은 창조성을 갖고 횡적(橫的) 개념은 진화성을 갖는다. 따라서 종의 진화는 불가능한 법(착각의 산물/개념 오류의 산물)이다. 진화(進化)는 부분적 범주(範疇: Category), 즉 한계(限界) 내에서만 통용될 수 있는 개념일 뿐이다.

9. 창조를 부정(否定)하는 진화의 개념이 존재를 비가치적으로 평가할 뿐이다.

10. 유인원(類人猿)과 인간은 그 종의 유전정보(DNA)가 다르다. 따라서 유인원의 목적 완성은 그 자체로서 소멸성을 갖기 때문에

인간으로서의 발전이 불가능한 법이다. 왜냐하면 씨앗 내에는 이미 그 존재의 실체가 계획되어져 있다가 그 계획되어진 설계대로 재창조되어지기 때문이다.

11. 인격(人格)의 변화는 창조적 성장의 산물이다. 따라서 진화론으로서는 인격과 심정의 변화법칙을 설명할 수도 없으며, 진화론은 인격 이전의 즉 부족(不足)하고 결핍된 미완성기적 존재의 사고(思考)의 산물(産物)일 뿐이다.

12. 목적론의 부재(不在)가 진화론의 가장 큰 오류(誤謬)이다.

13. 진화론의 모순(矛盾: Contradiction)
• 모든 존재가 미완성에서 출발하여 완성으로 나아가기 때문에 완성이 되기 전까지는 어떤 주체적인 제3의 힘에 의한 보호를 받지 않으면 안 된다. 따라서 미완성의 존재 자체의 힘으로는 생명을 유지하지도 못하는 법인데 어떻게 보다 발전된 상태로 자신을 진화시킬 수가 있는가?
• 완성 이후는 소멸이지 진화가 아니다.
• 유인원(類人猿)에서 인간으로 진화했음에도 불구하고 지금까지도 그 유인원이 존재한다는 것. 즉 완성은 소멸인데도 유인원이 살아 있다는 것은 그 자체가 창조론을 포괄하면서 창조론을 부정(否定)하는 모순(矛盾)을 범하고 있는 것이다.

14. 성장(成長)의 개념은 제3의 힘이 플러스(+)되고 있음을 내포하며, 또한 인격의 책임과 보호의 법칙이 포함돼 있는 존재론적 영성을 전제로 하는 것이다.

15. 성장은 미완성에서 완성을 향하여 나아가는 과정에 있기 때문에 객체자의 미완성은 주체자인 완성자(제3의 힘)로부터 보호받지 않으면 완성될 수가 없는 것이다. 따라서 완성자만이 제3의 보호를 필요치 않는다. 왜냐하면 완성된 존재는 자체 내(內)에서 제2의 생명력을 갖기 때문에 자존이 가능(可能)하기 때문이다.

16. 흑인은 유아와 청인은 소년과 적인은 청년과 황인은 장년과 백인은 노년과 각각 닮은꼴이다. 따라서 흑인은 현존하는 오색인종(五色人種)의 생물학적 조상(祖上)이다.

17. 종(種)의 횡적 변이에 있어서 한 인종에서 한 인종(人種)으로 변화하는 데 걸리는 시간은 약 1만 년이다.

〈도표 7〉

1 흑인	2 청인	3 적인	4 황인	5 백인
1 .... 1 .... 1 .... 1 .... 1 1

18. 진화론(進化論)은 다분히 허구적이고도 주먹구구인 하류(下流: The lower classes)소설일 뿐이다. 따라서 진화론은 고급한 영성 존재론적인 초월적 사유세계와는 상대조차 불가능한 유물론적 억척일 뿐이다.

19. 성장론(成長論)은 진화론의 비인격론을 인격이론으로 업그레이드 시켰으며, 창조론의 절대성을 전제하지 않고 성립(成立)될 수 없는 이론이다.

Chapter 3

제21장

가치론

제1절 절대가치

〈도표 8〉

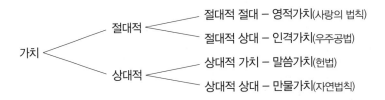

1. 가치(價値)도 그 유형에 있어서 다양성을 갖는다.

2. 절대가치는 시간성과 존재, 종적(縱的) 주체성과 영원성을 갖지만 상대가치는 공간성과 생성, 횡적(橫的) 상대성과 일시성을 갖는다.

3. 환경(環境: Environment)의 필요가 가치(價値)를 결정하는 법이다.

4. 절대가치를 위한 모든 과정적 방법론은 선(善)의 거짓이다.

왜냐하면 존재하는 모든 것은 성장의 단계성을 갖는 존재이기 때문이다. 그러므로 선(善)의 거짓은 칸트의 정언명령에서처럼 거짓이 아니라 희생, 즉 사랑의 방편(方便)이다.

5. 완성자와 완성된 절대가치는 선(善)의 독재성을 갖기 때문에 상대적 평가는 금물(禁物)이다.

6. 고급(高級)한 가치를 위한 행위는 저급한 가치의 불법(不法)을 정당화한다.

7. 고급(高級)한 가치는 저급(低級)한 가치(價値)의 부족을 포용하면서 존재하는 법이지 배척(排斥: Rejection)하지 않는다.

8. 정치(政治)는 상대적 가치체계요, 종교(宗敎)는 절대적 가치체계이다.

9. 가치는 창조적 존재이지만 선(善)·악(惡)은 재창조적 존재이다. 따라서 가치는 원인적인 존재요, 선·악은 결과적인 존재이며 가정(假定)의 산물이다.

10. 상대가치란 인간 앞에 나아갈 수 있는 최고의 선(善)이며, 절대가치란 신(神) 앞에 나아갈 수 있는 최고의 선(善)이다.

11. 상대가치란 인간 상호 간의 규정이요, 평행 유지를 위한 수

평적 관계이며, 절대가치란 하늘과 인간과의 규정이며 중심 유지를 위한 수직적 관계이다.

12. 부정부패(不正腐敗)는 절대가치 부재(不在)의 산물(産物)이다.

13. 상대가치는 환경(環境)의 필요에 의하여 정하지만, 절대가치는 환경의 필요를 초월하여 결정되어져 있는 것이다. 따라서 상대가치는 승리할 때 정당화될 수 있지만 절대가치는 승리(勝利)하여도 정당화되지 않는다. 왜냐하면 전자(前者)의 평가기준은 승리이지만 후자(後者)의 평가기준은 사랑이기 때문이다.

14. 상대가치는 수단적 · 과정적 · 일시적 · 대상적 · 생성론적 가치이며, 절대가치는 목적적 · 결과적 · 영원적 · 주체적 · 존재론적 가치(價値)이다.

15. 상대가치가 힘의 가치인 이유는 생성론적 가치이기 때문이며, 절대가치가 사랑의 가치인 근본 이유는 존재론적 가치이기 때문이다.

제2절 情 · 知 · 義와 眞 · 善 · 美

1. 정(情)은 인격(人格)을 관리하는 무언(無言: Silence)의 법이다.

2. 지(知)는 제2의 법이요, 섭리(攝理: Providence)이다.

3. 의(義)는 행함의 근본이므로 작용의 제3의 법이다.

4. 지(知)는 정(情)의 원천이니 사랑도 앎이 없으면 생성(生成)되지 않는 법이다.

5. 정·지·의는 창조적 존재론적 가치요, 진·선·미는 재창조적 생성론적 가치이다.

6. 정적 관계란 미워도 보고 싶은 관계를 말함이다.

7. 삶이란? 정(情)·지(知)·의(意)와 진(眞)·선(善)·미(美)의 입체적 조화성의 다른 이름이다.

제3절 생(生)과 사(死)

1. 아버지 뼈 속에서의 죽음은 어머니 복중(腹中: The mourning period)의 탄생이요, 어머니 복중(腹中)에서의 죽음은 지상 탄생이듯이 지상(地上)인 육계에서의 죽음은 영계에서의 탄생이요, 영계에서의 죽음은 천계(天界)에서의 탄생이므로, 존재의 근본세계는 생사(生死)가 존재하지 않는 법이다. 따라서 생사는 가정의 산물이다.

2. 생은 재창조적 기쁨을 위한 근본 토대(土臺: A foundation)이다.

3. 상징적 존재세계인 육계의 생(生)이 존귀성을 갖는 이유? 지

상세계에서의 생이 육계(肉界)에 비해서 상대적으로 극히 짧기 때문이기도 하지만 육계의 생이 존재론적 본질세계의 결과 세계이기 때문이다.

4. 절대적 완성의 생(生)은 죽음을 초월하는 법(法)이다. 왜냐하면 생의 목적 완성을 뜻하기 때문이다.

5. 미완성 존재와 종족보존(種族保存) 본능은 비례하는 법이다.

6. 생(生)은 성장(成長)이요 발전이므로 사랑의 연속이다.

7. 과학은 상징의 신학이요, 신학은 상징의 과학이며 철학은 형상의 신학이요, 형상의 과학이다.

8. 극(極)과 극(極)은 통하므로 상징은 실체의 또 다른 이름이며, 형상은 상징과 실체를 잇는 가교(架橋)이다.

제4절 선(善)의 독재

1. 존재는 선(善)의 독재(獨裁: Dictatorship)성을 갖는다.

2 선(善)의 독재는 전체목적을 위한 개체목적의 희생을 과정적으로 요구하는 법이다.

3. 결정적 선의 독재성과 자유의지적 자율성은 서로 반비례한다.

4. 사랑은 창조의 선의 독재이지만, 효도는 재창조의 선의 독재인 것이다.

5. 선(善)의 독재성(獨裁性)이란?

• 독재(獨裁)라는 개념은 그것이 어떻게 존재하는가에 대해 뚜렷한 목적과 이유를 갖지 않고 자존하게 됨을 자체 내에서 독립하여 정당화하는 이유 없고 특수한 개념이다.

• 어떤 대상물로부터 허락과 승인을 받지 않는 일방적인 창조를 선(善)의 독재성(獨裁性)이라 한다.

제5절 선(善)과 악(惡)

1. 악(惡)에 대한 구분가치는 약속(가정)가치이다. 따라서 선·악은 인간의 본성이 아니라 인간 행위의 결과적 산물이다. 그러므로 선악은 가정과 약속에 의한 규정과 규범, 즉 법의 산물이다. 법의 유일한 잣대는 사랑의 유무(有無)로서 타자에 대한 이타성과 이기성에 의해서 결정된다. 피해를 입혔느냐 아니면 도움을 줬느냐, 그것이 인간 행위에 대한 규범이며 그것에 따른 법(法)의 판결이 바로 선(善) 아니면 악(惡)이다.

2. 투쟁(鬪爭)은 악(惡)이 아니다. 존재의 아이덴티티를 생성(生成)으로 완성시켜야 하는 욕구에 대한 열정이다. 다만 그 과정에 법이 있는 것이다. 그것을 어길 때 그것은 무규정성이요 파괴요 파

멸이라는 악(惡)이 파생되는 것이다.

　3. 악(惡)은 재창조기의 모든 분별심(分別心)이 만들어낸 인간 부족의 산물이요, 인간적 규범의 자력적 타력(他力)의 적(敵)이다.

　4. 성선설(性善說—세네가 · 루소 · 맹자)과 성악설(性惡說—쇼펜하우어 · 홉즈 · 마키아벨리 · 순자)은 원인적 가치(존재)에 대한 오류의 산물이다. 왜냐하면 선 · 악은 행위에 대한 결과(가정 · 법)의 산물이기 때문이다. 고자(告者)의 성무선악설(性無善惡說)이 보다 고차원적이지만 고자 또한 그 근본이 가치(價值)로 이루어져 있음은 밝히지 못했다.

　5. 자유철학에 있어서 악(惡)의 근거인 어두운 원리는 재창조의 미완성 본능(本能)인 이기적 본성에 비해 부정확하고 불명확한 개념 설정에 의하고 있다. 선(善)과 악(惡)을 근원적인 대립으로 이해하는 것은 모든 이원적 체계가 지닌 결함을 극복하지 못했기 때문이다. 따라서 선과 악의 성립에 대한 영철학적 가치론의 근본원리를 이해하지 못하면 영원한 미숙아(未熟兒)로 남게 될 것이다.

　6. 악(惡)은 악이 아니라 선(善)의 악이다. 따라서 악은 독립적으로 존재하지 않고 선에 대하여 상대적으로 존재한다. 선은 사랑이 아니요 사랑은 선이 아니다. 왜냐하면 사랑은 독립적 존재이지만 선은 악에 대한 상대적 존재이기 때문이다. 사랑은 가치적 존재요 창조적 존재성이며 선악은 행위 결과의 산물이요 재창조에 의한 생성(生成)의 존재이다.

7. 사랑은 종적(縱的) 절대적 존재요 그 척도는 상(上)·중(中)·하(下)이며 선·악은 횡적(橫的)·상대적 존재이며, 그 척도는 이기심과 이타심이다. 따라서 사랑은 선·악의 평가 기준을 위한 절대 가치적 존재이기 때문에 상대가치인 선(善)도 악(惡)도 될 수가 없는 독립적인 고유한 영역(領域)이다. 그러므로 악, 즉 마귀(魔鬼)는 재창조적 생성의 산물이요, 미완성의 부족에 의한 이기심이다. 그래서 사랑은 창조적 본성이요, 마귀(魔鬼)는 재창조적 상대론적 본성, 즉 재창조의 미완성에 의한 본질적 이기심인 원죄(原罪: Original Sin)이다.

8. 공존(共存)은 존재하는 모든 것을 포용하는 개념이지만 선·악까지 아우르는 것은 결코 아니다. 공자나 플라톤도 자신들이 개탄(慨歎)해 마지않던 악(惡)의 근본 원인을 캐내어 보려는 노력(努力)은 행하지 않았다(E. H. Carr).

9. 절대적 선이란? 선·악 분별의 절대성을 말하며 절대적 선(善)이라고 해서 악(惡)을 용서함을 뜻하는 것은 아니다.

10. 절대적 선(善)이란? 현실적 행위가 미래와 일치할 때, 즉 현재나 미래까지도 죄(罪)가 되지 않을 때 그 행위가 절대적 선을 갖게 되는 법이다.

11. 현실에서는 죄(罪)가 아니지만 미래에 죄가 됨은 과정적 선이며 현실은 죄가 되지만 미래에 죄가 되지 않을 경우도 상대적 선(善)이며 현실도 미래도 죄가 되지 않을 수 있을 때 곧 절대적 선

(善)이 되는 것이다.

12. 절대적 선(善)이 아닌 모든 것은 영원성을 갖지 못하는 법이다.

13. 선(善)·악(惡)의 근본 기준이 사랑이므로 사랑은 곧 존재 그 자체이다.

14. 존재의 가치적 근본은 저급(低級)과 중급(中級)과 고급(高級)의 질(質)로서 존재하지만 존재의 행위의 결과는 선·악으로 결정되어 나타나는 법이다.

15. 창조적(創造的) 악(惡)은 미완성기의 산물이다. 즉 악은 존재하지 않지만 가정(假定: Supposition)의 존재로 세우지 않으면 미완성 세계에 대한 질서 유지가 불가능한 법이다. 따라서 악은 재창조의 산물이요 미완성 존재의 지도(指導: Leadership)를 위한 하나의 가정적 도구이다.

16. 양보(讓步)가 미덕(美德)이 아닌 근본 이유? 존재는 저급에서 고급으로 변신해야 하기 때문이고 변화는 사랑의 근본속성이요 형태적 실체이기 때문이다.

17. 악이라는 개념은 자유의지에서 파생된 개념일 뿐이며 존재 그 자체는 아니다. 즉 창조목적에 위배되는 행위의 결과를 악(惡)

으로 정한 것일 뿐 근본적 존재 내에는 악이 존재하지 않고 오직 사랑의 가치만 빛날 뿐이다.

18. 완성자는 주지 못함이 사심(私心)이요, 미완성자는 요구하지 못함이 사심(私心)이다.

19. 선은 주고 잊어버리는 것에서 보다 더 큰 행복이 오지만, 악은 행(行)한 후(後)에도 잊지 못하고 괴로워하게 되는 법이다.

20. 선(善)과 악(惡)은 음성(陰性)과 양성(陽性)으로 비교할 성질의 대상이 아니다. 왜냐하면 음양은 원인적 신성의 존재론적 근본 존재물이요, 선과 악은 결과적 인간행위의 부산물(副産物)이기 때문이다.

21. 절대적 선(善)·악(惡)에 대한 판단의 기준은 신(神)이요, 상대적 선·악에 대한 판단의 기준은 법(法)이다.

22. 완성의 경지(境地)는 선·악을 뛰어넘는 초월적 사랑의 경지이다. 그러므로 선(善)·악(惡)의 분별심은 미완성의 산물이다.

23. 악마(惡魔)는 소득 없이 고생만 하는 자(者)가 아니다. 악마는 저급한 존재의 이기적 본능을 채우면서 한없이 기뻐하기 때문이다. 왜냐하면 미완성자, 부족한 자의 이기적 욕구는 창조적 성장(成長)의 존재에게 있어서 존재론적 당위성을 갖기 때문이다.

24. 선(善)을 존재 너머에 놓음은 선(善)이 사랑보다 앞선다는 성선설의 아류일 뿐이다. 영(靈)철학적 개념 분석론에 의하여 평가할 때, 내용의 차이만 날 뿐 결국 사랑과 선(善)·악(惡)의 관계에 대한 개념 설정의 오류(誤謬: A fallacy)일 뿐이다.

25. 재창조에 있어서 성장(成長)의 완성기는 본래적 사랑의 충족기요, 부족했던 사랑의 회복기이다. 따라서 본래적 악(惡)은 소멸의 장송곡을 울리게 될 것이다. 그것은 존재와 생성의 상대적 관계가 합동작전과 역사적인 소탕작전을 벌인 결과에 의해서만 성취될 수 있는 것이다. 그래서 상처는 역사(歷史)의 진지한 흔적(痕迹: Traces)이다.

26. 악마(惡魔)는 제3의 다른 어떤 힘이 아니라 인간의 이기심(利己心)이다. 따라서 악마의 본체는 인간 자신 속에 꽈리를 틀고 있으면서 호시탐탐 침략의 야욕을 드러낼 기회를 엿보고 있는 것이다. 선(善)은 악(惡)을 끌어올리지 못한다. 다만 모범(模範: An example)을 보일 뿐이다.

제22장
죄와 사탄론

제1절 죄(罪)

1. 모든 죄의 뿌리를 이타행(利他行)으로 규정하는 법은 그 어디에도 없다. 따라서 모든 죄의 근원은 이기심(利己心)과 이기적 행위이다.

2. 율법(律法)보다 더 높은 예수의 윤리적 요구는 인류(人類)의 성장에 따른 것이다. 근원에 대한 영성 성장이 낳은 당위적 결과의 산물이 되는 것이다. 따라서 21세기의 인류의 높은 영성에 비례하여 죄(罪)의 책임성 요구가 높아지지 않으면 사회질서(社會秩序) 유지는 불가능하게 될 것이다.

3. 원죄(Original Sin)는 성장(成長)하는 인류에게 있어서 성년(成年)의 위격(位格)에 해당되는 애인(愛人)이요, 성인(聖人)인 아담(Adam)에게 묻는, 즉 높은 도덕률을 요구하는 인격적 인간에게 부여된 고급(高級)한 가치의 존재론적 존재이다. 즉 저급(低級)하고 미완성된 미개적 인간에게 해당되는 것이 아니다. 그러므로 아담과 그의

후손(後孫)은 높은 인격적 인간의 가치를 물려받은 인간을 뜻하기에 성서(聖書)적 인간은 아담이 되며 따라서 사랑을 요구할 수 있는 인간이 아닌 지식과 지혜를 상징하는 철학적 인간에게 원리는 가중한 부담일 수 있다. 그들에겐 무명(無明)과 어리석음 및 무지라는 멍에가 어울릴 것이며, 그들의 목적은 다름 아닌 깨달음일 것이다. 그래서 원리(原理)를 묻는 인간은 로고스(Logos)적 인간이며 하늘과 소통하는 영인(靈人)이며 베품과 희생의 가치를 음미(吟味)할 수 있는 인간을 뜻함이다. 그것이 곧 그리스도적 가치이며 진정한 부활(復活)의 신성함을 맛본 크리스천인 것이다.

4. 원죄는 절대가치에 의한 사랑의 산물(産物)이다. 따라서 원죄의 본질은 이기심, 즉 사랑에 대한 무지(無知)와 사랑 없음, 또는 사랑(잃어버림)의 부족이다. 그러므로 원죄는 사랑의 원죄이며 죄를 묻는 사랑의 주체자로서 신(神)의 존재는 절대성을 갖는다. 칸트는 이것을 최고선(最高善)을 위해 요청되는 것으로서 영혼불멸(靈魂不滅)이라 하였다.

5. 원죄(原罪)는 죄 아닌 죄(罪)이다. 왜냐하면 이타심(사랑)의 부족(不足)과 모자람의 미완성기의 죄 즉 결과적 죄의 성립기인 완성기(성년) 이전의 죄이기 때문이다. 그러므로 원죄는 본질적 존재로서 죄이기 때문에 그 죄에 대한 상대적 책임은 모든 창조자에게 있게 되는데 그것이 바로 보호(保護)라는 개념의 기능(機能: A function)이다.

6. 무명(無明)과 원죄(原罪)는 본질적 원리의 차원에서 지성(知性)과 영성의 다름의 차이와 같다.

7. 무명(無明)은 지식과 지혜를 다루지만 원리는 사랑과 영성을 다룬다. 따라서 석가는 고행을 통한 깨달음의 수평적, 소극적 구원(救援)의 중보자요, 예수 그리스도(Jesus Christ, BC 4(추정)~AD 33)는 희생을 통한 성령(聖靈)의 수직적, 적극적 구원의 중보자이다.

8. 진정한 자유는 무지(無知)와 사랑의 부족(원죄)으로부터 벗어나고 흘러넘치는 사랑과 희생의 행위에 의해서 얻어지는 것이지 도덕적 의지와 원죄의 죄의식으로부터의 해방만으로 얻어지는 것은 결코 아니다. 그것은 부분적 자유요, 자아도취적 자유일 뿐이다.

9. 무아(無我: Ego를 벗어던진 '나')는 창조적 세계인 영(靈)철학 세계로 입성한 존재를 뜻한다. 그래서 무아(無我)는 애인(愛人)이다. 여기서부터 비로소 원인적 가치인 절대가치에 의한 죄를 묻게 되는 무아요, 애인인 아담의 족보를 1차적으로 획득하게 되는 무아이다. 그러므로 무아(無我)는 무명(無明)을 과제로 안고, 아담은 원죄를 과제로 안게 되어 무아가 되지 못한 아담이 없으며, 무명을 뛰어넘지 못한 아담이 없는 법이다. 왜냐하면 무아(無我)는 애인(愛人)이 되기 위한 과정적 존재요, 기(氣)철학적 태중의 애인(아담)이며, 애인은 자아의 지상탄생이기 때문이다. 따라서 석가는 태중의 애인(그리스도)이요, 아담은 지상의 애인이다. 그러므로 석가는 밝음을 노래하고 아담은 죄를 외치는 존재다. 왜냐하면 맑음은 무명을

벗어 던짐이요, 죄는 애인(愛人)됨의 척도이기 때문이다.

10. 무아(無我)와 애인(愛人)은 원인적 무지와 절대가치를 추구한다. 왜냐하면 그들은 이미 재창조의 완성을 통과하여 창조적 원인의 기(氣)철학과 영(靈)철학의 세계에 동참하고 있기 때문이다. 따라서 그들은 원인적 죄와 영적 세계를 유영(遊泳)하면서 부족한 존재들을 밝음으로 이끌고 없는 세계로 인도(引導)하기 위해 어리석음과 지혜를 논하고 이기심(利己心)과 이타심을 설파하면서 깨달음과 죄(罪)에 대하여 담론(談論)하는 존재인 것이다.

11. 죄(罪)란? 자립적 존재에게 부여된 책임(법·이타행)의 불이행의 산물(産物)이다.

12. 악(惡)은 심리적 개념이요 죄(罪)는 행위적 개념이다.

13. 죄(罪)는 악(마귀)과 짝을 이루는 개념으로서 법의 규정성에 대한 위배(違背)개념이다. 따라서 죄는 악(惡)의 몸과 같은 존재이다.

14. 사탄은 죄(罪)의 인격적 존재이다.

15. 죄(罪)는 자유의지(自由意志)에 의한 무책임의 산물(産物)이다.

16. 인간이 죄를 지으려고 마음을 갖는 그 순간까지를 두려워하지 않는 이유는? 죄(罪)가 행위 이후에 나타나는 결과성을 갖기 때

문이다.

17. 죄의 성립(成立)에 대한 종적 기준은 때이며, 죄의 성립에 대한 횡적 기준은 환경(環境)이다.

18. 무정(無情)과 무지(無知)와 무의지(無意志)도 죄이며, 비진(非眞)과 비선(非善)과 불미(不美)도 죄이다.

19. 직접적 죄는 사회법(社會法)으로 치리하여야 하며, 간접적 죄는 윤리(倫理: Ethics)와 종교적 영성으로 치리하여야 하는 법이다.

20. 무능력자(無能力者)에 대한 지나친 책임의 요구도 죄가 되는 것이다.

21. 보다 더 공적(公的)인 일에 대한 방해도 죄(罪)가 되는 것이다.

22. 진리(眞理)에 대한 불신(不信)은 종적 죄요, 선각자(先覺者)에 대한 불신은 횡적 죄이다.

23. 자신의 사고와 역량을 벗어난 사고(思考)와 행위도 죄(罪)가 되는 법이다.

24. 사랑해야만 할 위치에 있는 존재가 사랑하지 못하는 것도 죄(罪)이다.

25. 죄(罪)나 악(惡) 또는 사탄은 제거할 수 있지만, 사랑은 인간의 노력으로 제거할 수가 없는 법이다. 왜냐하면 죄는 자유의지적 존재이지만, 사랑은 인간 이전에 스스로 존재하여 온 절대적인 존재(存在)이기 때문이다.

26. 절대가치의 세계(世界)인 완성기 때는 존재론적 법이 주체성을 갖고 생성론적 법이 객체성을 갖기 때문에 영적인 잘못이 더 큰 죄(罪)가 되는 것이다.

27. 용서할 때 용서하지 못함과 심판(審判)할 때 심판하지 못함도 죄가 되는 것이다.

28. 죄(罪)에 대해 무지해서는 죄를 청산(淸算)할 수가 없는 법이다.

29. 미완성 그 자체가 죄는 아니지만 주체자를 잃어버린 미완성자의 무지(無知)는 곧 죄가 되는 것이다.

30. 누명(陋名)도 죄이며 상대가치의 산물이다.

31. 과분(過分)한 이타심도 죄(罪)일 수가 있는 법이다.

32. 불효(不孝: Undutifulness)는 종적 죄(罪)요, 불화(不和: Disagreement)는 횡적 죄다.

33. 죄는 미워도 인간은 미워해서는 안 된다. 왜냐하면 회개(悔改)한 인간의 사랑이 그 죄보다 더 크고 높을 수 있기 때문이다.

34. 미완성기보다 완성기는 책임(責任)이 배가(倍加)되기 때문에 완성기는 곧 법(法)의 시대가 될 수밖에 없는 것이다.

제2절 사탄

1. 사탄이란? 절대중심과 절대가치를 갖지 못한 비(非)법칙적 존재의 인격적 표현을 뜻하는 것이다.

2. 사탄이 외부(外部)에도 존재하지만 보다 더 중요한 것은 나의 내부(內部)에 잠재(潛在)해 있는 것으로 즉 절대가치에 대한 무지(無知)와 이기심(利己心)이다.

3. 무관심도 죄이므로 존재세계에 대하여 무심(無心)한 자가 사탄이다.

4. 사탄의 지혜를 인간의 지혜가 따르지 못한다는 의미는? 이기적 자아(自我)를 이타적 자아가 극복(克復)하기 어려움을 뜻한다.

5. 사탄은 자신(自身)이 사탄임을 자각하고 사탄이 되는 것이 아니라, 자신도 모르게 자신 속에 숨어있게 되는 것이 사탄의 존재이다. 따라서 숨어있는 존재이기 때문에 사탄은 속이는 자의 대명

사(代名詞: A pronoun)다.

6. 사탄의 4대 힘은 불신의 힘과 불만족의 힘과 비가치의 힘 그리고 무지(無知)의 힘이다.

7. 가장 큰 사탄은 자기 속에 남아 있는 이기적 자아이므로, 자기 자신과의 싸움보다 더 힘들고 큰 싸움은 없는 것이다.

8. 사탄이 참소(讒訴)할 수 없는 것은 오직 사랑뿐이다.

9. 미완성기의 사탄은 제3의 존재이지만 완성기의 사탄은 자기 자신인 이유? 미완성기의 책임은 부모(父母)인 제3의 존재였지만 완성기의 책임은 곧 자기 자신이기 때문이다.

10. 원수(怨讐)도 완성기에 있어서는 제3자가 아니라 준비하지 못한 자기 자신이요, 책임지지 못한 자기 자신이며 무지(無知)한 자기가 되는 것이다. 왜냐하면 미완성기는 책임 전가의 시대지만 완성기는 절대책임의 시대(時代)이기 때문이다.

11. 인간(人間)이 사탄인 근본원리?

근본세계에서 사탄이 존재하여 창조된 것이 아니라 인간의 무지나 무책임이 사탄을 재창조해 내었으니, 그 주범(主犯)은 인간이요 공범(共犯)은 하늘이다. 왜냐하면 하늘이 인간에게 미완성으로 탄생시키면서 자유의지를 부여(附與)했기 때문이다. 따라서 사탄은 그 자신은 죄(罪)가 없으면서도 오히려 인간들 때문에 생겨나 인간들과 하늘로부터 욕을 먹게 되는 것이 사탄의 기구(崎嶇)한 운명이므로 진정한 사탄은 인간인 바로 자기 자신이다. 따라서 인간이 하늘과 조우(遭遇)할 수 없는 이유는 자신이 사탄(무지와 부족한 미완성의 인간)이기 때문이다. 그러므로 인간 자신의 무지(無知)와 이기심이 사탄이요 마귀(魔鬼: An evil spirit)의 앞잡이다.

제3절 타락(墮落)

1. 타락(Fall)이란? 사랑의 질서가 뒤바뀐 것, 즉 무질서(無秩序)한 사랑의 관계에 빠짐을 뜻하는 것이다.

2. 타락이란? 절대가치 부재(不在)의 산물이며 착각(錯覺)의 산물이요, 자유의지(自由意志)의 산물이다.

3. 타락이란? 전체목적에 대한 개체목적의 불이행(不履行: Nonfulfillment)을 뜻한다.

4. 타락이란? 저급(低級)한 존재의 소유권(所有權) 주장이며, 직분의 남용(濫用)이요, 절대중심의 이탈(離脫)행위를 뜻한다.

5. 인간은 사고의 존재이므로 생각하지 않는 것도 타락이며 죄(罪)이다.

6. 타락이란? 곧 모든 불신(不信)이다.

7. 사랑을 받을 때와 주어야 할 때를 어기는 것이 곧 타락인 것이다.

8. 인간(人間)이 타락의 굴레에서 쉽게 벗어날 수가 없는 이유? 선지식을 갖고 출발하기 때문이다.

9. 나이 값을 못 함은 개체(個體)의 타락이지만, 시대(時代) 값을 못 함은 전체(全體)의 타락인 것이다.

10. 미완성기의 타락은 불신(不信)이요, 완성기의 타락은 무책임이다.

11. 타락은 목적(目的) 완성을 위하여 성장(成長) 발전하는 미완성자에 대한 과정적 조건(條件)이다.

12. 타락(墮落)이란? 곧 미완성으로서 성령(聖靈)과 신령(神靈)의 교류(交流)가 단절된 상태를 말한다.

13. 타락이란? 비(非)법칙적 상대와 때 아닌 때에 행히는 모든 것을 뜻한다.

14. 상대적 박탈감(剝奪感)은 타락의 뿌리이다.

제4절 제물(祭物)

1. 제물은 용서의 상징이니 두 번의 기회가 있는 법이다.

2. 핍박(逼迫)이란? 결코 인내력에 대한 시험이 아니라 재창조를 위한 자기 창조, 즉 자기 준비이다.

3. 제물(祭物)은 시간의 결정적인 성장발전만큼 공간의 자유의지적 무책임한 행위에 대한 보충의 산물이다.

4. 횡적(橫的) 제물은 산술급수적이라서 뺄셈(−)이지만, 종적(縱的) 제물은 기하급수적이라서 나눗셈(÷)이다.

5. 제물은 곧 제2의 벌(罰: Penalty)이며, 조건물(條件物)은 보충을 위한 어떤 사건(事件)이다.

6. 핍박(逼迫)은 존재로부터 참소 조건을 제거하기 위한 하늘의 은혜(恩惠)이다.

7. 고급(高級)한 존재는 저급(低級)한 존재보다 가치비중이 큰 법이므로, 핍박도 제물도 더 많고 더 큰 법이다.

8. 제물(祭物)은 목적 완성을 위한 주인의식의 참여(參與: Participation)의 조건물이며, 무책임을 예방하기 위한 사랑의 훈계이지 보상(報償: Compensation)의 조건이 아니다.

제23장

심판론

1. 심판(審判: Judgment)은 완성기의 산물이므로 자유의지에 대한 판결이다.

2. 심판(審判)은 절대가치의 산물이며 그 기준은 사랑이다.

3 상대적 심판은 과정의 평가(評價)이니 미완성기의 심판법이며, 절대적 심판은 결과의 평가이니 완성기의 심판법이다.

4. 심판은 파멸을 위한 파괴(破壞)가 아니라 재창조를 위한 책임의 요구(要求)이다.

5. 심판의 절대기준은 사랑이지만 상대기준은 책임이다.

6. 권능(權能)과 용서는 비례하며, 진리(眞理)와 심판도 비례하는 법이다.

7. 심판시대는 자기 책임의 시대이니, 구걸(求乞)하지 않는 법이다.

8. 처벌(處罰)보다 양심(良心)의 회복이 더 근원적인 심판법이다.

9. 미완성기는 간접적 심판기요, 완성기는 직접적 심판기이다.

10. 심판은 고급한 책임적 존재의 특권(特權)이요, 참소는 무책임한 존재에 대한 책임의 요구(要求)이다.

11. 미완성기는 보호(保護)와 은혜의 때이지만, 완성기는 심판과 시험의 때이다.

12. 가정(家庭)은 개인을, 종족(宗族)은 가정을, 민족(民族)은 종족을, 국가(國家)는 민족을, 세계(世界)는 국가를 각각 심판하게 되는 법이다.

13. 심판의 절대적인 가치는 정(情)이지 능력(能力)이 아니다.

14. 사랑의 훈계(訓戒)가 강제성을 갖듯이 절대가치에 의한 심판은 선(善)의 독재성을 갖는 법이다.

15. 핍박(逼迫)은 곧 심판을 위한 존재론적 기반(基盤)이다.

16. 완성의 때는 심판만 하여도 부족한 법이어서 가르칠 시간이

없는 법이다.

17. 미완성기의 심판은 육체(肉體)를 벌하지만, 완성기의 심판은 정신(精神: 靈性)을 벌하는 법이다.

18. 인간은 용서할 수 있어도 죄를 용서해서는 안 되는 법이다. 왜냐하면 죄가 번식성(繁殖性)을 갖기 때문이다.

19. 심판은 법의 산물이요 법은 전체 목적의 산물이니, 심판은 공적 판단의 결과적 행위이다. 따라서 심판에 있어서의 사적인 감정 개입(介入)은 금물(禁物: A prohibited thing)이다.

20. 시험(試驗)이란? 자유의지의 산물이므로 자유의지적 존재는 그 누구이든지 시험을 통과하지 않을 수 없는 법이다.

21. 시험이란? 곧 공평을 위한 심판의 척도이며, 분별이요, 나눔이요, 선택이다.

22. 심판권은 새로운 창조(創造)이다.

23. 심판은 공인의 선(善)의 검(劍)이고, 절대가치의 공적 판결이다.

24. 진리(眞理)의 심판자는 인격의 심판자로부터 비판받게 되며, 인격의 심판자는 성령(聖靈)의 심판자로부터 심판받게 된다. 따라서

말씀 심판의 자격으로는 인격(人格) 심판을 행할 수가 없는 법이다.

25. 완성기의 실수(失手: A mistake)에는 용서가 없는 법이다.

26. 사랑은 화합이요 심판은 분별이므로 사랑의 권능은 가까이에서 이루어지지만 심판의 권능은 멀어질 때 일어나는 법이다. 왜냐하면 사랑은 은혜이므로 선을 남기기 위해서이며, 심판은 파멸이기 때문에 참소(譖訴)를 남기지 않게 하기 위해서이다.

27. 상대적 관계에 있어서 선·악에 대한 심판은 모든 주체자의 권한이다.

28. 완성의 존재가 잘못되면 그 여파가 큰 법이므로, 심판하여 분별하지 않을 수가 없기 때문에 존재하는 모든 완성적 존재는 심판 받게 되는 것이다.

29. 공적(公的) 심판이 아니면 사적(私的) 참소를 막을 수가 없는 법이다.

30. 가장 정적인 존재가 가장 큰 심판자이므로, 선(善)을 두고 가장 지독할 수 있는 법이다.

31. 종적 관계는 사랑의 관계이므로 용서의 관계이며, 횡적 관계는 책임의 관계이므로 심판(審判)의 관계다. 따라서 하늘의 심판

권을 벗어나기 위해서 자신의 입장을 하늘과 종적 정(情)의 관계로 전환하지 않으면 심판을 피할 수가 없는 것이다.

32. 신(神)은 원인적 존재자이므로 원인을 주체적으로, 결과를 대상적으로 평가하며, 인간은 결과적 존재이므로 결과를 주체적으로, 원인을 대상적으로 평가(評價: Valuation)한다.

33. 심판은 간접적 직접으로 행하여야 모순(矛盾)이 없는 것이다.

34. 심판이란? 사적인 것에 대한 공적인 판결(判決)이요, 공적인 것에 대한 사적인 징계(懲戒)이다.

35. 완성기는 심판의 때이니 절대가치와 심판의 방법이 완성되면 곧 끝이 오는 법이다. 즉 새로운 시작은 심판의 가치(價値)와 방법(方法) 이론의 완성에서부터 출발하게 되는 것이다.

36. 사랑은 직접적인 방법으로 행하는 법이요, 심판은 간접적인 방법으로 행하는 법이다. 왜냐하면 사랑은 화합(和合)성을 갖지만 심판은 반발성을 갖기 때문이다.

37. 미완성기의 심판은 종교의 심판이요 부모(父母)의 심판이지만, 완성기의 심판은 법의 심판이요 자녀(子女)의 심판이다.

38. 인격심판이란? 제2의 영적(靈的)심판이다.

제24장
자유·보호·책임론

제1절 자유(自由)

1. 자유도 그 유형(類型)에 있어서 다양성(多樣性)을 갖는다.

〈도표 9〉

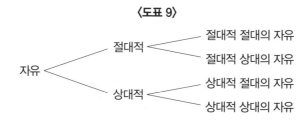

2. 대자유(大自由)란? 희생(犧牲)의 자유이며, 사랑의 자유이다. 따라서 자유란 절대적 책임(責任)의 다른 이름이다.

3. 책임 없는 자유는 방종(放縱: Self-Indulgence)이다.

4. 자유는 신앙(信仰)이 아니라 신성(神聖)이다. 따라서 자유는 신앙의 완성이다. 그러므로 진리는 제2의 자유요 자유는 제2의 진리이다. 따라서 진리(眞理)는 존재를 자유케 하는 것이다.

5. 자유와 책임은 비례하는 법이며, 법은 자유의 산물이다.

6. 미완성된 존재는 책임보다 자유를 먼저 생각하는 법이다.

7. 마르크스(K. Marx)의 자유는 결국 혼란의 자유요 무책임(無責任)의 자유이다.

8. 창조적 자유는 자유 자체를 의식하지 않는 자유이다. 창조적 자유는 내려다보는 자유이다. 따라서 연역적(演繹的) 자유이다

제2절 보호(保護)

1. 보호는 미완성자에 대한 완성자의 사랑의 희생(犧牲: A sacrifice)이다.

2. 보호와 책임은 상대적 관계성을 갖는다. 따라서 성장과 책임은 비례하며 성장과 보호는 반비례(反比例)하는 법이다.

3. 모든 주체자가 모든 대상자를 보호하지 않을 수 없는 근본이유? 미완성된 존재로 창조했기 때문이며, 완성할 때까지 보호하지 않으면 자력(自力)으로 성장할 수가 없기 때문이다.

4. 미완성기는 보호권의 믿음이지만 완성기는 책임권의 앎이다.

5. 섬김이란 결국 다른 차원의, 즉 재창조적 보호를 뜻하는 것이다.

6. 핍박(逼迫)받을 땐 보호해 주는 법이지만, 환영(歡迎)받을 땐 오히려 책임을 묻는 법이다.

7. 창조기는 부모(父母)에 의한 절대적 보호권의 시대이며 재창조기는 형제(兄弟)에 의한 상대적 보호권의 시대, 즉 상호 협조기(協助期)이다.

8. 미완성의 보호기는 완성에 대한 욕구 충족심 때문에 본능적 과욕의 때이므로 사랑을 행하기가 쉽지 않은 법이요, 완성기의 책임기는 욕구의 충족으로 욕구에 대한 소멸이 일어나기 때문에 본능적으로 상대를 위하여 희생정신을 갖게 되는 것이다.

제3절 책임(責任)

1. 책임은 자유의지의 산물이요, 창조력의 산물이다.

2. 책임과 기쁨은 비례하는 법이다. 따라서 책임은 행복의 가교(架橋)이다.

3. 책임과 성장(成長)은 비례하기에 소생기는 만물에 대한 책임기요, 성장기는 말씀에 대한 책임기요, 완성기는 인격에 대한 책

임기요, 실체기는 영성에 대한 책임기이다.

4. 완성기는 자율(自律)의 시기이므로 책임성을 갖는 법이며, 또한 업무분담(業務分擔)의 때이다.

5. 미완성기는 상대적인 책임의 때요 완성기는 절대적 책임의 때이다.

6. 종의 책임과 자녀(子女)의 책임이 같을 수가 없는 법이다.

7. 미완성기는 무책임의 때이므로 자신의 죄(罪)를 타인에게 전가시키는 법이지만, 완성기는 직접책임기의 때이므로 타인의 죄(罪)도 자신이 대신(代身)하여 져야 하는 법이다.

8. 종적(縱的) 관계는 정적 책임의 관계이지만, 횡적(橫的) 관계는 법적 책임의 관계이다.

9. 지도자(指導者)는 절대적 책임과 의무(義務)의 실천자이다.

10. 이타심 없는 책임은 자기기만(欺滿)을 초래(招來)할 뿐이다.

11. 자살(自殺)과 질병(疾病)이 죄가 되는 이유? 창조목적 완성을 위하여 육신을 성장 발전시켜야 하는 결정적 책임과 자유의지의 책임이 있기 때문이다.

12. '진리(眞理)가 너희를 자유케 할 것'이 아니라 진정한 책임이 우리를 자유케 할 것이다.

13. 창조적 책임은 결정성에 의한 인간의 간접적 책임이요, 재창조적 책임은 자유의지성에 의한 인간의 직접적 책임이다.

14. 성장(成長)할수록 책임이 커지기 때문에 타인에 대한 관심이 많아지게 되는 것이다.

15. 책임과 자존심(自存心)은 비례하며, 무지(無知)와 책임(責任)은 반비례(反比例)하는 법이다.

16. 현재(現在)의 간접책임에 대한 무책임은 미래에 직접적으로 남는 것이다.

제25장
법론

1. 법이란? 자유의지의 산물이요, 전체목적의 소산(所産)이다.

2. 법(法: Law)은 목적완성을 위한 재창조의 수단이요, 규제의 방법론이며, 약속가치(約束價値)의 산물이다.

3. 법은 가치의 척도(尺度)요 안내(Information)자이다.

4. 법(法)은 목적 완성을 위한 선(善)의 지팡이이다.

5. 법(法)은 재창조의 산물이므로 제2의 신(神)의 섭리이다.

6. 법(法)이란 질서 재창조를 위한 모든 상호 간(相互間)의 약속(約束)이다.

7. 성장발전과 법의 강제는 비례하는 법이다.

376

8. 법도 전체목적과 개체목적을 조화롭게 갖출 때 절대성을 갖게 되는 것이다.

9. 양심(良心: Conscience)은 제2의 법이요 명예(名譽: Honor)는 양심의 법이다.

10. 공존 부재(不在)의 법이 질서를 파멸시키는 법이다.

11. 법은 존재의 다양성의 조화(造化)를 위한 윤활유이며 질서를 위한 파수꾼(Watch)이다.

12. 전체목적을 위한 이타적 규제는 강할수록 선(善: Virtue)에 가까운 법이다

13. 법은 과학이요 수이며 과거나 미래가 아니라 지극한 현실의 반영(反映)이다.

14. 법은 선(善)·악(惡)과 죄와 벌에 대한 상대적 판단의 가치 기준이다.

15. 법 없는 양심(良心)과 양심 없는 법의 통제(統制)는 불구(不具: Disability)일 뿐이다.

16. 인법(人法)은 용서의 법이요, 천법(天法)은 심판의 법이므로,

미완성기는 인격시대요 완성기는 천법(天法) 시대인 것이다.

17. 법(法)은 재창조이므로 제2의 자기창조이다.

18. 절대가치(絶對價値)를 위한 길은 상대가치인 인간행위의 모든 법적(法的) 통제를 초월(超越: Transcendency)하는 법이다.

19. 법이 존재하는 근본 이유? 하늘이 인간을 형상적으로 벌할 수 없기 때문이요, 재창조의 질서의 기쁨을 누리게 하기 위함이요, 인간이 제2의 하늘이기 때문이다.

20. 전통(傳統)은 곧 불문의 법이요, 법은 곧 전통(傳統)의 근본이다.

21. 법(法)이 완성기의 산물인 이유는? 인간의 지능이 성장하기 때문에 완성기가 되면 주체자에 의한 대상자의 인위적 통제가 불가능(不可能)해지기 때문이다.

22. 모든 생성적 행위(行爲)의 부정(不正)은 법으로 다스릴 수가 있지만, 모든 존재적 행위의 부정은 법으로 다스릴 수가 없으며 다만 양심(良心)으로만 가능한 법이다.

23. 종교(宗敎)에 있어서도 완성기 인류의 주체적 통제 기능은 국가적 제도에 의한 법이 아니면 불가능한 법이다.

24. 미완성기의 죄(罪)는 부모(父母)의 가정법(家庭法)에 의하여 사랑의 벌(罰)을 받지만, 완성기의 죄(罪)는 사회의 국가법(國家法)에 의하여 강제적 벌(罰)을 받는다.

25. 법의 개혁은 일시성과 환경의 변화에 대한 임시변통이지만, 양심의 개혁은 영원성과 시대적 성장을 위한 근원적 개선(改善)이므로 개혁(改革)도 병행하여야 하는 법이다.

26. 결정(決定)은 완성자의 책임적 법이요, 자유의지는 미완성자의 보호적 법이다.

27. 법과 제도는 환경(環境)의 필요에 의하여 재창조되어지는 것이다.

28. 전체 목적을 중심한 이타적 절대가치의 법이 곧 선(善)의 독재이다.

29. 원인은 창조성이요 결과는 재창조성이다. 따라서 법에 있어서도 창조성을 갖는 우주공법은 원인적 동기를 중요시하며 재창조를 갖는 사회법은 결과적 행위를 중요시하게 되는 것이다.

30. 미완성기의 상대가치의 법은 타협성을 갖지만, 완성기의 절대가치의 법은 일방성을 갖는 법이다.

31. 목적 완성을 위한 수단과 방법에도 법이 존재하는 법이다. 즉 대(大)를 위하여 소(小)를 희생함이 양(量)적 생성론적 진리의 법이라면 고급을 위하여 저급한 존재를 희생시킴이 질(質)적 존재론적 진리의 법이다.

32. 우주공법이란? 존재의 독재(獨裁)를 위한 절대적인 규범이다. 따라서 공법(公法: Public Law)은 종적 절대가치이므로 영원불변성을 갖는다.

33. 미완성기는 법이 외형적 주체성을 갖고 윤리나 도덕이 객체성을 갖지만, 완성기는 법이 대상성을 갖고 윤리나 도덕이 내면적 주체성을 갖는다.

34. 법은 곧 보호의 단절(斷絕: Extinction)이므로 완성기가 아니면 법을 세우지 않음만 못한 것이다.

35. 자유란 곧 법의 자유이다. 따라서 법은 완성의 산물(産物)이므로, 미완성은 법도 자율도 없는 것이다.

36. 악법(惡法: A bad law)도 법이 되는 이유는? 법의 전체목적과 절대가치가 개체목적이나 상대가치의 법보다 우선하기 때문이다. 따라서 법은 그 자체로서 상대적 절대성을 갖는 것이다.

37. 제도적 국가종교시대의 종교법은 정치법을 통제하여야 하7

며, 정치법은 경제법을, 경제법은 자연법을 각각 통제하지 못하면 질서를 유지할 수 없는 법이다.

38. 생성(Becoming)론적 법은 형량의 법이지만 존재(Being)론적 법은 가치의 법이다.

39. 미완성기의 법은 부모(父母: Parents)이므로 부모가 법 그 자체인 것이다.

40. 사회법(社會法)은 외적(外的) 질서를 위한 약속의 상대적 법이요, 왕궁법(王宮法: A law of palace)은 내적(內的) 질서를 위한 가치의 절대적 법이다.

41. 사회법(社會法)은 땅의 법이요 영적 왕궁법은 하늘의 법이다.

42. 우주공법(宇宙公法)은 종적 존재의 법이요 절대적 법이며, 사회법은 횡적 생성의 법이요 상대적 법이다.

43. 존재의 법은 사람의 법(法)을 말함이요 영원한 법이며, 생성의 법은 책임의 법을 말함이요 일시적 법이다.

44. 사회법은 타인(他人)에 대한 잘못만 죄로 규정하는 법이지만, 우주공법은 자신(自身)에 대한 잘못까지도 죄로 규정되어 있는 법을 말함이다.

45. 천계(天界)의 법은 자율의 법이요, 영성의 법이므로 스스로 알아서 행하는 노년기의 법이다. 영계(靈界)의 법은 권장(勸獎)의 법이요, 인격(人格)의 법이므로 지시(指示)의 법이요, 장년기의 법이다. 육계(肉界)의 법은 생명의 법이요, 말씀의 법이므로 규제의 법이니 소년기의 법이다.

제26장

절대·상대와 자율·타율론

제1절 절대(絕對)와 상대(相對)

1. 절대성은 사랑의 독단성의 다른 이름이다. 따라서 선의 독단과 독재는 절대와 통한다.

2. 존재하는 모든 형상적 존재는 상대적 법칙 위에 존재하며, 존재론적 존재는 절대적 법칙 위에 존재한다.

3. 부분(部分)은 상대성이요 전체는 절대성이므로 부분은 절대에 의하여 주관되어지게 되는 것이다.

4. 상대적 횡적(橫的) 관계는 위치와 가치의 전환이 이루어질 수가 있지만, 절대적 종적(縱的) 관계는 불변(不變)하는 법이다.

5. 주체는 사랑의 상대이자 또한 심판의 절대이며 객체는 사랑의 상대이자 또한 심판의 대상이다.

6. 절대는 상대성을 갖고 상대도 절대성을 동시(同時: The same time)에 갖는다.

7. 상대적인 존재는 능력에 있어서 사방성만 갖춰도 되지만, 절대적인 존재는 능력에 있어서 팔방성까지도 갖추지 않으면 안 된다.

8. 생성(生成)의 세계는 상대적 관계에 있기 때문에 변화되며, 존재의 세계는 절대적 관계에 있기 때문에 불변(不變: Unchangeability)이다.

9. 상대적 자아 완성은 미완성기의 완성을 뜻하며 절대적 자아 완성이란 완성기의 완성을 뜻한다.

10. 사랑과 생명(生命)을 절대시하는 이유? 절대자의 절대성을 닮은 것이며 절대자와의 상대적 관계에 놓여 있기 때문이다.

11. 신(神: The Almighty)은 영원한 절대자이며 인간은 영원한 상대자이다.

12. 인간은 결코 절대적 자유의 존재가 아니다. 단지 상대적 관계 속에서 절대적 자유일 뿐 이다.

13. 자신(自身: One's self)을 알기 어려운 이유? 인간은 상대적 관

계의 존재이기 때문이다. 즉 상대적 관계성 속에서만이 자신을 비교할 수가 있는 존재의 특성 때문이다. 따라서 자신을 온전히 알기 위해서는 궁극의 절대 경지와 교류할 수 있어야 한다.

14. 상대적(相對的: The other)으로 창조하게 된 이유? 상대적 관계란 차별성을 갖지만, 서로 조화되고 하나가 되어 재창조하는 창조적 기쁨을 누릴 수 있게 하기 위해서다.

15. 절대성은 독존성(獨存性)의 산물(産物)이다.

16. 상대적 자유란? 곧 자유의지적 자유성을 초과(超過)할 수 없는 자유이다.

17. 인간에게 있어서 절대적 자유의 부여도 결국 인간 완성기를 기준(基準)으로 하기 위해서이다.

제2절 자율성(自律性)과 타율성(他律性)

1. 자율성은 완성(完成: Completion)의 산물이요, 타율성은 미완성(未完成: Incompletion)의 산물이다.

2. 자율성은 주체(主體: The Subject)성을 갖고, 타율성은 대상(對象: An Object)성을 갖는다.

3. 완성된 존재(存在)는 자율성을 갖기 때문에 재창조성을 갖는다.

4. 창조는 자율성을 갖기에 무규정성이요, 무제한성이며, 재창조는 타율성을 갖기에 규정성이요 제한성을 갖는다.

6. 용서(容恕: Forgiveness)는 미완성의 타율기의 산물(産物)이요, 심판(審判: Judgment)은 완성의 자율기의 산물(産物)이다.

7. 자율성은 독재성이요, 타율성은 공존성(共存性)이다.

8. 자율성은 영적(靈的) 생명인 제2의 생명(生命)을 갖지만, 타율성은 육적(肉的) 생명(生命)인 제1의 생명만 갖는다.

9. 난자(卵子: An Ovum)는 타율성을 갖지만 정자(精子: A Sperm)는 자율성을 갖는다

제27장
결정과 자유의지

1. 존재(存在)하는 것은 무엇이든지 창조적 결정성과 재창조적 자유의지성을 갖는 이중적(二重的) 존재이다.

2. 결정과 자유의지(自由意志)는 그 유형(類型)에 있어서 다양성(多樣性)을 갖는다.

〈도표 10〉

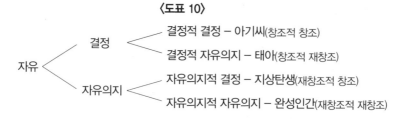

3. 결정은 목적(目的)의 산물이요 자유의지는 목적완성을 위한 성장발전의 산물이다.

4. 종적(縱的: Longitudinal)존재는 결정적 존재이므로 시간성과도 같아서 불변이지만, 횡적(橫的: Horizontal)존재는 자유의지적 존재이므로 공간성과도 같아서 가변성을 갖는다.

5. 미완성기는 결정성을 갖고, 완성기는 자유의지성을 갖는다. 따라서 결정론은 창조(創造)의 산물이요 자유의지론은 재창조의 산물이다.

6. 믿음은 결정의 산물이요, 앎은 자유의지(自由意志)의 산물(産物)이다.

7. 사랑의 관계는 결정적 관계이므로 불변의 관계요, 책임의 관계는 자유의지적 관계이므로 변화의 관계이다.

8. 창조적 결정(決定)은 완성만 갖게 되지만, 재창조적 자유의지는 파멸(破滅: Ruin)까지도 소유(所有: Possession)하게 된다. 즉 결정에는 이상만 창조되어져 있지 파멸은 계획되어 있지 않은 법이다.

9. 시간(時間)은 결정적 불변이므로 언제나 신의 절대적 결정을 따르지만, 공간(空間)은 자유의지적 변화이니 언제나 인간의 상대적 자유의지를 따른다.

10. 아기씨의 창조는 결정적 재창조이지만, 태아(胎兒: An Embryo)의 재창조는 자유의지적 재창조이다.

11. 신(神)은 결정적 존재이기 때문에 주사위 놀이를 하지 않지만, 인간은 자유의지적 존재이기 때문에 주사위 놀이를 할 수 있는 법이다. 따라서 주사위 놀이는 자유의지의 산물이다.

12. 뜻과 목적(目的)은 내일에 대한 결정적 계시이지만, 꿈과 예감은 금일(今日)에 대한 자유의지적 계시(啓示: Revelation)이다.

13. 운명(運命)이란? 결정과 자유의지의 이중적(二重的: Double) 산물이다.

14. 결정(決定: Decision)은 연역적이므로 종적으로 역사하며, 자유의지는 귀납이므로 횡적으로 역사하는 법이다.

15. 자유의지는 진화론(進化論: The theory of evolution)을 염두에 두지 않는다.

16. 창조기에 있어서는 결정성이 선차성(先次性)을 갖지만, 재창조기에 있어서는 자유의지가 선차성을 갖는 법이다.

17. 미완성기의 결정적 죄(罪)는 불신(不信)이지만, 완성기의 자유의지적 죄는 무지(無知)이다.

18. 신(神)은 원인자이므로 결정적 존재요, 사탄은 결과자이니 자유의지적 존재이다.

19. 역사(歷史)는 결정과 자유의지의 이중적 기록이다.

20. 자유의지는 결정의 자유의지다.

21. 인간의 자유의지(自由意志)는 제2의 절대성을 갖기에 인간은 제2의 절대자이다.

22. 고급(高級)한 존재와 자유의지(自由意志)는 비례한다.

23. 지나치게 규정적인 것은 곧 자유의지에 대한 도전이다. 따라서 불확실성(不確實性)은 자유의지의 산물이다.

24. 재창조에 있어서의 부족은 자유의지의 산물이다. 왜냐하면 창조는 완성에서 시작하기 때문에 자유의지가 전무(全無)하지만 재창조는 미완성에서 시작하기 때문에 완성을 위한 자유의지가 있기 때문이다.

25. 창조에 있어서는 결정성이 주체(主體)요, 자유의지가 객체(客體)이며 재창조에 있어서는 자유의지가 주체요, 결정성이 객체이다.

26. 생존경쟁(生存競爭: A struggle for existence)은 자유의지의 산물이다.

27. 완성의 존재는 절대성을 갖기 때문에 자유의지에 대한 심판권을 갖는 법이다.

28. 신(神)이 인간에게 자유의지를 부여(附與)해줄 수 있었던 근

본 이유? 죄에 대한 벌의 조건을 미리 세워 놓았기 때문이요 인간에게 신(神)을 선택(選擇)할 수 있는 자유를 주기 위해서이다.

29. 4대 경전(經典: The Scripture)이 상징적 진리로 작성된 이유? 미완성기의 인간의 자유의지 때문이며 재창조의 산물이니 인간의 책임권이 남아 있기 때문이다.

제28장
수리론

1. 수리(數理: A mathematical principle)도 그 유형에 있어서 다양성 (多樣性)을 갖는다.

〈도표 11〉

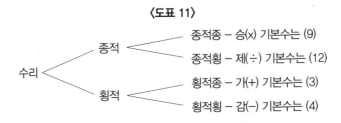

```
수리 ─┬─ 종적 ─┬─ 종적종 – 승(x) 기본수는 (9)
      │         └─ 종적횡 – 제(÷) 기본수는 (12)
      └─ 횡적 ─┬─ 횡적종 – 가(+) 기본수는 (3)
                └─ 횡적횡 – 감(−) 기본수는 (4)
```

2. 종적(縱的) 수리란 수리의 주체적인 개념으로서 완성의 실체를 지향한 3단계 성장발전으로 나타나는 수리법칙을 말한다. 종수(縱數)는 종적으로 발전하며 3단위성을 갖기 때문에 자체 내에서 그 존재의 차별 격위를 갖는다. 또한 미완성(未完成)·중간(中間)·완성(完成)의 3단위를 기반으로 3단계의 발전성을 갖기 때문에 총합(總合) 9수를 형성하며 완성 실체로의 귀일수인 1수를 더하여 종적(縱的) 10수리(數理)로 나타나게 되는 것이다.

3. 횡적(橫的) 수리란? 수리의 대상적인 개념으로 3단계를 목적

하고 분화된 주체와 객체가 교류하여 4방위를 조성하면서 나타나는 수리법칙을 말한다. 횡적수리는 횡적으로 교류하며 3단계 목적별로 4방위(方位)를 갖고 존재하기 때문에 그 격위에 있어서는 평등성을 갖는다. 또한 3단계 목적별로 4방위를 조성(造成)하기 때문에 총합 12수를 형성하여 12수가 나타나게 되는 것이다.

4. 수(數)는 생명과 존재의 비밀(秘密)을 담고 있는 수수께끼이자 천상의 암호(暗號: A Password)이다.

5. 수의 종적 법칙인 10수는 창조과정과 방법의 시간성을 갖고, 횡적 법칙인 12수는 재창조과정과 방법의 공간성을 갖는다.

6. 종적(縱的) 수리는 존재성과 외면성과 주체성을 가지며, 횡적(橫的) 수리는 생성성과 외형성과 객체성을 갖는다.

7. 종적(縱的) 가치수리인 10수는 존재성을 띠며 3단계 3급의 시간성을 갖고, 자연 수리인 10수는 생성성을 띠며 4방위의 공간성을 갖는다. 따라서 횡적(橫的) 가치수리인 12수는 책임성을 띠며, 12흐름의 시간성을 갖고 자연 수리인 12수는 생성성을 띠며, 12자리의 공간성을 갖는다.

8. 9×9의 영적 역사는 신학성(神學性: Theology)을 띠기에 일방적이며, 9×12의 인류 역사는 철학성(哲學性: Philosophy)을 띠기에 타협적이며, 12×12의 우주 운동은 과학성(科學性: Science)을 띠기에

종속적이다.

9. 9×9의 81수는 영적(靈的) 역사에서 일어나는 사건의 총합수
요, 9×12의 108수는 인간사(人間事)에서 일어나는 사건의 총합수
요, 12×12의 144수는 천지만물(天地萬物)에서 일어나는 사건(事件)
의 총합수다.

10. 수(數)는 과학이요 과학은 곧 수의 형상화이다.

11. 과학은 수의 나열이며 수의 법칙성이다.

12. 수(數)는 과학의 아버지이다. 따라서 수의 완성 없는 과학은
절름발이며 과학은 곧 수의 과학이다.

13. 숫자는 존재의 외적 글이요 존재의 표상이며 문자(文字)는
내적 글이요, 존재의 호흡이다.

14. 가감법(加減法)은 횡적 계산법이요, 승제법(乘除法)는 종적 계
산법이다.

15. 숫자 없는 창조는 파멸(破滅)을 부를 뿐이다.

16. 보다 고급(高級)한 존재의 1수가 보다 저급(低級)한 존재의 다
수(多數)보다 더 나은 법이다.

17. 완성은 유적 무(1의 0)요, 미완성은 무적 유(0의 1)다. 따라서 하늘 수인 창조의 수는 =1-0 으로 전개되며 땅 수인 재창조의 수는 =0-1로 전개된다.

18. 하늘은 1수이므로 완성은 합이요 결실이며 재창조이다.

19. 100수는 (△) 0~1(권), (ㅁ) 1~10(급), (ㅇ) 10~100(기)적 단위의 완성 복귀수이다. 따라서 모든 존재의 단계적 수의 관계는 단계별×100으로 그 수리가 나타나게 되는 것이다(예. 육계의 생은 100년, 영계의 생은 10,000년, 천계의 생은 1,000,000년).

20. 둘은 곧 셋이다.

21. 존재론적 생명의 수리는 언제나 1에서 시작하게 되며(성상 = 나이) 생성론적 물질의 수리는 언제나 0에서 시작하게 된다(형상 = 길이).

22. 존재는 1수요, 생성(生成)은 2수이며 소멸은 0수다.

23. 유적 무(有的 無)는 창조요 근본이며, 존재적 1수이므로 무극 (無極: Being Limitless)은 곧 유적 무극이다. 따라서 그 생성적 수의 근본은 0적 1수인 것이다.

24. 유적 유(有的 有)는 재창조요, 시발(始發)이며 생성적 1수이니

태극(太極)은 곧 유적 무극이지 단순한 유극(有極)이 아니다. 따라서 그 생성적 수(數)의 근본은 1수인 것이다.

25. 종적(縱的) 1수는 단계별 성장의 수인 3·6·9로 나타나며, 횡적(橫的) 수리는 방위별 위치의 수인 4·8·12로 나타나게 된다.

26. 종적(縱的) 수리는 기하급수(幾何級數)성을 갖고, 횡적(橫的) 수리는 산술급수(算術級數)성을 갖는다.

27. 종수(縱數)의 3+1=4수(다리·몸통·머리+마음)/횡수(橫數)의 4+1=5수(동·서·남·북+중앙)

28. 완성수인 7수는 소생과 장성수인 3수와 4수를 합한 수이다.

29. 종적 수리법칙은 영적법칙인 곧 성장의 법칙이요, 횡적 수리법칙은 자연법칙이요, 횡적수리법칙은 자연법칙인 곧 방위(方位: A Compass)의 법칙이다.

30. 인간(人間)의 일생(一生)도 단계별 수리법칙을 따라 변화한다.

31. 문화(文化)나 풍습이 실체화되기 위해서는 2/3의 기반이 조성될 때 비로소 가능한 법이다. 따라서 대중화되지 않은 문화는 그 존립 기반을 잃기 쉬운 법이다. 왜냐하면 2/3이상이라는 법칙적 관계를 통하지 않으면 제2의 생명(生命)을 갖지 못하기 때문이다.

32. 성장(成長)단계별 수리 법도(法道)를 세운 이유? 수(水)의 발전 과정을 통하여 목적 완성을 향한 창조의 기쁨을 느낄 수 있게 하기 위해서인 것이다. 왜냐하면 완성은 기쁨의 소멸이기 때문이다.

33. 수리적 단계가 생겨난 이유? 목적 완성을 위한 단계별 창조의 기쁨을 구분함이 종적 목적이요, 목적완성은 수리적 단계를 통하지 않고서는 불가능함을 계시함이 횡적 목적이다. 따라서 재창조는 수리적 단계를 밟지 않으면 목적완성을 위한 발전이 불가능함을 인식시켜 새롭게 준비하지 않으면 안 됨을 계시(啓示)하기 위해서인 것이다.

34. 3수와 4수와 9수와 10수는 분리된 조화의 수이다. 왜냐하면 1수와 2수는 분명(分明)한 단위를 갖지만 3수 뒤의 4수는 만남 없이 결정되는 수이기 때문이다.

35. 존재하는 것은 무엇이든지 창조와 재창조의 이중구조의 섭리법도를 따르기 때문에 우주의 존재도 허수(虛數: An Imaginary)와 실수(實數: A real number)의 창조와 재창조의 섭리적 수리법도를 갖지 않으면 안 되는 것이다.

36. 영계의 근본 수리가 마이너스(−) 즉 마이너스 에너지로 구성되어 있는 이유? 마이너스(−)는 음성의 의미를 지니며 무엇이든지 받아들이는 특성을 갖는 개념을 표현하기에 영계는 마이너스(−)적 사랑의 에너지로 가득 차 있는 것이다.

37. 재창조에 있어서 재창조가 창조보다 우월적인 가치를 갖는 이유?

- 수리적 입장에서 창조는 1수요 재창조는 2수를 갖기 때문이다.
- 목적적 입장에서 창조는 미완성의 완성이요 재창조는 완성의 완성격이니 창조는 재창조만 가능하지만 재창조는 새로운 발전된 창조가 가능하기 때문이다.

38. 육계(肉界)의 표면적 에너지가 플러스(+)로 되어 있는 이유? 플러스(+)는 양성(+)의 의미를 지니며 무엇이든지 주고자 하는 특성을 갖는 개념을 양적으로 표현하기에 육계는 플러스(+)적 사랑의 에너지로 가득 차 있는 것이다. 따라서 지상(地上)도 영계도 (+)와 (-)의 사랑의 에너지로 결합되어 있으므로 사랑의 상대성을 띠고서 존재하게 되는 것이다.

39. (+)적 수리와 (-)적 수리가 사랑의 수리이니 존재하는 모든 것은 사랑을 중심으로 연결되어 있는 것이며, 사랑 때문에 사랑으로 활용하고 사랑으로 연구하며 말하며 가르치고 행하고 해석하면 해결되지 않는 것이 없지만, 사랑이 아닌 자기중심과 이기심으로 이해하고 행하면 우주력(宇宙力)이 이를 파멸(破滅)로 몰아내게 될 것이다.

40. 완성이 소멸되지 않으면 안 되는 이유? 새로운 실수의 시·공을 위한 허수(虛數)가 되지 않으면 안 되기 때문이다. 즉 빈 공간이 없으면 재창조가 불가능(不可能: Impossibility)하기 때문이다.

41. 육계(肉界)는 영계(靈界)의 1/100로 축소된 세계이기 때문에 지상기의 1년은 영계의 100년과 같다.

42. 모든 재창조의 속도는 각 단계별 수리와 비례하는 법이다.
    (예: △＝3수　□＝4수　○＝7수)

43. 종적 수는 10수이므로 어울림도 법칙성을 갖는다.
    (1) 1-6　(2) 2-7　(3) 3-8　(5) 4-9　(6) 5-0

44. 횡적 수는 12수이므로 어울림도 법칙성을 갖는다.
    (1) 1-7　(2) 2-8　(3) 3-9　(4) 4-10　(5) 5-11　(6) 6-12

45. 10수는 단계별 시간적 변화의 수요 12수는 위치별 방향(方向)의 수(數)이다.

제29장

종합론

1. 개념(槪念)은 사유의 그릇이다. 따라서 어휘(語彙)는 사고의 영양분이다.

2. 뜻은 제2의 사랑이요, 사랑은 제2의 뜻이다.

3. 위기(危機)는 새로운 요청(要請)이지만 그 위기의 본질에 대한 무지는 파멸일 뿐이다.

4. 인간은 영(靈)과 육(肉)의 합일적 존재이기 때문에 지성과 사유의 영역을 넘나드는 현상학적 존재인 것이다.

5. 인간은 신(神)의 정자(精子)이다.

6. 말씀(경전)종교란 인격(국가제도)종교를 열기 위한 통과 과정의 필요조건일 뿐이다.

7. 입력(入力)보다 출력(出力)이 약한 이유? 출력은 정체성의 유지를 위한 에너지의 소모(消耗)가 발생하기 때문이다.

8. 정체(停滯: Stagnation)는 성장(成長)의 퇴보(退步)이다.

9. 인간은 결과적 존재이면서 동시에 원인적 세계를 산다. 따라서 고급한 존재와 원인적인 관계는 비례하는 법이다.

10. 여성(女性) 상위는 사랑 상위(上位)이다.

11. 절대적 시간을 두고 서두르지 않아야 하는 법이다. 왜냐하면 절대적 시간은 존재론적 결정의 시간이기 때문이다.

12. 인간은 제2의 생명(生命)인 영성(靈性)을 갖기에 신비적 존재이다.

13. 공상(空想: A Fancy)이란? 재창조의 창조적 영감이다.

14. 우연(偶然: Chance)이란? 필연에 대한 무지(無知: Ignorance)의 산물이다.

15. 영감(靈感: Inspiration)이란? 재창조의 창조, 즉 절대적 존재(存在)의 지혜 협조이다.

16. 상반(相反)작용은 상응(相應)작용을 위한 힘의 작용성(作用性)이기 때문에 보다 더 큰 목적을 갖게 될 땐, 작은 N·N과 S·S끼리 밀어내지 않고 끌어당기는 법이다. 왜냐하면 힘에서도 존재론적 목적적 힘이 생성론적 수단적 힘보다 주체성을 갖기 때문이다.

17. 준비란? 재창조를 위한 창조의 다른 이름이다.

18. 자학(自虐: Self-Torture)과 자살(自殺: Suicide)은 자아에 대한 존재론적 무지(無知)의 산물이다.

19. 존재론적 분노(忿怒)는 영원(永遠)과도 통(通)한다.

20. 깨닫지 못한 자의 욕구는 필요를 초과하는 법(法)이다.

21. 기독교(基督敎)와 여타 종교(餘他宗敎)와의 궁극적 차이점은 인격신 부활(復活)의 유무(有無)에 있으며, 인격성의 적극성(친자)과 소극성(양자)에 있다.

22. 소유(所有)는 일시성을 갖고 존재(存在)는 영원성을 갖는다.

23. 영성(靈性)은 존재의 거울이다.

24. 공(空)은 창조요, 색(色)은 재창조이다.

25. 공(空)은 개념이 아니라 영(靈)이요 신(神)이다. 그러나 신(神)은 인격성을 갖지만, 공(空)은 인격이 없다. 그것이 차이다.

26. 개념은 상(像)이다.

27. Cyber space는 3.5차원의 공간(空間)이며 육계(肉界)와 영계의 가교(架橋)이다. 따라서 사이버 공간은 신(神)의 간접적 간여(干與)가 이뤄질 수 있는 과학적 조건(條件)이다(반도체).

28. 계시(啓示)는 절대자의 과정적 현시(顯示: Revelation)이다.

29. 절대적 원형(圓形)은 무각(無角)이다.

30. 번역(飜譯: Translation)은 제2의 창조이다. 따라서 번역은 재창조의 창조 작업이다.

31. 절대가치 부재(不在)의 번역은 죽은 번역이요, 모방(模倣: Imitation)일 뿐이다.

32. 체험(體驗)은 인식의 어머니이다.

1987년 8월 25일과 동년 9월 27일은 필자의 인생관과 가치관을 전무후무할, 아니 가공할 경이적 사건, 즉 어떤 존재의 강권(强權)에 의하여 일방적으로 강타당한 날이었기에 필자로서는 영원토록 잊을 수 없는 날이다. 왜냐하면 그것은 일반적인 상식을 초월한 다른 세계에 대한 체험이었기 때문이다. 그것은 전율이었으며, 온몸의 피를 거꾸로 역류시키게 하는 사건(事件), 아니 하나의 심적인 영혼의 대 사변(事變)이었다. 결코 피상적으로 스쳐 지나가는 그런 단순한 사건이 아니었다. 그것은 인간의 나약함과 존귀함을 동시에 느끼게 하는 숭고한 그 무엇이었다. 그 일을 경험한 이후에 불어 닥친 필자의 인생관과 가치관의 변화는 언어표현의 한계를 실감나게 하는 체험들의 연속이었다.

필자의 자아(自我)는 비로소 본질 세계(Sosein)에 대한 눈을 뜨게 된 것이다. 그동안의 자아는 텅 빈 껍데기, 즉 참자아가 아닌 에고(Ego)의 자아였다. 인생에 대한 목적의식과 가치관은 혼돈의 상태였으며, 왜 태어났는지, 그리고 어떻게 살아야 하며, 무엇을 추구하여야 하는기에 대헤 절망적 상태로서 육체만 건장했던 청년이었을 뿐이었다. 그런데 그 사건이 놀랍고도 더할 수 없는 축복이었어야 하는데 결과는 그것이 아니었다. 축복은 고사하고 자아(自我: Ego)에 대한 상상을 초월한 부정(否定)의 부정, 즉 창조적 침묵에 사로잡히게 되었다. '자아(Ego)'는 두려움과 죄(罪)의식에 사로잡혀서 떨게 되었었다. 그리고 그 일이 있고 난 후 33일 만이었다. 존재의 본질적 근거에 대한 의문으로 깊은 생각에 침잠해 있었다. 그리고 하나의 의제를 선택하였다. 탄생의 비밀과 성장(成長)에 관한 것이었다.

창조는 독재인가? 아니면 타협인가? 정답은 '창조는 독재다.'이다. 허락이라는 과정을 깡그리 무시한 채 송두리째 주체의 일방성에 의해 뺏은 독재 그것이 창조적 독재의 위상인 것이다. 부모에 의한 자식의 탄생 또한 마찬가지이다. "왜 나의 허락도 받지 않고 나를 낳았느냐?"라는 항변의 빌미를 자식에게 제공할 수 있으면서도 개의치 않고 행하는 것이 사랑의 창조라는 의무적 독재이다. 그렇다. 역시 창조는 독재다. 다만 선의 독재인 것이다. 다시 말해 나의 요청이나 허락을 받고 나를 낳은 게 아니라 부모, 즉 타자의 일방적 의지에 의해 탄생되는 법이니까 말이다. 물론 그 독재는 사랑의 독재였다. 따라서 사랑의 독재는 영원과 통한다고 할 수 있을 것이다.

모든 존재는 정충(창조)과 태아(재창조)의 과정을 거쳐 부족한, 즉 미완성으로 태어나 3단계를 거쳐 완성을 지향(성장)하게 된다는 깨달음을 얻게 되는 찰나(刹那)였다. 그런데 그 순간 생각지도 못한 일반적 상식을 초월한 어떤 에너지가 몸속으로 몇 차례 엄습해 왔다. 마치 고무풍선에 공기를 주입하듯이 7회를 반복했다. 나의 모든 세포조직은 필자가 거처하고 있던 아담한 집보다도 더 커졌다는 느낌을 받을 만큼 팽창하였다. 연이어서 초여름의 북쪽 하늘,

즉 북두칠성이 있는 곳으로부터 번쩍이는 섬광이 생겨나 사선(斜線)을 그리며 정수리를 3번에 걸쳐 강타했다. 그 빛은 몸속의 뼈 속으로 스며들었다. 찡, 찡, 찌징~! 숫제 번개가 치듯이 쏟아지는 강력한 위력은 이 세상의 모든 것을 단숨에 삼켜버리고도 남을 가공할 위력이었다.

아니 그것은 '공포'였으며 다른 한편으론 '환희'였고 '희열'이었다. 또한 나의 영혼을 부들부들 떨게 하는 무서운 두려움이었다. 실로 경이적인 경험이었다. 그곳 천궁(天宮)은 작열하는 태양처럼 '신령(神靈)'한 빛으로 이글이글 타고 있었다. 필자는 이를 두고 훗날 '영혼의 첫 경험' 또는 '영혼의 BIG BANG'이라 칭(稱)했다. 그것은 언어 표현이 가지는 한계를 넘어선 초월적인 경험의 세계였다.

이것을 두고 독일의 실존철학자 키에르케고르는 '대지진(大地震)'이라는 경험의 사건이라고도 하였으며, 안젤라 폰 폴리뇨(A. V. Foligno)는 "신(神)에 대한 나의 말은 나에게는 그분에 대한 모독처럼 생각된다. 저 선(善: 영철학은 선이 아니라 사랑이라 개념함)은 그만큼 나의 모든 일반을 초월하는 것이다."라고 하였고, 단테(A. Dante)는 "그러한 천상적인 초월자는 어떤 말로도 기술될 수 없다. 내가 이 경이를 파악하고자 할 때 나의 정신은 외경 때문에 정지하게 된다."라고 하기도 했다. 또한 소이제(H. Seuse)는 "육신 안에 있는 그의 영혼이 환희에 넘치게 되었다. 그것은 형태로 없고 유형도 없는 것으로서, 그 안에 모든 종류의 기쁨과 환희를 지니고 있었다. 그는 빛나는 광채 속에 머물러서, 그 자신과 모든 것을 잊은 채 그 광채를 빨아들였다. 만일 이것이 천국이 아니라면 나는 천국이 무엇인지를 알지 못한다."라고 하였다. 또한 이것은 벤투라

(Bonaventura), 베른하르트(B. Clairverux), 오토(R. Otto), 테르스테겐(G. Tersteegen), 라마크리슈나(Ramakrishna), 라데마흐(A. Lademach), 에드워즈(J. Edwards), 둠(B. Duhm), 보버민(G. Wobbermin), 테레사(Theresia), 실러(F. Schiller), 니체(F. Neitzsche), 아우구스티누스(A. Augustinus), 괴테(J. W. Goethe), 안겔루스 실레지우스(A. Silesius), 헬파하(W. Hellpach), 외스터라이히(K. Oesterreich), 사도 바울(Pauline), 이사벨 다우렐(I. Daurelle) 등등 수많은 종교철학자들이 경험한 것과도 같은 것이었다.

87년 8월 이후부터 90년 7월까지 그동안의 필자는 거의 매일을 뜬눈으로 밤을 지새웠다. 대부분의 시간을 전공과목과는 상관없이 동서 철학과 신학, 사회학, 종교철학 및 경제학, 행정학, 정치학, 마르크스의 자본론, 신흥종교 등등의 연구로 세상과는 단절될 수밖에 없는 상황 속에서 치열한 나날을 보냈다. 87년 겨울방학을 맞이한 필자는 환태평양 시대를 준비하는 한·일 대학생의 역할이라는 주제로 열리는 세미나 참석과 문화연구를 위해 멀고도 가까운 나라 일본 땅에 발을 내디뎠다. 고려대학교와 와세다대학교의 학술 교류의 일환(一環)이었다.

사실 필자는 87년 가을 독일로 유학을 떠나기 위하여 만반의 준비를 하고 있었다. 그것도 1년이나 휴학하면서까지 준비한 작곡(作曲)공부를 위해서였다. 그런데 일주일을 앞두고 앞에서 언급했듯이 보편적 상식을 초월한 세계에 대한 놀라운 체험이 있게 되면서 모든 계획을 포기할 수밖에 없었다. 역사의 섭리는 자전적 공전이라는 발전적 순환을 갖는 법이라고(창조적 성장이론) 하였듯이 필자의 인생, 즉 필자의 운명에도 '그렇다'라고 할 수밖에 없는 사건이 이번에도 어김없이 재현되었던 것이다.

꿈과 희망을 잃어버린 방황의 나날

필자는 거의 문명이 단절된 산자수려한 지리산 자락의 경남 산청(山淸) 단성(丹城) 강루(江樓)라는 경호강변의 시골마을에서 비록 궁핍하였지만 자식을 위한 사랑과 인정이 넘치는 어진 농부의 5남매 중 셋째로 태어났으며, 초등학교와 중·고등학교까지를 단성이라는 학명(學名)을 이마에 붙이고 다녔다. 필자의 나이 5살 되던 해 겨울엔 필자의 인생에 있어서 가장 처음으로 기억되는 큰 사건이 일어났었다. 눈을 뜨고 보니 필자는 6살 위인 형(兄)의 등에 업혀 있었는데 형은 울고 있었으며, 누이는 형의 손을 꼭 잡고 있었다. 형의 어깨 너머 저만치에서는 불길이 캄캄한 밤하늘을 수놓으며 온 동네와 한겨울의 매서운 추위조차 집어삼키고 있었다. 화마(火魔)가 초가삼간을 순식간에 할퀴고 지나간 자리는 어느새 잿더미로 변해 있었다.

그 뒤로 필자의 가족은 영남의 유림(儒林)들이 모여 학문을 논하는 우천정사(愚川精舍)라는 곳으로 들어가, 집을 새로 지어 이사를 하기까지 종살이 아닌 종살이를 10년이 넘게 했었다. 그래서인지는 알 수 없지만 필자의 성정(性情)은 선천적인 밝음과 후천적인 그늘, 즉 타고난 쾌활함과 연단에 의한 환경적인 억눌림이라는 이중성을 동시에 소유하게 되었다는 느낌을 스스로 가질 때가 종종 있

408

기도 하다. 아무튼 꿈과 희망을 잃어버린 방황(彷徨)은 필자의 사춘기를 여지없이 흔들어 놓았다.

철학자 강신주는 그의 저서 『감정수업』에서 "카뮈의 철학 '모든 것이 부조리하다는 것을 인식하는 인간'에 의하면, 인간은 인습에서 벗어나지 못하고 맹목적인 삶에 묶여 있다는 걸 인식할 때 삶의 부조리를 깨닫지만, 그 해결책을 찾지 못한다는 자각으로 인해 '구역질'을 느끼고 그 불합리에 대항하여 희망 없는 반항을 하게 된다."라고 했다. 그와 같이 이러한 방황은 세상에서 가장 크고 무서운 병(病)은 육신의 병도 정신의 병도 아닌 방황이라는 영적(靈的) 질병임을 몸소 체험할 정도로 필자를 죄(罪)의 나락으로 빠뜨렸었다. 그러던 중 형의 헌신적인 도움으로 대학 문턱을 3년 뒤에나 밟을 수가 있었다. 필자는 모래시계 세대라 불리는 일명 386세대였다.

그 시절 가슴이 조금이라도 뜨거웠던 청년이었다면 너 나 할 것 없이 국가의 정체성을 확립하기 위해 캠퍼스의 강당과 도서관보다는 길거리와 밀폐된 공간에서 좌(左)·우(右) 이념 논쟁으로 시간을 보냈으며, 시위경력이 학위를 대신할 정도의 자랑거리였었다. 그 시절 가슴이 뜨거웠던 학생들 중 마르크스(K. Marx)의 유물변증법(唯物辨證法)과 사적유물론(私的唯物論)에 대해 한번쯤 토론해보지 않은 학생들이 없었었다. 그러던 그해 87년 6월 항쟁의 결과로 6·29선언이 있었으며, 상술한 체험이 있었던 그 날은 바로 6·29 선언 두 달 후로 하기방학이 막 끝나가는 무렵인 87년 8월 25일이었다.

이미 상술했듯이 그렇게 철저하게 무신론, 즉 유물론(唯物論)에 심혈을 기울이고 있던 필자에게 어쩜 그렇게도 경이롭게 유물론과는 너무나 정반대인 초월적 세계가 열렸는지 놀랍다. 그 세계(神)를 원망하다 못해 저주하며 삶의 의미를 잃고 몸부림치는 방황이라는 무서운 질병에 걸려 신음하던 필자에게 있어서 다른 세계에 대한 체험은 필자의 모든 생물학적 사유를 흔들어 놓았다. 목적의 발견, 그것은 정신적 방황이라는 무서운 암 덩어리를 순식간에 쏟아내고 그 자리에 요지부동의 새로운 가치관을 자리 잡게 하였던 것이다.

그로부터 3년이 지난 1990년 7월 17일은 필자에게 있어서 또 하나의 중대한 사건이 일어난 날이었다. 그날도 대낮쯤이었다. 버트란트 러셀(B. Russell)의 『서양철학사 上·下』 중 하권 중간을 읽고 있었다. 그런데 도대체 상상도, 아니 이해할 수 없는 일이 또 일어났다. 러셀 경의 지적 사유의 바탕 위에 사회학자 꽁트(A. Conte)의 인격적 변화개념이 클로즈업 되면서 존재론적 궁극에 대한 학문적 이론체계들이 순식간에 직관(直觀)에 의해서 파악되는 것이었다. 실로 놀라운 존재론적 근본의 세계를 순식간에 종합적으로 맛본 것이었다. 그것은 경이로움이었다. 존재론적 궁극의 본질은 모든 경전(經典)이 갖는 지혜의 본질적 근거로 작용하는 절대가치의 옹달샘이었다. 그때 필자가 나이 만 28세의 대학 졸업을 앞둔 햇병아리였다는 사실을 생각하면 실로 지혜의 대광맥이자 진리로 쉽게 이르는 새로운 길의 발견이었다. 존재의 궁극세계는 보편적인 상식과 일반적 지식으로 도달되어지고 연구되어질 성질의 것이 결코 아니었다.

그 일 이후로 필자는 미국유학을 접어버렸다. 그리고 모든 인간관계를 단절하고 오랜 칩거(蟄居)에 들어갔다. 어떻게 그 창조적 본질의 세계를 21C형 시대정신에 맞게 쉬운 민중의 언어로 이야기하는지, 또한 언어표현의 한계를 넘어선 궁극의 세계를 새롭게 개념화하는지, 지구촌 시대의 다양한 문화의 다원성을 포괄적으로 통섭하는지를 두고 재창조적 작업으로 밤낮을 가리지 않았던 세월이 진주 비봉산 자락의 처가(妻家)와 경상대학교 도서관에서였었다. 대학 졸업 이후 어언 20년이라는 세월이 흘렀다. 혈혈단신(子子單身)의 실로 몸부림치는 나날이었다. '무소의 뿔처럼 혼자서 가라(Go alone like a rhino's horn)!'라는 싯다르타의 언명이 뼈저리게 느껴졌다.

"종교와 철학의 상이성이 곧 그것들의 분리성을 의미하지는
않는다. 양자는 그 본질적 상이성에도 불구하고 내면적 연관을
맺고 있다."

-『종교철학의 체계적 이해』
헤센(Johammes Hessen) 지음/허재윤 옮김

필자의 나이 25세였던 1987년 8월 25일 대낮에 일어난 일은 지금도 몸 속 깊숙이 기억으로 남아 있다. 그날 그리스도께서는 빛 속에 서 있었다. 하늘, 즉 천궁(天宮)으로부터 끊임없이 쏟아지는 빛이 예수를 둘러싸고 있었으며, 옷은 홍포(紅布)를 입고 있었다. 몸은 황금빛을 발했고, 눈과 얼굴은 사선으로 하늘을 바라보며 영

원을 응시했으며, 오른손엔 철장(합죽선 – 철편)을 들고 있었다. 키는 180cm 정도의 건장한 청·장년이었으며, 딱 벌어진 어깨는 일반인의 1.5배를 넘을 정도였다. 그리고 곱슬곱슬한 머리카락은 양어깨에서 흘러내려 허리까지 내려왔었으며, 검푸른 수염은 가슴 밑 명치(命門)까지 가지런하게 늘어져 있었다. 필자는 놀란 가슴을 움켜쥐고 그리스도를 바라보면서 오른손으로 왼쪽 팔을 수차례 꼬집었다. 통증이 느껴졌다. 꿈이 아니었다.

그것은 그리스적 부활을 의미하는 육적(肉的) 부활이 아니라, 히브리적 부활인 예수 그리스도의 '영적 부활'에 대한 직접적인 체험이었으며, 다른 한편으로는 인격의 대 변혁을 요구하는 것이었다. 그 후 33일 만인 9월 27일엔 보편적 상식을 초월한 다른 세계, 즉 성령(聖靈)과 함께 연이어 전개된 신령(神靈)한 세계를 또다시 직접 체험했었다. 이것은 모세가 시나이 산에서 경험한 것과도 같은 것이었다. "여호와의 사자가 떨기나무 불꽃 가운데 나타나시니라 그가 보니 떨기나무에 불이 붙었으나 사라지지 아니하는지라(출 3장 2절)." 그것은 예수의 부활과는 비교도 되지 않는 경이적인 힘으로 다가왔었다. 비유컨대 시집간 새색시의 첫 경험이 아마 그런 것일지도 모를 일이다. 그로부터 3년 만인 1990년 7월 17일 필자는 신성한 세계의 질문에 대한 응답이라도 하듯이 존재론적 궁극의 본질에 대한 학문적 이론체계의 광맥을 비로소 발견해 체계화를 시작했었다.

그리스도의 부활이라는 영적 체험은 필자의 청춘을 고스란히 앗아갔다. 아니 그것은 언어로써 표현할 수 없는 '자아(Ego)의 봄부림'이라는 제목의 한 편의 드라마였다. 필자의 육신과 가정은 물론 종족을 산 제물로 바치지 않을 수 없었다. 그러나 다른 한편으로는 행복한 몸부림이었다고 할 것이다. 비록 육체는 고달팠고 뼈를 에는 형극의 기나긴 가시밭길이었지만 내면의 '참 자아'에겐 환희와 영광의 축제였다. 그것은 비움의 철학, 베품의 철학이 가져다 준 하늘의 신성한 은총이었다. 인격(人格)철학은 이런 연단과 희생, 그리고 제물을 통한 피눈물 어린 숙성과정이 없었더라면 결코 이 세상에 빛을 볼 수가 없었을 것이다.

　필자가 일반 상식을 넘어선 다른 세계에 대한 경이로운 체험이 있게 된 이후부터 곧바로 이 일을 시작했던 것이 아니었다. 영광스러운 기쁨과 함께 죄의식에 사로잡혀 두려움에 떨고 있었다고 프롤로그에서 상재했었다. 그리고 문제는 이 일을 어떻게 해야만 하나를 두고 고민하지 않을 수 없었던 것이다. 그 누가 더불어 의논할 수 있는 사안이 아니었다. 많은 시간 동안 이에 대해 고민하였으나 결론은 부적합이었다. 자격미달! 이것이 필자의 결론이었다. 그런데 그 이후 필자의 종족들에게 불어닥친 무서운 재앙은 필자의 간담을 서늘하게 하는 사건들의 연속이었다. 마치 거부할 수 없는 강력한 압박처럼 말이다. '영적 체험은 내세에 대한 실존의 대긍정, 즉 삶의 방식에 대한 대전환의 결코 거부할 수 없는 절대적 요구이다.'

　그 이후 필자는 많은 희생의 대가를 치르고 서야 비로소 '이기적 유전자'가 점령하고 있던 저급한 자아의 습관적 방탕을 쫓아낼 수 있었던 것이다. 아니 정확하게는 죄를 지어서는 안 되는 세계에 대한 인식의 확고한 '자리 잡음'이 방황과 방탕의 세계로부터 자신을 탈출시킬 수 있었던 것이다. 무엇이 죄요, 의이며, 심판인가에 대한 새로운 가치를 고민하게 된 것이다. 이것이 그리스도의 현현으로 인한 더 높고 큰 신성한 세계로의 친절한 안내 덕분이 아니고 무엇이겠는가? 그 이후 필자의 깊숙한 의식의 내부에는 십자가 대속의 숭고함과 거룩함이 소리 없이 다가왔다.

'시공을 초월한 그리스도의 부활은 십자가 대속의 산물이다. 그리고 대속을 통한 부활(復活: Resurrect)과 구원(救援: Relief)은 부모의 도움 없이는 생명을 유지할 수 없는 부족함과 미완성으로 탄생된 인간의 존재론적 본질의 죄(어리고 부족하며 하늘의 존재에 대한 무지로 인해 생길 수밖에 없는 이기심)인 원죄(原罪)와 각자의 자유의지로 인한 자범죄(自犯罪)의 포괄적 해체를 위한 예수의 희생의 산물이다.'

이것이 바로 예수를 통하지 않고 하나님께로 갈 수 없는 근본 이유라는 점이다. 인간의 신성의 회복, 인간과 신성의 인격적 접목, 티끌과 같은 정충에 불과한 인간의 신화화의 가능성이 예수의 희생으로 열리게 된 것이다. 이것은 마치 아버지의 낭중에 있는 정충인 정자(精子)가 어머니의 복중으로 들어가 태아(胎兒)가 되는 과정을 거치지 않고서는 인간(人間)으로 지상에 태어날 수 없는 것과도 같은 이치이다. 예수가 인간의 육신을 쓰고 이적과 기사를 행할 때에는 절대적으로 믿지 않던 제자들이 십자가 대속의 결과적 산물인 그리스도의 영적 부활을 직접 체험한 이후 십자가에 거꾸로 매달려 돌에 맞아 죽어가면서도 예수를 증거했던 것이다. 영적 체험, 이것이 종교의 본질이다.

이화여자대학교의 전 총장을 역임했던 장상 박사는 사도 바울 연구의 학계 권위자이다. 그는 바울이 영적으로 직접 체험한 예수의 사건을 두고 '몸(Mom)'이라는 제3의 개념을 사용했는데 그 이유는 그 당시 그리스적 육적 부활과 히브리적 영적 부활의 치열한 논쟁을 피하기 위한 바울의 고민이 만들어낸 새로운 개념이었다는 것이다. 그것은 마치 21C를 맞이한 지금에 있어서도 보수와 진보, 좌파와 우파가 양비론적 이데올로기를 놓고 대립하는 것과 같다고 하겠다. 아무튼 관념적 종교가 체험적 영성종교를 결코 흉내 낼 수 없는 근본 이유가 여기에 있다. 따라서 진정한 종교는 영성을 매개로 한 신성의 내면화를 추구하는 종교이다.

인격(人格)철학은 영성의 학(學)이다. 그러니까 신성의 세계에 대한 손쉬운 접근을 위한 인식론의 한 방법론일 뿐 진리 그 자체가 아니다. 영성을 통해 신성의 내면화, 자기화를 추구하는 철학이다. 따라서 인격(人格)철학은 관념에만 머무르지 않는 사회적 실천을 추구한다. 하늘의 뜻에 대한 이 땅에서의 구체적, 제도적, 정책적 실천인 셈이다. 하늘에 떠있는 구름과 같은 존재가 아니라 비가 되어 이 땅을 적시는 지금 여기에서의 치열한 행위를 의미한다. 따라서 인격(人格)철학은 예수에 대한 관념적 믿음은 절름발이 믿음으로 평가한다. 믿음만으로는 예수가 나의 의식 속에 내면화되지 않고 여전히 '타자화'되어 있다고 간주하기 때문이다. 예수에 대한 영적 체험은 믿음이 아니라 앎이라는 '타자의 내면화'가 이루어진 다른 차원의 세계로 기능한다. 그래서 구체적인 실천행위로 발현된다. 그래서 예수의 현현은 예수와 같이 내가 예수의 또 다른 분신이 되어 육적 고난의 길과 함께 영적 영광의 길을 동시에 걸을 수가 있게 하는 것이다.

　예수도 처음에는 이 사실에 대한 절대적인 의미를 반신반의했는지도 모를 일이다. "어찌하여 나를 버리시나이까?"라고 반문하지 않았는가? 그러나 "내 뜻대로 마옵시고 당신의 뜻대로 하옵소서!"라고 한 것으로 보아 예수도 자신이 제자들에게 철저히 타자화된 육신으로 전하는 복음과 이적기사가 갖는 한계를 뼈저리게 경험한 후 자신의 대속 이후 영적 자기의 현현이 필요하다는 걸 깨달았을 것이다. 즉 제자들에게 자신의 신성을 영적으로 체험시켜 종교적 본질을 회복시키고 하나님의 뜻을 전파하지 않으면 안 된다는 것을 깨달아 흔쾌히 십자가의 대속을 수용했던 것이다. 그것은 마치 자기 자신도 신령한 하늘의 빛을 체험하고서 비로소 믿음이 아닌 앎으로의 내면화된 신성의 실존을 일찍이 깨달았듯이 말이다. 그래서 예수는 이 세상에 죽기 위해 왔다는 언명이 설득력을 갖는 것이다. 이것의 예수의 위대함이다. 아니 거룩함이요, 숭고함이다.

　인도의 시성(詩聖) 까비르(Kabir 1440~1518)는 언어 개념, 즉 용어의 새로운 창조는 성인의 경지가 아니면 불가능하다고 했다. 하나님을 아버지라고 지칭한 인격적 개념의 새로운 창조를 최초로 사용한 존재가 바로 예수였다. 놀라운 역사의 진보다. 예수는 역사의 차원을 파격적으로 업그레이드시켰다. 그런데 주 후 2,000년이라는 긴 세월이 흘렀는데도 불구하고 신학이 아니라 철학에 있어서 그 어떤 세계적인 철인도 신성의 철학, 즉 철학을 통한 하나님의 아버지화를 회복시킨 인격철학을 창출하지 못했다.

인격철학 그것은 기존의 신학이나 종교적 의식이 아니라 철학으로써 신성의 존재를 인격화시킬 수 있는 새로운 '신성의 내면화'를 위한 학문적 블루오션이 될 터인데 말이다. 이제 미래의 세기는 20세기 이전의 세계가 구축해 놓았던 낡은 제도의 틀을 근본적으로 뿌리째 바꿔야 한다. 다시 말해 패러다임을 대전환하지 않으면 안 되는 새로운 세기가 열린다는 것이다. 그런데 철학의 불모지라고 할 수 있는 우리의 대한민국에서 기(氣: Philosophy of Ch'i) 철학이라는 새로운 초월적 철학이 탄생된 것이다. 이 또한 역사적인 일이라 아니할 수 없다.

그러나 기(氣)철학이 비록 일반 철학과는 다른 4차원의 철학이긴 하지만 기(氣)는 기(氣)일 뿐 신성적 조건으로서의 인격적 철학은 분명 아니다. 기껏해야 인간의 '몸(Mom)'이라고 하는 '몸격'의 생물학적 조건에 머물러 있는 반(半)인격의 철학인 것이다. 물론 그가 말하는 '몸'은 "데카르트가 말하는 정신과 육체의 2원론적 전제(Body Mind Dualism) 속에서 이해된 우주적 실체의 하나로서의 육체를 말하지 않는다. '몸'은 정신과 육체라는 두 실체의 집합체도 아니며, 그 통합체도 아니며, 그렇게 분리될 수 있는 것도 아니며, 서양근대사상의 어떠한 술어로도 환원될 수 없는 그냥 우리말의 몸(Mom)이라는 것이다.

그 결과 기철학은 인격적 신성에 대한 존재를 긍정하면서도 부정하게 되는 것과도 같은("굳이 예수쟁이 신학자들의 용어를 빌려 표현한다면 그렇다는 것이다." 『동양학 어떻게 할 것인가』 중에서) 애매하고 기이한 사유를 낳고 있는 것이다. 기철학은 4차원에 대한 초월적 철학이면서도 신성의 인격적 하나님을 부정하는 것과도 같은 애매한 입장을 취한다("나의 무신론은 나의 기철학(氣哲學) 체계 내에서만 의미를 갖는 부정, 즉 기철학적 부정인 셈이다.").

물론 도올도 관념적 이성에 치우친 칸트처럼 신성한 인격에 대한 체험의 부족으로 인해 물자체(物自體)가 필요하긴 하나 알 수 없다는 불가지론(不可知論)이라는 기이한 사유의 형태를 만들어 낼 수밖에 없었던 것과 같은 입장이지만 말이다. 칸트에 비하면 도올의 위상은 단연코 비교 우위에 있는 것이 확실하다. 그러나 기철학은 앞으로 더욱 정진해 몸의 인격, 즉 '몸격'을 정신적, 영적 인격으로 끌어올려야 비로소 영철학의 세계와 조우하게 될 것이다. 그리고 인격(人格)철학적 경지에 우뚝 서야만 거기서 신성(神性)의 인격을 맛볼 수 있게 될 것이다. 인격(人格)철학의 인격은 그저 단순한 인격이 아니다. 인격(人格)철학은 신성한 인격의 하나님과 교류하는 유일한 철학으로서의 인격철학, 즉 하나님 철학이다.

창조 후 재창조의 성장의 법칙에 의한 하늘의 섭리는 인류역사가 '신학'의 종교시대를 지나 '인격(人格)철학'의 종교시대, 그리고 '영(靈)과학'에 의한 종교시대를 단계적으로 맞이하게 되는 섭리의 프로그램을 갖고 영위되어진다는 창조적 결정성을 갖는다. 인간은 재창조, 즉 종교의 형태구조(유, 불, 기, 회)를 어떻게 재창조하느냐에 대한 자유의지만 있을 뿐이다. 이제 우리의 역사는 인격(人格)철학의 종교시대를 맞이하는 길목에서 서성이고 있다. 이 사실을 영(靈)철학이 앞질러 새로운 푸른 봄소식을 전하려고 남으로부

418

터 오고 있는 것이다.

　인격(人格)철학의 종교는 벽돌로 지어진 4대 경전 종교 형태의 외피를 입고 나타나는 것이 아니다. 원시종교에서 경전종교로의 거대한 탈바꿈처럼 다시 말하면 인간이 건축한 철골 콘크리트나 나무의 기둥으로 단장한 인간의 몸의 안식처로서의 성소가 아닌 것이다. 그것은 나라라는 국가적 형태를 가진 인격적 영성의 안식처로서의 성소로서 제도적, 정책적인 새로운 방식으로 노도의 물결처럼 위풍당당하게 밀려오게 될 것이다. "그 나라와 그 의를 먼저 구하라!"라는 성서의 구절이 예시하듯이 말이다.
　그것이 바로 평화에 의한 평화의 왕국, 즉 '하나님 나라의 성취'이다. 따라서 그동안 의지하고 붙들었던 이미 과거의 우상이 되어버린 성소로부터 대탈출(Exodus)해야 한다. 인격(人格)철학에 의한 성장의 법칙은 오늘의 신앙이 왜 내일의 우상으로 기능하게 되느냐에 대한 이론적 근거를 충분히 제공하는 이론이요 철학이다. 그러지 않고 과거의 인습에 집착해 미련을 버리지 못하고 뒤돌아보면 제2의 소금기둥이 되게 될 것임을 섭리의 동시성이 증시하고 있지 않은가?

　인격(人格)철학의 종교는 자존 가치의 성취를 목적으로 하는 양미론적 4차원의 인격종교이다. 따라서 인격(人格)철학 종교는 그 자체가 종교적 자유의 길이기 때문에 종교의 자유를 불허한다. 인격(人格)철학의 종교성은 너와 나를 갈라놓았던 양비론적 제한과 속박의 종교로부터의 자유만 허용한다. 인격(人格)철학에 의한 종교는 자유롭지만 개인과 단체로서의 종교로부터 탈피한 초월적 국가의 법에 의한 종교이기 때문에 차원이 다른 법적 제약을 받게 될 것이다. 법적 제약의 기준은 이기심일 뿐 기존의 모든 종교적 도그마와 규제, 그리고 의식으로부터의 자유는 보장받을 것이다. 단지 규제가 있다면 자존감을 높이고 되찾는 스스로에 대한 신성한 자긍심을 기르기 위한 의식이 될 것이다. 따라서 모든 우상은 영철학적 참 자아로 대치될 것이며, 내가 인격(人格)철학을 통해 재창조되어 진리 자체가 되어야 한다. "모든 사람이 메시아가 되어야 한다."는 발터 벤야민(W. Benjamin, 1892~1940)의 외침에 귀를 기울일 때이다.

"진리가 너희를 자유케 하리라!"

영(靈)철학은 유사 이래로부터 지금까지 역사상 수많은 사유의 천재들이 해결하지 못한 존재론적 존재구조의 근본원리를 구체적으로 밝혔으며, '언어중첩개념'을 창출하여 사유세계의 새로운 지평을 열었다. 그리고 하르트만(N. Hartmann)이 존재론(Ontology)에서 제기한 '존재론의 새로운 길'과 이레니우스(St. Irenaes)와 셸링(F. W. Schelling)의 변신론(Theodicy)에서 완벽하게 처리하지 못한 선악(善惡)의 문제를 해결하였다. 또한 국내의 철학적 거장인 도올 김용옥 교수의 기철학적 인식론의 세계관과 후광 김대중 전 대통령의 창조적이고도 변증법(辨證法)적인 통일철학과 통일(統一)사상이 시도하고 있지만 아직까지 완전하게 수립하지 못한 본질세계의 철학적 원리를 새로운 차원에서 체계화시켰으며, 그 결과 인격(人格)철학, 즉 양미론(兩未論)사상을 창도할 수 있었던 것이다. 뿐만 아니라 근세철학의 마지막 사조인 심리(心理)철학의 근본 원리와 함께 철학과 신학의 가교적 역할로서의 의미를 갖는 창조적 영성인식론(靈性認識論)을 탄생시켰다. 실로 이것은 동·서양의 사상을 하나로 묶은 한국철학, 즉 사유세계의 그랜드슬램(Grand Slam)의 달성이라고 해도 과언이 아닐 것이다. 이것이 바로 신본적 인본의 철학이자 '제4의 이념'인 '인격(人格)철학(창조적 재창조의 성장론)'이다.

일류 선진국으로 도약하는
대한민국과 함께
행복한 에너지가 샘솟으시기를
기원드립니다!

권선복
도서출판 행복에너지 대표이사
한국정책학회 운영이사

현재 대한민국은 대내외적으로 큰 위기에 직면했습니다. 외부적으로 불안정한 세계경제와 북핵 위협이, 내부적으로는 경기 침체와 국정혼란이 국가의 앞날에 커다란 먹구름을 드리우고 있습니다. 호랑이에게 물려 가도 정신만 차리면 산다고 했습니다. 비록 나라는 위기에 처해 있지만 국민 개개인이 자신의 일에 최선을 다하고 서로 도와 가며 힘을 합치기만 한다면 대한민국은 얼마든지 일류 선진국으로의 도약이 가능합니다. 한강의 기적으로 전 세계를 놀라게 했던 한민족의 저력을 다시 한번 보여줄 때입니다. 또한 곳곳에서 나라 발전을 위해 열정을 쏟는 전문가들이 있다는 사실에 마음 한구석이 든든합니다.

책『창조적 통합 통일대담』과『영靈철학』은 박근령 육영재단 전 이사장님과 부산대학교 박대영 교수님 그리고 사회 분야 권위자이신 (사)국민통합 블루오션정책연구소 권추호 소장님이 뜻과 힘을 모아 나라의 미래를 행복으로 이끌 방안을 담아낸 책입니다. 『창조적 통합 통일대담』은 국정혼란과 북핵위협의 근본해법을 제시함은 물론, 가장 성공적인 남북통일 시나리오와 국민대통합을 위한 실질적 방안을 심도 있는 연구로 풀어나갑니다.『영靈철학』은 동·서양의 사상을 하나로 묶은 한국철학으로서, 신본적 인본의 철학이자 '제4의 이념'인 '인격(人格)철학(창조적 재창조의 성장론)'을 제시하고 있습니다. 나라의 미래와 국민의 행복을 위해, 자신들의 모든 연구성과와 열정을 책에 담아 주신 저자들께 큰 응원의 박수를 보냅니다.

우리는 개인으로서 이 세상을 살아가지만, 국가라는 한 배에 탄 것만은 틀림없는 사실입니다. 위기에 처한 국가를 위해 어떠한 삶을 살아갈지 노력하다 보면 어느덧 일류 선진국의 국민으로서 행복한 삶을 살아가는 자신을 발견하게 될 것입니다. 그렇듯 이 책을 읽는 모든 분들의 삶에 행복과 긍정의 에너지가 팡팡팡 샘솟으시기를 기원드립니다.